ÉTUDE HISTORIQUE & BIOGRAPHIQUE

SUR

LA BRETAGNE

A LA VEILLE DE LA RÉVOLUTION

A propos d'une Correspondance inédite

(1782-1790)

PAR

J. BAUDRY

Tome Ier

LIBRAIRIE SPÉCIALE POUR L'HISTOIRE DE LA FRANCE
ET DE SES ANCIENNES PROVINCES
HONORÉ CHAMPION, ÉDITEUR
9, QUAI VOLTAIRE, 9 — PARIS (VIIe)

LA BRETAGNE

A LA VEILLE DE LA RÉVOLUTION

ÉTUDE HISTORIQUE & BIOGRAPHIQUE

SUR

LA BRETAGNE

A LA VEILLE DE LA RÉVOLUTION

A propos d'une Correspondance inédite

(1782-1790)

PAR

J. BAUDRY

LIBRAIRIE SPÉCIALE POUR L'HISTOIRE DE LA FRANCE
ET DE SES ANCIENNES PROVINCES

HONORÉ CHAMPION, Éditeur

Libraire de la ville de Paris

9, QUAI VOLTAIRE, 9 — PARIS (VIIe)

A NOS LECTEURS

I

Un auteur du XVIIIe siècle a dit :

« Si vous voulez construire une maison, evitez trois voisins dangereux : un grand chemin, un grand fleuve et un grand seigneur. »

Ce prudent axiome, s'il fut vrai en d'autres pays, n'avait guère son application, en ce qui concerne nos châtelains bas-bretons. Chez nous le grand seigneur hautain, l'autocrate, le tyran, fantôme de légende sous la figure duquel on se plait à personnifier les abus de l'ancien régime, fut une très rare exception. Le château était, d'ordinaire, le bienfaiteur, l'ami, le conseiller de la chaumière. Gentilhomme et paysan vivaient côte à-côte, toujours unis et souvent confondus. Plus d'un noble seigneur, appauvri par les charges de la guerre, ou par les partages successifs qui désavantageaient les cadets de Bretagne, conduisait la charrue, dans le champ paternel, de la même main qui maniait l'épée sur le champ de bataille.

Dirigeant, dans le sillon mouvant, le pas lent de ses bœufs, au rythme monotone et plaintif d'un *sône* breton, il oubliait, dans la paix de la nature, le cri de guerre de ses ancêtres.

La voix mâle et rude, le front hâlé, le teint bronzé par l'ardeur des rayons du soleil et l'âpre souffle des brises de l'Océan, grossièrement vêtu, le dos courbé sous le poids des labeurs de la journée, ce seigneur en sabots, regagnant, vers le soir, le seuil de son antique manoir, ne devait conserver qu'une ressemblance des plus vagues avec son fier cousin, « héritier principal, chef de nom et d'armes de sa maison », galant marquis ou comte, poudré, frisé, galonné et enrubanné, « admis à monter dans les carrosses du Roy » et dansant le menuet sous les lambris dorés de Versailles ; *l'ancêtre*, en un mot, tel qu'il figure dans les galeries de nos vieux châteaux, les collections de nos musées, tel que se le représente d'ordinaire l'imagination de ses descendants.

Le culte des aïeux fut toujours cher aux Bretons. Il est, en quelque sorte, le reflet de celui que nous rendons à Dieu, Père de tous les pères. Nos ancêtres furent-ils grands seigneurs ou paysans, artisans ou manants, magistrats ou artistes, guerriers ou laboureurs ? Le fer entre leurs mains fut-il l'épée ou la charrue, le lourd marteau ou le burin, la pioche ou la plume ? Qu'importe ? si chacun d'eux, dans sa sphère, a dignement travaillé au grand Œuvre de la civilisation, au bonheur de l'humanité, à la prospérité du siècle à venir.

Tous ont creusé ensemble le sillon où ils reposent

aujourd'hui côte-à-côte, dans le champ du passé, pendant que nous jouissons du fruit de leurs labeurs. A tous donc respect, amour et reconnaissance !

Chaque famille française, qu'elle soit seigneuriale, bourgeoise ou rurale, a apporté à l'édifice de notre gloire nationale, ou sa pierre, ou son grain de sable. Or, si la beauté du monument est rehaussée par la richesse de ses sculptures, l'élégance de ses statues, l'harmonie de ses proportions, la majesté de ses portiques, comment eut-il pu s'élever dans les airs, sans le secours de l'humble grain de sable et de chaux qui cimente ses assises et assure la solidité de ses fondations?

Parmi la foule de ces aïeux qui ont marché avant nous dans la vie, et dont le souvenir nous est également cher, saluons cependant, avec un respect tout particulier, ceux dont les noms sont gravés au frontispice de l'histoire.

Dans notre siècle démocratique, sachons nous incliner devant ces familles, chez qui la noblesse n'a pas dégénéré, et dont les ancêtres, marquant de leurs hauts faits les plus beaux jours de notre histoire, ont plus largement payé à la Patrie le tribut du sang.

« Le Clergé, la Royauté, la Noblesse ont fait la France », dit Taine, que personne ne suspectera de parti-pris en faveur de l'ancien régime, mais qui a bien compris le devoir d'impartialité du véritable historien.

II

Si nous ne manquons pas de détails sur la noblesse française, en général, à la fin du XVIIIe siècle, sur la vie et les usages de la Cour, sur les splendeurs de Paris et de Versailles, nous avons, en revanche, fort peu de documents authentiques concernant la noblesse bretonne vivant dans ses terres, loin des intrigues et des plaisirs, dans la noble indépendance et la calme dignité d'une vie familiale et patriarcale. Aussi avons-nous cru intéresser quelques amis du passé en les introduisant avec nous au sein de cette fraction trop peu connue de la société française à la veille de la Révolution.

La correspondance que nous publions aujourd'hui nous montre ces nobles châtelains, dans la solitude paisible de leurs antiques demeures, prenant à tâche de faire passer dans la pratique de leur vie, profondément honnête et chrétienne, ces maximes de *bienfaisance*, cette *sensibilité* qui avaient une vogue si retentissante dans les écrits et les salons du temps ; mots à la mode au XVIIIe siècle, remplacés de nos jours, dans les discours de nos philanthropes modernes, par celui de *solidarité* ; mot sonore. mais creux, dont le sens tout païen n'égalera jamais en grandeur sublime celui de la divine et chrétienne *charité* qu'ils prétendent supplanter.

L'intérêt de nos vieilles lettres est surtout biographique. Elles font revivre un grand nombre de familles bretonnes dont les descendants vivent encore. Ceux-ci y trouveront, outre le souvenir de leurs ancêtres, des renseignements inédits, et parfois ignorés, sur la vie qu'ils menaient, leurs relations, leurs parentés, leurs alliances.

Devant cette foule de noms, encore honorablement portés de nos jours, nous avons hésité un instant avant de livrer à la publicité ces lettres intimes destinées par leurs auteurs à entretenir un commerce affectueux et à se procurer des nouvelles de leurs *quartiers*. Mais, après plus d'un siècle, les gens et les choses de cette époque ne font-ils pas partie désormais du patrimoine du passé? C'est un trésor commun où chacun a le droit de puiser à son gré et dont nous devons tous être les conservateurs jaloux, jusque dans ses moindres fragments. Aussi croyons-nous faire œuvre intéressante et utile en tirant de l'oubli, en sauvant de la destruction, ces dernières traces de la pensée de ceux qui ne sont plus. Tous sont dignes d'être proposés comme exemples à leurs descendants.

Tel est l'esprit dans lequel nous publions ces vieux documents (1). Si ces lettres sont, pour la plupart, sans mérite littéraire, et ne touchent à l'histoire que par ses petits côtés, nous n'y avons du moins rien trouvé qui ne fût tout à l'honneur de notre vaillante noblesse bretonne.

Qu'elle ne voie donc, dans notre travail, qu'un témoignage de notre profond respect pour tous les noms qui revivront, tour-à-tour, sous notre plume, soit comme signataires de ces lettres, soit cités dans

(1) Nous en avons supprimé quelques passages et modifié l'orthographe qui rendait le sens de certaines lettres presque inintelligible. Nous en garantissons la parfaite authenticité.

celles-ci, soit enfin au cours des commentaires et notes historiques et biographiques que nous y avons ajoutés, dans le but et l'espoir d'en augmenter l'intérêt (1).

Ils seront à notre vieille correspondance ce que le cadre est au tableau, il n'en fait pas la valeur, mais il l'accompagne et contribue à en faire ressortir l'éclat.

Nous devons ici un hommage reconnaissant aux nombreux correspondants qui ont bien voulu répondre à notre appel et, par leur aimable collaboration, nous faciliter cette seconde partie de notre tâche (2).

(1) Nous les avons puisés à des sources aussi sûres que possible et avons recherché des documents inédits, ou tout au moins peu connus, sur les deux cent cinquante familles ou personnages, environ, dont il est question dans notre vieille correspondance.

(2) Nous avons dû, pour ce travail, correspondre avec tous les points de la Bretagne. Dirons-nous que nous n'avons pas trouvé partout égal empressement, même politesse et bonne volonté ? que certaines copies, envoyées en communication, ne nous ont jamais été retournées, malgré toutes nos réclamations ? Nous nous contenterons de tirer parti de notre mieux de ce qu'il nous a été donné de recueillir de la complaisance des vrais amis du passé, encore nombreux grâce à Dieu.

LA BRETAGNE

A la veille de la Révolution

ÉTAT DES ESPRITS EN BRETAGNE

A LA FIN DU XVIIIe SIÈCLE

A la fin du XVIIIe siècle la Bretagne était divisée en deux camps assez nettement tranchés : le *parti breton* et le *parti français*. En tête de celui-ci figuraient la grande noblesse bretonne, souvent à la cour, où elle cultivait la faveur royale, et, plus nombreuse encore, la noblesse française, pourvue, par cette même faveur, des plus hautes fonctions de la province, avec mission d'y combattre les tendances bretonnes et d'y affirmer l'influence française. A ce parti aussi se rattachaient les abbés des grands monastères, gros bénéficiaires, et le clergé non résidant, dit *haut-clergé*, qui apparaissaient seulement à certaines fêtes, à certaines époques de l'année, pour percevoir les bénéfices, laissant la direction des abbayes, les charges effectives du ministère des paroisses, aux membres du *bas-clergé* qui y vivaient à la *portion congrue*.

Ce bas-clergé faisait cause commune avec la bourgeoisie et le peuple qui formaient le *tiers-état* et, comme celui-ci, faisait remonter, jusqu'au pied du trône, sa jalousie et son animosité contre les classes privilégiées. Aussi sa faveur était-elle acquise au parti breton.

Il se composait donc de la petite noblesse, (en entendant par là celle qui, vivant dans ses terres, n'allait pas à la cour), du clergé des paroisses, de la bourgeoisie et du peuple, mais surtout de celui des campagnes.

Le parti breton avait pour place forte les Etats de Bretagne qui, unis au Parlement de Rennes, en vertu de leur droit de refuser l'établissement de nouveaux impôts, tenaient en échec les tentatives souvent renouvelées du pouvoir royal contre les finances et les privilèges de l'ancien duché de Bretagne.

Celui-ci, annexé à la couronne par le mariage d'Anne de Bretagne avec le Roi de France, n'entendait pas être traité en pays conquis. Il gardait, avec un soin jaloux, son autonomie, sa nationalité, sa langue, ses institutions et ses privilèges, qu'il considérait, avec justice, comme des droits puisque leur conservation était la base des contrats de mariage de Charles VIII, puis de Louis XII, avec la duchesse Anne (1).

Ces contrats, que les Bretons considéraient comme un pacte solennel, devant être à jamais respecté par les rois de France, étaient trop souvent violés, par

(1) Art. 22 et 23 du Contrat d'Union de 1500.

ceux-ci ou en leur nom, et c'est contre ces infidélités, qu'ils considéraient comme des parjures, que se révoltaient, tour-à-tour, les États de Bretagne, le Parlement, le Clergé, la Noblesse et le Peuple.

Pour les Bretons d'alors, être patriote signifiait donc être du parti qui soutenait les droits et l'indépendance de leur petite patrie, par l'opposition au pouvoir royal qui voulait l'absorber, l'anihiler, le pressurer et anéantir à la fois sa liberté et ses privilèges, pour la soumettre au même régime que les autres provinces françaises (1).

Voilà pourquoi la vraie noblesse bretonne avait un si vif éloignement pour la Cour (2), et ne profitait guère des faveurs, places, pensions et honneurs dont celle-ci était la dispensatrice. Voilà aussi pourquoi la cause du Parlement et des États, insoumis aux ordres du roi de France, semblait à tous la cause de la nationalité bretonne. De là les événements de 1786, 88 et 89 (3).

Dès ce moment commença, pour la Bretagne, l'histoire de la Révolution Française.

(1) La Bretagne était, en 1789, la moins imposée des provinces de France.

(2) « L'éloignement pour la Cour était naturel à tout Breton et particulièrement à mon père. L'animosité de nos États fortifiait en lui ce sentiment. » (Châteaubriand, *Mémoires d'Outre-Tombe.*)

(3) Voir le discours du comte de Botherel au Parlement de Rennes, le 5 mai 1788.

PRÉLIMINAIRES GÉNÉALOGIQUES

La vieille correspondance dont la publication va servir de base à notre travail étant, le plus souvent, adressée aux châtelains de Trégarantec (1) le comte et la comtesse du Laz, il nous a semblé nécessaire de la faire précéder de notes historiques et généalogiques sur ce château, son origine, et les principales familles seigneuriales qui s'y sont succédé.

Nous dirons ensuite quelques mots des Jégou du Laz, qui l'habitaient à la fin du XVIIIe siècle, et de la maison de Kersauson, à laquelle appartenait, par sa naissance, la jeune châtelaine de Trégarantec, destinataire de la plupart de nos vieilles lettres, dont plusieurs sont signées de ce nom de Kersauson, l'un des plus anciens de notre noblesse bretonne, encore honorablement porté de nos jours.

Bien qu'un peu arides peut-être, ces préliminaires généalogiques nous paraissent propres à faire mieux connaître à nos lecteurs les personnages et les familles dont nous aurons à nous occuper au cours de cette Etude historique et biographique. C'est dans le même but que nous y introduirons par la suite, sur la plupart des Maisons dont les noms figurent dans notre vieille correspondance, de courtes notices généalogiques.

(1) Trégarantec en Mellionnec (Côtes-du-Nord).

LE CHATEAU DE TRÉGARANTEC

ET SES ANCIENS SEIGNEURS

(DE 1316 A 1799)

Le magnifique château de Trégarantec (1) était situé dans l'ancien évêché de Vannes et dépend aujourd'hui de celui de Saint-Brieuc et de la petite paroisse de Mellionnec, près de la limite des trois départements du Finistère, du Morbihan et des Côtes-du-Nord.

Eloigné des villes et des grands chemins, perdu dans la solitude profonde de ses superbes bois de hautes futaies, il est à peu près inconnu des touristes.

Aujourd'hui encore, bien que ce château ne conserve que peu de choses de ses splendeurs passées, l'œil est étonné de ses proportions grandioses, du luxe intérieur et extérieur, de ses constructions et de la beauté de ses vastes dépendances. Les longues et spacieuses avenues qui y conduisent; les cours d'honneur qui précèdent le château, entourées des bâtiments de service; le pavillon du chapelain et celui du régisseur; le beffroi et la chapelle aux curieuses sculptures intérieures; les immenses remises où l'on pouvait loger vingt-cinq ou trente carrosses à la fois; les superbes orangeries, les gracieux balustres qui bordent les terrasses sur lesquelles s'ouvre une enfilade de sept beaux salons aux

(1) L'étymologie de ce nom breton est : *Treiz*, passage ou pas ; *Garantec*, amoureux : *Passage ou pas de l'amoureux.*

lambris de chêne sculptés et dorés ; les escaliers, les piliers et les socles de granit, autrefois ornés de statues, meublant les immenses jardins à la française, comme les dessinait Le Nôtre ; les étangs poissonneux, fontaines d'eaux vives et croix élevées au milieu des bois ; enfin le puits monumental, à la merveilleuse armature en fer forgé, chef-d'œuvre de quelque maître serrurier du temps de Louis XIV tout, en un mot, contribue à faire de Trégarantec une demeure vraiment seigneuriale.

On disait jadis : « Pour faire une demeure royale il faudrait réunir : la forêt de Lorges, le château de Coatanfao et les jardins de Trégarantec. »

Le château de Trégarantec, tel qu'il existe encore aujourd'hui, remonte au XVIe et au XVIIe siècle. Mais il a dû succéder à une construction beaucoup plus ancienne, puisque la maison de ce nom existait déjà au XIIIe siècle, et que sa présence en la paroisse de Mellionnec est constatée, comme on va le voir, par les montres (1) de 1426 à 1536.

ORIGINE

DE LA MAISON DE TRÉGARANTEC

« *D'azur à trois pals d'argent.* »

Monsieur Régis de l'Estourbeillon, dans son *Nobiliaire Breton*, attribue à la maison de Trégarantec une origine commune avec celle des seigneurs de *Tréganteuc* (ancienne trêve de Guégon, près Josselin) dont le nom s'écrivit,

(1) Les *montres* étaient les revues, ou le recensement des forces militaires de la province, c'est-à-dire des gens de guerre que les seigneurs devaient fournir à leur suzerain. Les *réformations* étaient des recherches, ayant pour but de découvrir les usurpateurs de noblesse, qui s'affranchissaient, indûment, des fouages, tailles, subsides et autres levées de deniers, dont les nobles étaient exempts à cause de leur obligation de service militaire.

tour-à-tour, *Trégranteur*, *Trégaranteur*, *Tréganteuc* et *Trégarantec*.

Les habitants du pays où est situé le château de Trégarantec l'appellent, eux aussi, *Tréganteur* et *Trégaranteur*, ce qui donnerait raison à ce généalogiste érudit, dont l'opinion, à ce sujet, s'appuie, en outre, sur des d[illegible]ments des plus sérieux. Nous rapporterons donc ici ce q[illegible] dit cet auteur.

I

La très ancienne famille de *Trégaranteur* ou *Trégarantec* est originaire de Tréganteuc ou Trégaranteur, près de Josselin. Les membres de cette maison occupaient de hautes situations en Bretagne, dès le début du XIIIe siècle.

Monsieur de Courcy, qui semble ignorer l'antique origine de cette maison, ne cite les seigneurs de Trégarantec qu'à propos de la terre de ce nom, en Mellionnec, (anciennement évêché de Vannes, aujourd'hui de Saint-Brieuc) qu'il indique, à tort, comme son berceau (1).

Cette terre noble fut bien, en effet, possédée par elle; mais on la trouve beaucoup plus anciennement à Tréganteuc, qui fut certainement son fief d'origine (2).

E[illegible] comparut aux réformations et montres, de 1426 à 1536, [illegible] les paroisses de Guégon *et de Mellionnec*, mais ne vit pas la réformation de 1669, s'étant fondue, vers le milieu du XVIe siècle, dans la famille de Quélen du Broutay (3).

Remontant à *Alain de Trégaranteur*, sénéchal de Guémené-Guingamp, en 1251; alloué du vicomte de Rohan, en 1261: qui obtint, en 1264, d'Alain, vicomte de Rohan, des lettres patentes l'exemptant à perpétuité du droit de

(1) P. de Courcy, *Nob. et Arm. de Bretagne.*

(2) *Archives du château de Penhoët*, près Josselin.

(3) Bibl. de la ville de Rennes, *Mss. des Réformations.*

bail, ainsi que son frère Raoul et leurs hoirs ; que l'on voit, enfin, plaider à Vannes, en 1269, contre Alain et Geoffroy de Lanvaux, et qui vivait encore en 1271 (1) ; elle compte encore parmi ses membres :

Messire *Raoul de Trégaranteur*, frère d'Alain, témoin dans un contrat d'échange, passé entre Olivier, vicomte de Rohan, et Guillaume de Séré, le mercredi après la Saint-Thomas de l'an 1316 (2) ;

Messire *Alain de Trégaranteur*, l'un des 220 escuyers de la montre de messire Bertrand du Guesclin, revüe à Caen, le 1er décembre 1370 (3), l'un des escuyers de Pierre de Tournemine, sire de la Hunaudaye, en 1371 (4) ; que l'on voit prévôt féodé du duc, à la fin du XIVe siècle, et gratifié d'un don de 200 livres par Olivier de Clisson, dans son testament du 5 février 1406 (5). Il avait épousé demoiselle Jeanne du Clos, dame de la Hazaye et rendit hommage au vicomte de Rohan, à Pontivy, le 17 juillet 1396 (6).

Messire *Jacques de Trégaranteur*, exempté du service militaire, (7) par le duc François 1er, en 1449, et laissé au vicomte de Rohan, pour la garde des places de Josselin, La Chèze et Rohan, dont il était chargé, puis l'un des hommes d'armes à la grande paye de l'ordonnance du Duc, en 1464, avec Jacquemart d'Argentré son archer, (8) et, enfin, l'un des hommes d'armes faisant partie de la montre de Thomas de Kerazret, en l'ordonnance du maréchal de Rieux, revüe à Ancenis, le 23 juillet 1474 (9).

(1) Dom Lobineau, *Preuves*, t. II, p. 411 et Dom Maurice, *Preuves*, t. I, col. 959, 982, 1024, *Arch. de Penhoët*.

(2) Dom Maurice, *Preuves*, t. I, col. 1266.

(3) *Ibidem*, col. 1645.

(4) *Ibid.*, col. 1371.

(5) Dom Lobineau, *Preuves*, t. II, p. 826.

(6) Dom Maurice, *Preuves*, t. II, col. 670.

(7) *Ibidem*, col. 1513.

(8) Dom Lobineau, *Preuves*, t. II, p. 2366.

(9) *Ibidem*, p. 1343.

Messire *Alain de Trégaranteur*, l'un des archers du sire de la Hunaudaye dans la montre revüe à Fougères, le 28 janvier 1465 (1) ; l'un des hommes d'armes de la retenue de Bertrand du Parc, revüe à Dinan, le 21 juillet 1474 (2) et l'un des hommes d'armes de la montre du vicomte de Rohan, revüe à Dinan (3), le 2 septembre 1489.

Messire *Jean de Trégaranteur*, seigneur de Trégaranteur, la Chesnaye, et la Hazaye, fils de Jacques, ci-dessus cité, arrière petit-fils d'Alain et de Jeanne du Clos, résidant au manoir du Clos, en 1520.

Messire *Pierre de Trégaranteur*, écuyer, seigneur du Clos et de Trégaranteur, fils de Jean de Trégaranteur; décédé en 1548, et marié au château de Kernoisel, le 25 janvier 1525, à demoiselle Magdeleine de Lanvaux, fille de feu Olivier de Lanvaux, seigneur de Beaulieu, et de Perrine de Montauban ; dont il n'eut qu'une fille, demoiselle Jeanne de Trégaranteur, dernière du nom mariée, en 1544, à Pierre de Quélen, seigneur du Broutay, et que l'on voit plaider devant la Cour de Porhoët, en 1558 (4).

Seigneuries

La maison de Trégaranteur a possédé les terres et seigneuries de :

Trégaranteur en Guégon ; — Trégarantec en Mellionnec, du Clos, — de la Chesnaye — de la Hazaye.

(1) Dom Lobineau, *Preuves*, t. II, p. 1368.

(2) *Ibidem*, p. 1444.

(3) Dom Maurice, t. III, col. 631.

(4) Bibliothèque Nationale. *Carrés de d'Hozier*. Vol. 608, pp. 277-279 et *Archives du château de Penhoët*, près Josselin.

PRINCIPALES ALLIANCES

Elle s'est alliée aux familles suivantes :

Du Clos au XVe siècle — de la Forest au XVe siècle ; de Lanvaux (25 janvier 1525) ; de Quélen du Broutay (1544), (1), etc.

(Régis de l'Estourbeillon, *Nobiliaire Breton ; Revue des Provinces de l'Ouest*, année 1891.)

II

Voici, d'autre part, le résumé de la notice historique sur les anciens possesseurs de Trégarantec, en Mellionnec, telle que nous la trouvons dans l'intéressante *Généalogie de la Maison Jégou du Laz.* On y verra la suite et la succession des seigneurs de ce château, à l'extinction de la maison de Trégarantec, fondue, au XVe siècle, dans celle de la Forest, puis de Quelen du Broutay au XVIe siècle.

Alain de Trégarantec figure dans une vente, en août 1271 ;

Autre *Alain de Trégarantec*, en 1316 ;

Autre seigneur du nom d'*Alain* vers 1550 ;

Alliette de la Forest, dame de Boisgelin, en 1510 ;

Louise de la Forest apporte cette seigneurie en mariage à son mari, *Tanguy de Carman*, et meurt en 1544 ;

Jean de Plusquellec, en 1530 ;

Charles de Maillé, marquis de Kerman (Kermavan ou Carman) sgr en 1612, meurt en 1628, après avoir vendu Trégarantec à

Partheraux de la Tour, en 1620, qui le vend lui-même à

(1) *Archives du château de Penhoët*, près Josselin ; *Titres originaux*. V. notice de la famille de Trégaranteur.

Pierre de Perrien, en 1623. Celui-ci épouse *Hélène Urvoy*, dame de la Ville-Chevalier, et meurt en 1644 ;

Louis de Perrien lui succède, comme seigneur de Trégarantec, et épouse, en 1660, *Nicole de Cosnoal*. Ils ont pour fils et héritier :

Jérôme de Perrien, né à Trégarantec, en 1667. Après la mort de Louis de Perrien, Nicole de Cosnoal, mère et tutrice du jeune Jérôme, vend Trégarantec à

Gilles de Saint-Noays, en 1676, dont hérite sa sœur :

Françoise-Augustine de Saint-Noays, qui avait épousé, en 1662,

René Jégou, seigneur de Paule. Ils firent aveu, en 1677, pour Trégarantec, à Haut et Puissant Seigneur Louis de Rohan-Guémené.

Ainsi entrent à Trégarantec les Jégou de Kervillio, (plus tard Jégou du Laz) qui devaient posséder cette terre jusqu'en 1799.

MAISON JÉGOU DE KERVILLIO

Jégou sgr. de Kervillio, de Glomel, de Kerjean, de Moëllou, de Mesle, de Paule, du Dréan, de Saint-Nouay, de Trégarantec et du Laz, paroisse de Carnac.

Maison d'ancienne extraction chevaleresque, a comparu aux réformations et montres, de 1543 à 1562, et fut maintenue avec neuf générations à la grande réformation de 1668. Paroisse de Saint-Gilles Pligeau, évêché de Cornouailles.

« *D'argent au huchet de sable, accompagné de trois bannières d'azur, chargées chacune d'une croiselle pommetée d'or.* »

Devise : « Nec spes me mea fefelit. »

René Jégou de Kervillio était conseiller au Parlement de Bretagne et mourut à Vannes, où siégeait celui-ci, le 21 octobre 1686.

Ses descendants, comme seigneurs de Trégarantec, furent :

François-René Jégou, comte du Laz, 1686-1720 ;
François-Barthélemy Jégou, comte du Laz, 1720-1745 ;
Michel-Marie Jégou, comte du Laz, 1745-1790 (1).

Les Jégou de Kervillio comptent dans leurs rangs, entre plusieurs personnages remarquables, un évêque de Tréguier, Olivier Jégou de Kervillio, né en 1643, fils de messire Gilles Jégou, seigneur de Kervillio, vicomte de Kerjean, seigneur de Paule, Glomel, (Maël ou) Mesle-Carhaix, de Moëllou, etc... et de Marie Budes du Tertre-Jouan. Nommé évêque de Tréguier en juin 1694, il fut sacré le 3 octobre de la même année. Ce prélat se montra zélé partisan du jansénisme et résista à la bulle *Unigenitus*. Il mourut en 1731 (2).

Sous les règnes de Louis XIV et de Louis XV, les Jégou du Laz menèrent à Trégarantec un train vraiment princier, dont le souvenir s'est conservé jusqu'à nos jours, dans la région qui avoisine ce château.

Successivement, René Jégou, conseiller au Parlement de Bretagne, François-René, (1686-1720) et François-Barthélemy Jégou du Laz (1720-1745) virent défiler, dans leurs magnifiques salons, tout le ban et l'arrière-ban du haut-clergé et de la noblesse de Bretagne. Trois évêques séjournaient parfois en même temps au château de Trégarantec. La table y était riche et hospitalière, et trente domestiques en assuraient le service.

Le luxe extravagant et les folles dépenses du grand siècle avaient étendu leur ruineuse influence jusqu'au fond

(1) *Généalogie Jégou du Laz* (Bibliothèque de la ville de Nantes.) La branche aînée de cette maison s'est fondue à la fin du XVIIe siècle dans Rougé du Plessis-Bellière par le mariage de Françoise-Pétronille Jégou de Kervillio avec Henri-François de Rougé, marquis du Plessis-Bellière ; puis dans Lorraine-Elbœuf.

(2) Ogée, *Dictionnaire de Bretagne*, 2e édition.

des campagnes les plus reculées. Tout seigneur revenant de la Cour du « Roi-Soleil » voulait en reproduire chez lui quelques-unes des splendeurs dans les plaisirs les plus coûteux et les réceptions les plus fastueuses. Chaque grand château devint un petit Versailles. Aussi, la noblesse, comme la royauté, se trouva-t-elle fort appauvrie à la fin du XVIIIe siècle et Michel-Marie Jégou du Laz (1726-1799), seigneur de Trégarantec à la mort de son père, en 1745, vit l'apogée, en même temps que la fin, des splendeurs de Trégarantec.

LES CHATELAINS DE TRÉGARANTEC

EN 1782

MICHEL-MARIE JÉGOU, COMTE DU LAZ ET MARIE-JEANNE DE KERSAUSON

Michel-Marie Jégou, comte du Laz, naquit à Morlaix, le 5 août 1726, et mourut à Trégarantec en 1799. Il épousa, en premières noces, Angélique-Thérèse-Augustine Blesvin de Penhoët, d'où il lui restait, en 1782, trois enfants :

1° *Alexandre-François, vicomte du Laz*, né à Vannes au château de Limoges, le 5 mai 1755, marié en 1783, comme nous le verrons bientôt, à sa cousine germaine, demoiselle de Kermainguy de Saint-Laurent, d'où une seule fille, Reine, morte sans alliance.

2° *Marie-Anne-Françoise-Charlotte-Julie*, désignée dans notre correspondance sous la dénomination de *mademoiselle du Laz*. Elle naquit au château de Limoges près de Vannes, en 1767, et épousa, en 1812, le vicomte de Roquefeuille.

3° *Ange-Yves-Paterne*, mort sans alliance.

Le 14 mai 1782, Michel-Marie Jégou, comte du Laz, épousa, en deuxièmes noces, à Morlaix, par contrat au rapport de maître Le Bricquir, notaire en cette ville, daté de ce jour, *Marie Jeanne de Kersauson*, veuve de messire Charles-François de Villiers de Lisle-Adam.

Ce contrat reconnaissait à la jeune femme « un troussel de trois mille francs et un douaire préfix de deux mille quatre cents francs donnant au principal au denier dix la somme de vingt quatre mille francs, soit au total vingt-sept-mille francs. »

La fortune du comte de Laz était beaucoup plus considérable, mais assez fortement grevée de dettes très importantes, comme en témoigne un inventaire, que nous avons eu sous les yeux, dressé après la mort du comte du Laz pour établir la part revenant à Alexandre-François, alors émigré.

Marie-Jeanne de Kersauson était née au Vijac, près de Guipavas, le 17 avril 1747, de Jean-François de Kersauson et de Françoise-Suzanne Mol de Kerjean.

Elle avait épousé, en premier mariage, en 1768, à Trébabu, près le Conquet, Charles-François de Villiers de Lisle-Adam. Celui ci mourut, en 1769, lui laissant un fils, de deux mois à peine, qui tient une place importante dans nos lettres.

Madame du Laz, femme de peu de fortune, mais de beaucoup de tête avait mis de l'ordre dans son nouveau ménage et, dès le début, coupé court à tous les abus et gaspillages qui s'étaient introduits au château pendant les longues années de veuvage du comte de Laz. Le train de maison, à cette époque, ne paraît pas considérable, mais on y continuait cependant des réceptions de parents et d'amis, réceptions larges et cordiales, comme nous le verrons par les éloges et les remerciements dont elles étaient l'objet de la part des hôtes passagers de Trégarantec.

C'est à « *Madame la Comtesse du Laz* », née de Kersauson, que sont adressées la plupart de nos lettres.

Le comte Michel-Marie du Laz était âgé, en 1782, de cinquante-six ans, c'est-à-dire, vingt-et-un ans de plus que sa seconde femme. C'était un homme remarquable et distingué, dont la bonté et la générosité sont restées légendaires dans le pays. Nous trouvons sa bienfaisance célébrée dans cette poésie de 1775, égarée parmi nos vieilles lettres.

Bien qu'elle ne soit pas un chef-d'œuvre de prosodie elle

convient assez pour présenter à nos lecteurs le chef de la maison qui tient la place la plus importante dans notre correspondance.

Les poésies de salon étaient alors fort à la mode. Celle-ci est adressée à Monsieur du Laz pour sa fête (1) :

A MONSIEUR LE COMTE DU LAZ.

Nos seigneurs de Finance,
Un de vos suppôts
Nargue aujourd'hui votre opulence
Et suspend ses travaux.
Loin d'ici ces tableaux
Où la main d'un copiste
Vous trace mille impôts
Qu'il poursuit à la piste !
Je vais de mes pinceaux
Exprimer l'allégresse
Que du Laz, en ce jour, répand sur ses hameaux :
Vieillesse
Et jeunesse,
Tout pour du Laz aujourd'hui s'intéresse
Les bergers sur leurs chalumeaux
Chantent ses vertus ses largesses.
Les rangs et les grandeurs
N'ont point attiré ces caresses ·
A des titres seuls de noblesse
Bergers offrent parfois des bouquets et des fleurs
Mais à des bienfaiteurs,
A des héros de la sagesse,
Il faut d'autres honneurs
Et ce n'est qu'à du Laz qu'on présente des cœurs.

(*Par un Petit Financier.*)

29 septembre 1775 (2).

(1) La Saint-Michel, 29 septembre.

(2) Nous attribuons cette pièce de vers à M. Le Gallic, procureur fiscal de la baronnie de Rostrenen.

MARION DU FAOUET

La charité et la bienfaisance des seigneurs de Trégarantec exerçaient, même au loin, leur heureuse influence comme le prouve l'anecdote suivante :

De 1725 à 1755, les alentours du bourg du Faouët (Morbihan), étaient désolés par une troupe de malfaiteurs qui, de nuit et de jour, rançonnaient les voyageurs sur les grands chemins. Ils avaient à leur tête une femme, nommée Marie Tromel, plus connue sous les noms de *Marie Finefond* ou *Marionnic* qui dut longtemps l'impunité à une habileté et une ruse prodigieuses, et à la terreur superstitieuse dont elle avait su s'entourer.

Elle passait pour sorcière et possédait, racontait-on, une tarière enchantée. En perçait-elle un arbre ? aussitôt jaillissait une liqueur délicieuse, un *philtre* qui endormait les archers !

Au reste, elle ne tuait personne et empêchait ses gens de répandre le sang. Mais la crainte et la crédulité des campagnards étaient telles que le paysan attardé, revenant de la foire, où il avait vendu quelques animaux, vidait, sans hésitation, son escarcelle au simple commandement de Marionnic ou de ses compagnons.

Cette femme, chef de brigands, menait, cela va sans dire, une vie fort désordonnée ; mais, au milieu de ses égarements, elle gardait au fond du cœur un noble sentiment : celui de la reconnaissance.

Un jour, revenant de porter des secours à une pauvre famille selon sa charitable coutume, le comte Jégou du Laz, seigneur de Trégarantec, traversait, à la nuit tombante, un des grands bois qui entourent ce château. Tout-à-coup, il voit se dresser devant lui une femme inconnue qui lui dit :

« Monsieur le comte, vous êtes bon pour tous, les méchants comme les autres, mes parents mêmes que vous ne connaissez pas vous ont des obligations. Je serais fâchée qu'il arrivât, à vous ou aux vôtres, quelque peine à cause de moi. Voilà un sauf-conduit ; avec lui vous pourrez passer sur les routes de nuit comme de jour. »

Et elle remit à Monsieur du Laz un étui de bois. A ces derniers mots, le comte avait reconnu Marion. Il essaya de lui faire quelques représentations, de lui donner quelques conseils pour la ramener dans la voie du bien, mais elle, l'interrompant :

« Monsieur le Comte, mon heure n'est pas encore venue. »

Et elle disparut.

Quelques années plus tard, Monsieur du Laz, de passage à Vannes, apprit que Marionnic y était en prison. Poussé par sa charité, il alla la voir et, par de pieuses exhortations, essaya de faire passer dans son cœur le repentir des crimes qu'elle avait commis.

Ce repentir ne fut pas, hélas ! de longue durée, car aussitôt mise en liberté, Marion recommença ses exploits et reprit sa vie de débauche et de vol. Elle la termina a Quimper où elle fut pendue *haut et court* le 2 août 1755.

MAISON DE KERSAUZON

(AUJOURD'HUI KERSAUSON)

(Originaire d'Angleterre). De Kersauzon, sieur dudit lieu — de Kernabat ; — de Combout et de Ker Saint-Gilly, paroisse de Guiclan ; — du Garspern, paroisse de Plougonven ; — du Brésal, paroisse de Plounéventer ; — du Vieux-Chastel ; — de la Perrière, paroisse de Buléon ; — de Goasmelquin, paroisse de Plouagat-Guérand ; — du Vijac, paroisse de Guipavas ; — de Kerjean, paroisse de Trébabu ; — de Penhoat, paroisse de Saint-Frégan ; — de Pénandreff, paroisse de Plourin ; — du Gollen, paroisse de Plouvorn ; — de Kervégan, etc. et autres lieux.

Ancienne extraction chevaleresque, réformation de 1669, neuf générations, réformations et montres de 1427 à 1534, paroisses de Guiclan, Saint-Thégonnec, Plouneour-Menez, Plouénan et Saint-Frégan, évêché de Léon. Les Kersauson portent :

« *De gueules au fermail d'argent* » (1). Devise : *Pred eo pred a vo* ». (Il est temps, il sera temps) (2).

Cette famille fournit à saint Louis un croisé en 1248, dont les armes figurent au musée historique de Versailles (3).

Guillaume, évêque de Léon en 1306, reconstruisit une partie de sa cathédrale, où il fut inhumé en 1327 (4).

La branche aînée s'est fondue, au XVIIIe siècle, dans Tinténiac. Cette famille est aujourd'hui représentée par les branches de Vieux-Chastel, de Kerjean Mol et de Penandreff, toutes fort honorablement posées en Bretagne.

Après cette notice générale sur la maison de Kersauzon nous donnerons quelques détails plus précis sur Marie-Jeanne de Kersauson, comtesse du Laz, et ses plus proches parents.

Marie-Jeanne de Kersauson, veuve de Villiers de Lisle-Adam, seconde femme de Monsieur le comte du Laz de Trégarantec, était fille de *Jean-François de Kersauzon* et de *Françoise-Suzanne Mol de Kerjean*, sa seconde femme, qui l'avait épousé à condition qu'il vînt habiter Kerjean, château près le Conquet, berceau de la famille, qui appartenait,

(1) *Nobiliaire et Armorial de Bretagne*, de Pol Potier de Courcy.

(2) Cette devise est en langue bretonne, ainsi que toutes celles dont nous donnerons la traduction au cours de cet ouvrage.

(3) On sait que monsieur Lacabane, le savant archiviste paléographe, a vérifié les titres des familles admises au Musée historique de Versailles ; ces familles ont dû : 1° prouver qu'elles ont comparu aux réformations de 1427 à 1668 ; 2° démontrer leur filiation, depuis cette époque jusqu'à nos jours.

(4) *Dictionnaire géographique et historique de Bretagne* par Ogée (Article Saint-Pol de Léon).

dès 1399, à Tanguy Molf, seigneur de Kerjean, d'où le nom : Mol de Kerjean, ou Kerjean-Mol.

Jean-François de Kersauson (1) était veuf sans enfants de demoiselle Joséphine-Jeanne Thérèse de Kérouartz.

De son second mariage, avec mademoiselle Mol de Kerjean, naquirent dix-huit enfants. Mais, sur douze, vivant à la fois, cinq moururent la même année.

En 1782, moment où débute notre correspondance, voici les noms de ceux qui subsistaient encore des frères et sœurs de Marie-Jeanne de Kersauson :

1° *Maurice-Pierre-Joseph*, comte de Kersauson, aîné de la famille, que nous verrons désigner comme habitant Kerjean. Il servit dans la marine et fut créé chevalier de Saint-Louis en 1775. Le 15 septembre 1768 il avait épousé Antoinette-Agathe-Julie de Maillard et mourut en émigration en 1795. Nous verrons par nos vieilles lettres qu'ils eurent au moins deux enfants : Amand et Sophie. Soit qu'il eût perdu sa femme de bonne heure, soit pour toute autre cause, sa sœur Jeanne-Renée de Kersauson, vivait près de lui à Kerjean à cette époque et élevait, avec soin, son neveu et sa nièce qui, plus tard, quitta Kerjean pour suivre sa tante à Morlaix. Sophie se maria par la suite à son jeune cousin, Robert de Rodellec du Porzic, fils de Flore de Kersauson (v. ci-après).

2° *Jean-Marie*, dit *le Chevalier*, qui servit brillamment dans la marine et dont nous donnerons la biographie plus loin à l'appui d'une lettre annonçant son mariage.

3° *Jean-Marc de Kersauson*, dit *du Vijac*, officier au régiment de Guyenne, signataire de quelques-unes de nos lettres. Il épousa N... de Saint-Pade-Chasserel, et fut massacré à Versailles, en 1792.

4° *N... de Kersauson*, dit *Terville*, officier de la marine du Roi, qui mourut sans hoirs.

(1) Nous donnons ci-après une notice spéciale sur ce personnage.

5° *Flore de Kersauson*, épouse de N... de Rodellec du Porzic, dont elle eut plusieurs enfants, elle en parle dans ses lettres à sa sœur madame du Laz. Elle habitait, avec son mari et ses enfants, le château du Porzic, non loin de Brest.

6° *Jeanne-Renée*, morte sans alliance, désignée par nos correspondants sous le nom de *mademoiselle de Kersauson*. Elle est signataire d'un grand nombre de nos lettres adressées à sa sœur madame du Laz.

7° *Marie-Jeanne de Kersauson, comtesse du Laz*; née au Vijac, près de Guipavas, le 17 avril 1747. Elle épousa, en premières noces, *Charles-François de Villiers de Lisle-Adam* dont elle avait conservé un fils *Jean Jérôme* désigné, le plus souvent par le diminutif familier de *Lilly* dont il sera maintes fois question dans notre travail (1).

Comme nous l'avons dit, c'est en 1782 que Marie-Jeanne de Kersauzon se maria, pour la seconde fois, à M. Jégou du Laz, seigneur de Trégarantec. Il mourut en 1799. Marie-Jeanne lui survécut jusqu'en 1822. De ce second mariage naquirent trois fils et une fille qui sont :

1° *Joseph-François-Bonabes*, plus tard *comte du Laz*, né le 18 avril 1783, décédé le 26 septembre 1861 ;

2° *Marie-Suzanne Jégou du Laz*, née à Trégarantec en 1785, décédée, le 3 mai 1806 à Saint-Pol-de-Léon ;

3° *Hippolyte-Marie Jégou, vicomte du Laz*, né à Trégarantec, le 26 novembre 1786, décédé...

4° *Eugène-François*, né le 4 octobre 1788, à Trégarantec, décédé en 1874, à l'âge de 86 ans (2).

Nous aurons à reparler des enfants des seigneurs de Trégarantec au cours de cet ouvrage.

(1) Nous avons puisé une grande partie de ces renseignements, et quelques-uns de ceux qui suivront, dans la très intéressante *Histoire généalogique de la Maison de Kersauson*, par J. de Kersauson, (Bibliothèque de la ville de Nantes).

(2) *Généalogie Jégou du Laz*, p. 36 et suiv. (Bibliothèque de la ville de Nantes.)

JEAN-FRANÇOIS DE KERSAUZON (1)

Devenue veuve à l'âge de vingt-deux ans, Marie-Jeanne de Kersauson s'était, avec son enfant, retirée à Morlaix près de son père, *Jean-François de Kersauson*, qui, lui-même, venait de s'y fixer à la mort de sa femme, Françoise-Suzanne Mol de Kerjean.

Homme instruit et distingué, d'une conversation agréable et variée, il avait su promptement faire de ses salons le rendez-vous d'une société choisie de gens de lettres et d'étrangers de distinction. Les uns recherchaient son entretien, d'autres réclamaient ses conseils. Condisciple de Voltaire au collège Louis-le-Grand, il conservait, de son éducation complète à Paris, le goût du monde et de la littérature. Il parlait le latin et le grec avec élégance, ce qui ne l'empêchait pas de connaître à fond la littérature bretonne, sur laquelle il fit plusieurs écrits remarquables.

Il prouva aussi l'amour qu'il portait à sa petite patrie par son zèle et sa persévérance à demander aux Etats de Bretagne la canalisation de la province. On parlait beaucoup de cette question à la fin du dix-huitième siècle. Elle préoccupait les esprits soucieux des intérêts commerciaux du pays, comme, au dix-neuvième siècle, celle des chemins de fer, si longtemps étudiée et discutée avant l'inauguration des premières lignes.

Le projet de Jean-François de Kersauson donnait de l'extension à celui de l'ingénieur Abeille qui, en 1738, avait déjà proposé un canal de jonction, entre l'Océan et la Manche, passant par Rennes et Saint-Malo. Kersauson démontra, dix-sept ans plus tard, l'importance qu'il y avait à rattacher à ce projet celui de la jonction de la Loire à la Vilaine et de celle-ci au Blavet et, dès 1746, présentait aux

(1) Père de la comtesse du Laz, née Marie-Jeanne de Kersauson

Etats de Bretagne un mémoire sur ce projet qui devait se réaliser un jour.

Durant son séjour à Morlaix, de 1769 à 1782, la jeune veuve de Villiers de Lisle-Adam sut charmer, par sa grâce et son amabilité, les nombreux habitués des salons de son père et y compta bientôt de nombreux amis. Parmi ceux de Jean-François de Kersauson, il faut citer le spirituel chevalier de Boufflers.

La lecture, la poésie, la déclamation et la comédie de salon charmaient les loisirs de la famille. Le « Prince du Midy » dont on lira prochainement l'intéressante lettre, était, sans doute, un habitué de ces salons littéraires.

Jean-François de Kersauson dut contribuer aussi à la formation de la « *Chambre littéraire et politique* » que les « *hommes notables de Morlaix* » fondèrent, en 1778, dans les appartements de la duchesse de Fitz-James et que Louis XVI, par lettres-patentes spéciales, institua l'année suivante d'une façon permanente (1).

Nous n'avons pas, d'une façon certaine, la date du décès de Jean-François de Kersauson. La lettre du « Prince du Midy » prouve, tout au moins, qu'il n'était plus à Morlaix en septembre 1782, et donne à croire qu'il mourut avant cette date. Il n'est nullement question dans nos lettres de l'époque de sa mort.

(1) *Annales de Brest*, 1838, page 196 et suivantes.

CORRESPONDANCE

Notre correspondance proprement dite débute en juin 1782, c'est-à dire un mois après le mariage de Michel-Marie Jégou du Laz avec la jeune veuve de Lisle-Adam.

Avec eux habitaient alors à Trégarantec les trois enfants du premier mariage du comte du Laz; Alexandre-François, vicomte du Laz, Mademoiselle du Laz et Yves-Patern, plus un aumônier et quelques serviteurs.

Le fils de Madame du Laz, Jean-Charles-Jérôme de Villiers de Lisle-Adam, âgé de treize ans, était à cette époque au collège Sainte-Barbe à Paris, comme nous le verrons prochainement. Il en sera souvent question dans les lettres que nous allons transcrire. La première en date apporte à Madame du Laz, à l'occasion de son récent mariage, les compliments et souhaits de maitre Gillard (1) avocat à Brest et donne d'intéressants renseignements sur le droit rural du temps, relativement à l'entretien des chemins.

---

(1) Gilard ou Gillard, sieur de Kersulec, paroisse de Dirinon, — de Gouramon, etc. « *D'azur au sphinx ailé et couché d'or, au chef d'argent chargé de trois mouchelures de sable.* » Cette famille compte parmi ses membres plusieurs procureurs du Roi, de la prévosté de la marine, etc.

(*Nobiliaire et Armorial de Bretagne* de Pol Potier de Courcy.)

L'ENTRETIEN DES CHEMINS EN 1782

LEUR ÉTAT A LA FIN DU XVIIIe SIÈCLE EN BASSE-BRETAGNE

Maitre GILLARD à Madame la comtesse du LAZ.

MADAME,

Voulez-vous bien recevoir mon compliment très sincère pour votre mariage. Je formais des vœux depuis longtemps pour cet événement, parce que je ne doute pas que Monsieur du Laz ne sera occupé que de la douce satisfaction de vous procurer les jours les plus heureux. Je vous serais obligé, Madame, de lui faire agréer mon respectueux hommage.

Je reçois de Mademoiselle de Kersauson (1) une lettre qui en contient une de Monsieur Gribel. Je ne crois pas que vous puissiez, Madame, vous refuser à la réparation du chemin en question. Vous vous adresseriez, je pense, inutilement à l'Intendant de la Province qui ne s'occupe que des Grands-Chemins et non de ceux de traverse, car c'est le Parlement qui se mêle de ceux-ci et il y a différents

(1) Jeanne-Renée de Kersauson (v. ci-dessus notice sur la *Maison de Kersauson*).

arrêts de règlement qui condamnent les propriétaires riverains à cette réparation. En conséquence, Madame, je ne vois d'autre parti à prendre que d'écrire à monsieur Gribel de s'arranger avec vos fermiers pour faire cette réparation, à laquelle, je le répète, Madame, que vous ne pouvez vous soustraire, à moins cependant que le chemin en question ne soit qu'une servitude pour voiture, car vous n'êtes obligée à réparer que les chemins *menant de bourg à bourg*, en un mot les vieux grands chemins.

Vous aurez la bonté de faire cette observation à M. Gribel pour qu'il s'y conforme.

J'ai l'honneur d'être etc...

GILLARD.

Brest, le 7 juin 1782.

Les chemins laissaient, parait-il, fort à désirer à cette époque, particulièrement en Basse-Bretagne. Sans nous arrêter à la pittoresque description que nous fait le célèbre fabuliste du XVIIe siècle du chemin, suivi par son charretier, au pays de Quimper-Corentin, lisons celle-ci, donnée par Cambry parcourant, à la fin du dix-huitième siècle, les routes du Finistère. A part les grandes voies ouvertes par le duc d'Aiguillon, on y cheminait, à cette époque, dans de véritables fondrières.

« Dans tout le Finistère, dit-il, les chemins de traverse sont des abimes impraticables dans l'hiver : les voitures s'y brisent ; des chevaux, des bœufs, des hommes y sont tous les jours estropiés. J'ai passé des mares où mes chevaux étaient à la nage, j'étais dans l'eau jusqu'à la poitrine. Vous enfoncez dans des terres marneuses d'où vous ne vous tirez qu'avec peine. Une espèce de terre jaune offre souvent l'apparence de la dureté, de la sécheresse ; c'est un abime que l'expérience fait éviter aux animaux. En pratiquant de grandes routes le duc d'Aiguillon n'a rendu qu'un demi-service, toutes les traverses sont à réparer » (1).

Ces « chemins de traverse » sont bien, comme on le voit par la lettre de Me Gillard, « *les vieux grands chemins* » qui menaient « *de bourg à bourg* » et que les propriétaires riverains étaient contraints de réparer. Comme ceux-ci ne le faisaient, par eux-mêmes ou par leurs fermiers, que lorsque l'autorité les y forçait, et comme, pendant la période révolutionnaire, ces réparations furent encore plus négligées, par suite de l'absence de la plupart de ces « propriétaires riverains », on conçoit sans peine le mauvais état dans lequel les trouva Cambry, parcourant le Finistère en 1794-1795.

Nous verrons dans nos lettres que, dès 1787, les chemins de traverse n'étaient pas praticables « *en berline* » aux alentours de Glomel et de Trégarantec, ni aux environs de Paule (2).

Mais n'anticipons pas et, en vertu de l'ordre chronologique que nous observerons presque constamment dans notre travail, entrons, par la lettre qui suit, en relations avec les gentilshommes dont les faits et gestes nous occuperont désormais le plus souvent.

(1) Cambry, *Voyage dans le Finistère.*

(2) Ces localités, Paule et Glomel, sont situées dans le département des Côtes-du-Nord.

A Madame,

Madame la Comtesse du Laz, au Chateau de trégarantec, près Rotternen, par pontivi.

A Pontivi.

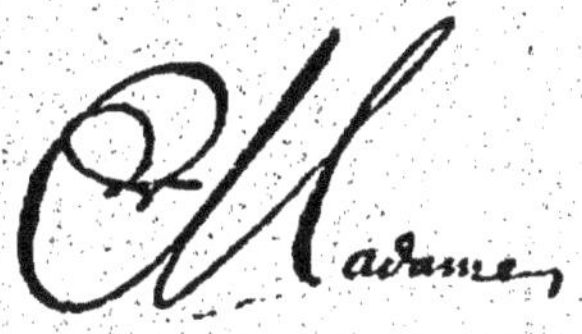

Madame

Grande et bonne nouvelle! votre étui d'or et à pointes de diamans est entre les mains de mademoiselle de Kersauson. Le prix de la gravure, faite à Brest, ne vous conduira pas à l'hôpital, et moi encore moins. je n'avais avancé que 18.#, et ces 18.# m'ont été remboursés. ainsi nous voilà, comme on dit, quittes et bons amis. Ainsi soit-il.

Comme vous avez l'âme bonne et belle, vous me plaindrez sans doute d'être ici abandonné à moi-même. toute ma société est dissoute, plus ici de Kerouartz, de du Breignou, de Quélen, de Cadeville, de Guerdavid &c &c. J'en perdrais l'esprit, si j'en avais à perdre, et si madame de Lauzanne ne me restait. ainsi que le sanglier, je passe ma vie dans ma bauge.

Vous savez que le cher et féal comte de Guichen a suivi le vieux Cordova. on croit l'escadre combinée devant Gibraltar. Si ce rocher sourcilleux résiste encore long temps à Mgr le comte d'Artois, le général n'ira pas à Keraulter, et moi je ne casserai plus mes œufs à Trégarantec. voilà, madame, comme l'homme propose, et Dieu dispose.

J'ai appris, avec un sensible plaisir, qu'il ne dépendait plus que de sa Sainteté de faire prononcer le Conjungo vos, en présence de Mr le vicomte et de madelle de Saint Laurens. Vous êtes tous d'accord pour cette bonne œuvre. Cette lettre vous tiendra lieu de mon consentement, et pour peu qu'on me tire les oreilles, j'en ferais la cérémonie.

Je me rappelle très bien d'avoir trouvé à Trégarantec la fontaine de jouvence, je veux dire que le plaisir m'y avait rajeuni ; mais le fleuve d'oubli n'y était pas de mon temps. Mandez-moi s'il vous plaît, depuis quand il a commencé à y sourdre, et depuis quand la princesse de midi s'est avisée d'y boire ; à qui a-t-elle écrit qu'elle avait reçu ma dernière lettre, et le vélin ?

J'ose vous prier, madame, de conseiller à la princesse de ne pas boire dans le vilain fleuve d'oubli, quand il s'agira de son prince. qu'elle lui écrive tout bonnement : „Beau prince, j'ai reçu votre „vélin ; je vous prépare un chef-d'œuvre ; après vous il n'y aura rien „au monde de plus beau„ le prince la remerciera comme il convient, et la paix sera faite.

Vous savez qu'on va commencer la vente à votre ancien hôtel. il n'y restera plus personne de votre famille ; songez que je suis destiné à résider à Morlaix, et que tandis que j'y serai tous les habitans de Trégarantec y auront un petit individu à leur ordre. je vous promets que le plus grand plaisir qu'ils peuvent me faire, c'est de me donner l'occasion de leur être de quelqu'utilité.

Le Comte de Breugnon doit présider aux divers conseils de guerre qui doivent se tenir ; Mr. de Grasse est encore à Paris ; Mr. de la Grandière à Morlaix. nous avions avant-hier le régiment d'Auvergne qui se rend à Brest pour embarquer, mais qui ne sait où on le mène. le colonel du régiment qui est à Léon, y a fait danser toute cette nuit. nous avions député à ce bal les dames de Coëtlosquet et de Sennélé ; cette dernière a mené ses sœurs avec elle ; mais la première a envoyé les siennes au couvent à Lamballe ; madame de Kerret et sa demoiselle ont aussi, sans doute, valsé ce soir. madame du Bot a accouché, samedi dernier d'un gros garçon, et ce même jour on enterra le prêtre Langui ; l'un vient, l'autre déguerpit, voilà le monde.

Adieu, madame, arrangez-vous pour me donner quelquefois des nouvelles de Trégarantec ; je vous en tiendrai quitte pour des lettres de deux ou trois lignes. partagez, s'il vous plaît, avec Mrs. les comtes et vicomte du Laz et mademoiselle, les sentiments du respect inviolable que je leur ai voué, et de la reconnaissance que je leur dois.

Le Prince de midi.

Morlaix le 2. 7bre 1782

LE « PRINCE DU MIDY »

A qui attribuer cette spirituelle épitre, sur papier vélin de petit format, doré sur tranches, d'une écriture fine et élégante, parfumée peut-être jadis, cette lettre qui ne conserve aujourd'hui que le subtil parfum de la galanterie d'antan ?

Elle est signée « *le Prince du Midy* », pseudonyme qui nous a causé bien des perplexités. Elle émane, à coup sûr, d'un raffiné, ayant vécu à la Cour et familiarisé avec toutes les élégances de son temps. Nous l'avons attribuée, un instant, au chevalier de Boufflers, mais la confrontation de la lettre du « Prince du Midy » avec un autographe du spirituel écrivain, ami de Jean-François de Kersauson, ne nous a laissé aucun doute à ce sujet : là n'est point le mot de l'énigme. Un de nos lecteurs le découvrira peut-être (1).

Le Prince du Midy a Madame du Laz.

Madame,

Grande et bonne nouvelle ! votre étui d'or et à pointes de diamants est entre les mains de mademoiselle de Kersauson. Le prix de la gravure, faite à Brest, ne vous conduira pas à l'hôpital, et moi encore

(1) Il serait bien aimable, en ce cas, de nous le faire connaitre. Ce pseudonyme est, selon nous, le nom d'un personnage de comédie dont l'auteur de la lettre aura joué le rôle dans un salon, peut-être celui de M. de Kersauson.

moins : je n'avais avancé que 18 livres et ces 18 livres m'ont été remboursées. Ainsi donc nous voilà, comme on dit, quittes et bons amis. Ainsi-soit-il.

Comme vous avez l'âme bonne et belle, vous me plaindrez sans doute d'être ici abandonné à moi-même. Toute ma société est dissoute ! Plus ici de Keroüartz (1), de du Breignon (2), de Cadeville (3), de Quélen (4), de Guerdavid (5), etc... J'en perdrais l'esprit, si j'en avais à perdre ; et si madame de Lauzanne (6) ne me restait. Ainsi que le sanglier, je passe ma vie dans ma bauge.

Vous savez que le cher et féal comte de Guichen (7) a suivi le vieux Cordava (8). On croit l'escadre combinée devant Gibraltar (9). Si ce roch sourcilleux résiste encore longtemps à monseigneur le comte d'Artois, le général n'ira pas à Keraulter (10) et moi je ne casserai plus mes œufs à Trégarantec. Voilà, Madame, comme l'homme propose et Dieu dispose.

J'ai appris, avec un sensible plaisir, qu'il ne dépendait plus que de Sa Sainteté de faire prononcer le *Conjungo vos* en présence de monsieur le vicomte (11) et de mademoiselle de Saint-Laurent (12). Vous êtes tous d'accord pour cette bonne œuvre. Cette lettre vous tiendra lieu de mon consentement, et, pour peu qu'on me tire les oreilles, j'en ferai la cérémonie.

Je me rappelle très bien d'avoir trouvé à Trégarentec la fontaine de Jouvence : je veux dire que le plaisir m'y avait rajeuni, mais le fleuve d'Oubli n'y était pas de mon temps. Mandez-moi, s'il vous plaît, depuis quand il a commencé à y sourdre, et depuis quand la princesse du Midy (13) s'est avisée d'y boire. A qui a-t-elle écrit qu'elle avait reçu ma lettre et le vélin ?

J'ose vous prier, Madame, de conseiller à la Princesse de ne pas boire dans ce vilain fleuve d'Oubli quand il s'agira de son Prince. Qu'elle lui écrive : « Beau Prince, j'ai reçu votre vélin, je vous prépare un chef-d'œuvre, après vous il n'y aura rien au monde de plus beau. » Le Prince la remerciera comme il convient et la paix sera faite.

Vous savez qu'on va commencer la vente à votre ancien hôtel. Il n'y restera plus personne de votre famille. Songez que je suis destiné à résider à Morlaix et que, tandis que j'y serai, tous les habitants de Trégarantec y auront un petit individu à leur ordre. Je vous promets que le plus grand plaisir qu'ils puissent me faire, c'est de me permettre de leur être de quelque utilité.

Le comte de Breugnon (14) doit présider aux divers conseils de guerre qui doivent se tenir, monsieur de Grasse (15) est encore à Paris, monsieur de la Grandière (16) à Morlaix.

Nous avions, avant-hier, le régiment d'Auvergne (17) qui se rend à Brest pour embarquer, mais ne sait où on le mène.

Le colonel du Régiment qui est à Léon (18) y a fait danser toute cette nuit. Nous avons député à ce bal les dames de Coëtlosquet (19) et de Pennelé (20). Cette dernière a mené ses sœurs avec elle, mais la première a envoyé les siennes au couvent à Lamballe (21). Madame de Kerret (22) et sa demoiselle ont aussi sans doute walsé ce soir.

Madame du Bot (23) a accouché, samedi dernier, d'un gros garçon et ce même jour on enterra le prêtre Tanguy. L'un vient l'autre déguerpit, voilà le monde.

Adieu, Madame, arrangez-vous pour me donner quelquefois des nouvelles de Trégarantec. Je vous en tiendrai quitte pour des lettres de deux ou trois lignes.

Partagez, s'il vous plait, avec messieurs les comte et vicomte du Laz et Mademoiselle, les sentiments du respect inviolable que je leur ai voué et de la reconnaissance que je leur dois.

LE PRINCE DU MIDY.

Morlaix, 2 septembre 1782.

NOTES

MAISON DE KEROUARTZ

(1) Nous ne savons à quel membre de la très ancienne et illustre maison de Kerouartz il est fait allusion ici. Nous retrouverons, dans notre correspondance, le marquis Jacques-François-Marie-Toussaint de Kérouartz, chef de nom et d'armes, et ses frères et sœurs, sur lesquels nous donnerons quelques détails. Nous ne parlerons donc, en ce moment, que de cette maison et de ses origines.

Elle est des plus anciennes de Bretagne et a son berceau dans le Léon. D'après plusieurs généalogistes, elle aurait pour ancêtre un chevalier anglais, *Auralus Houart Miles*, faisant partie d'un secours envoyé au duc Connan par le roi d'Angleterre en 1164, qui se maria au pays de Léon et y construisit un château, auquel il donna son nom : *Ker-Houart*. Au reste d'autres titres, des plus authentiques, produits au Cabinet du Saint Esprit, la font remonter à cette époque.

Le château de Kerouartz, situé d'abord en la paroisse de Landéda, fut plusieurs fois détruit par les Anglais, et reconstruit enfin en la paroisse de Lannilis, où il existe encore aujourd'hui, à trois kilomètres environ de son emplacement primitif. Les armes de la maison de Kerouartz sont : *d'argent à la roue de sable à cinq raies, accompagnée de trois croiselles de même.*

Devises : « Tout en l'honneur de Dieu » et « Quand il plaira à Dieu. »

Le plus ancien de cette maison, mentionné d'une façon certaine dans nos annales, est *Macé de Kerouartz*, croisé en 1248, dont les armes figurent au musée de Versailles. On lui attribue l'insigne honneur, attesté par des titres de famille, d'avoir été chargé de la conduite de toutes les munitions et machines de guerre de l'armée des croisés. La roue de sable à cinq raies dont est chargé l'écu des Kerouartz, serait, dit-on, un souvenir de cette honorable mission dignement remplie.

La maison de Kerouartz a comparu aux montres et réformations de 1424 à 1534, et la réformation de 1669 l'a reconnue noble d'ancienne extraction, par arrêt du 11 mai de la dite année. (Bibliothèque de la Ville de Nantes, *Mss. des Réformations.*)

Plus tard, sur vérification de ses titres par Cherin, père, un de ses membres, qui figure dans notre correspondance, obtint les honneurs de la Cour, le 9 mai 1784.

Cette maison est en possession des titres 1° de *Marquis* conféré à Paul-François-Xavier de Kerouartz, par Louis XIV, en récompense de sa brillante conduite aux sièges de Challe et d'Epinal ; 2° de *Comte* : Jacques-Joseph de Kerouartz est ainsi qualifié dans un acte du Parlement, en date du 10 janvier 1763, par lequel il se démet, en faveur de son fils, de sa charge de Président au Parlement de Bretagne ; 3° de *Baron*, entré dans la famille par le mariage du marquis de Kerouartz avec l'unique héritière de Cleuz du Gage, lui apportant en dot, avec de nombreuses seigneuries, la baronnie de Pestivien ; 4° des titres de marquis de Kergroadec, comte de Penhoët, vicomte de Kermellec, châtelain de Lossulien, etc. (Arch. de famille et Arch. du dép[t] du Finistère.)

MAISON DU BREIGNOU

(2) *Thépault* (Ramage de Bilsic) s[r] de Leinquelvez et de Kervolongar, paroisse de Garlan ; de Treffalégan, paroisse de Lanhouarneau ; châtelain du *Breignou*, paroisse de Plouvien, etc... (La branche de Treffalégan fondue dans Forsanz).

De gueules à la croix alesée d'or, qui est Bilsic, *adextrée d'une mâcle de même.* (Sceau 1381.) (Pol Potier de Courcy, *Nobiliaire et Armorial de Bretagne.*)

Le chef de nom et armes de cette maison était, en 1782, *Hervé-Jean-Gouesnou Thépault*, chevalier, comte du Breignou, fils aîné de messire Joseph-Yves Thépault, chevalier, comte du Breignou, chevalier de Saint-Louis; et de dame Anne-Jeanne de Talhouët de Brignac; neveu de Mgr Hervé-Nicolas Thépault du Breignou, évêque de Saint-Brieuc, (1745†1766) qui le tint sur les fonts baptismaux.

Né le 30 janvier 1745, au château de Breignou, en Plouvien, il ne reçut le supplément des cérémonies du baptême que le 6 juin 1746, en l'église tréviale du Bourgblanc, près de Brest. Il entra au service du Roi, dans la première compagnie des Mousquetaires, et reçut son congé définitif, après avoir servi du 5 mars 1763 au 30 mars 1772.

On le trouve, en 1778, commissaire-inspecteur, nommé par les États, pour le département des haras dans le Bas-Léon.

Il fit partie de l'expédition de Quiberon et fut fusillé en Thermidor an III. Il avait épousé par contrat à Saint-Malo, du 11 mars 1775, demoiselle Henriette-Clotilde Baude de Saint-Père, dont il avait eu, jusqu'en 1788, un fils et cinq filles. (*D'après les papiers de Chérin*, Bibliothèque Nationale, n° 193.) (*Note due à l'obligeance de Monsieur le Conseiller F. Saulnier.*)

(3) *De Cadeville... Ameline*, s[r] de Cadeville, de Noisemont de la Chesnardière, paroisse de la Chapelle-Basse-Mer, évêché de Nantes, de Trédiec, etc.

Cette famille, anoblie en 1695, fut maintenue au conseil de 1717. Ses armes sont :

« *Bandé d'argent et de gueules, de huit pièces au chef d'azur chargé d'un soleil d'or.* »

(P. de Courcy, *Nob. et Arm. de Bretagne.*)

MAISON DE QUÉLEN

(4) *De Quélen...* Originaire de Basse-Bretagne, la maison de Quélen, ramage de Poher, a pour armes : « *Burelé de dix pièces d'argent et de gueules* » (sceau 1372).

Devise : « E peb amzer Quélen. » (En tout temps Quélen.)

Elle a été déclarée d'ancienne extraction chevaleresque à la réformation de 1669, avec neuf générations, et à produit aux réformations et montres, de 1427 à 1513, dans les paroisses de Duault et Plounévez-Porzay, évêché de Cornouailles ; Plougras et Plouezoc'h, évêché de Tréguier ; Plélo et Ploufragan, évêché de Saint-Brieuc.

Le berceau de cette antique maison est le château de Quélen et celui de Locquenvel, en Duault. Le premier fut érigé en baronnie, en 1512. Parmi ses membres, citons :

Yves, épouse, vers 1132, Jeanne du Perrier, dont :

Ollivier, marié à Jeanne de Penhoët, père et mère d'*Éon*, *François*, *Christophe* et *Jean*. Ces quatre frères furent croisés en 1248 et les trois derniers périrent à la bataille de la Massoure en 1250.

Le premier, *Éon* rentré en France, épousa Catherine de Quintin et se croisa une seconde fois avec ses quatre fils *Conan*, *Marc*, *Tristan* et *Yvon* dont les trois derniers moururent, à Tunis, en 1270.

Éon, chambellan du duc de Bretagne, fonda, en 1372, le monastère des Augustins de Carhaix et épousa Alliette, baronne du Vieux-Châtel, dont :

Conan, *Guillaume* et *Jean*, fondateurs des branches de Saint-Bihy (éteinte) de la Ville-Chevalier et du Dresnay (fondue dans Montigny).

Cette maison produisit encore bon nombre de personnages remarquables et figure avec honneur dans les chroniques de Bretagne.

Arrivons tout de suite au personnage en question dans la lettre du « Prince du Midy » et qui est, croyons-nous :

Urbain-Guillaume de Quélen, chevalier, marquis de Quélen, né le 7 mai 1729, à Landerneau, en la paroisse de Saint-Houardon, épousa, le 2 mars 1771, à Lamballe, demoiselle *Rose-Marie-Josèphine Hérisson*, baptisée à Morlaix, le 31 mai 1755.

D'abord page de la grande écurie du roi, en 1747, puis cornette dans le régiment *Royal-Étranger*, en 1748; réformé à la paix, en 1749; il devint ensuite exempt des gardes du corps, en 1753; mestre de camp pensionné à 400 livres sur le trésor, en 1759, et maréchal de camp en 1781.

Il émigra en Allemagne, en 1792, et rejoignit, en 1793, sa

famille à Jersey où il mourut le 1er janvier 1794 laissant plusieurs enfants dont *Louis-Joseph* comte de Quélen, *Rose-Jacquette* que nous verrons dans l'une de nos vieilles lettres, épouser le comte du Dresnay (plus tard marquis); *Marie-Anne-Françoise, Jacquette* et *Élisabeth-Ambroisine*, fille posthume, née à Jersey, le 16 mai 1794, quatre mois et demi après la mort de son père. Celui-ci fut inhumé au cimetière de Saint-Pierre à Jersey.

Urbain-Guillaume et sa famille habitaient Morlaix en 1782. Nous ne pouvons, d'une façon absolue, dire si c'est à ce personnage qu'il est fait allusion, ou à *Claude-Louis, comte de Quélen*, chef d'escadre en 1785, qui appartient à la même maison.

(5) *De Guerdavid... Le Rouge*, sgr de Guerdavid, paroisse de Plouigneau, de Kervaudour, de Trémoguer et autres lieux.. Ancienne extraction, réformation de 1669, maintenu avec neuf générations : « *d'argent à la fleur de lys de sable, surmontée d'une merlette de même.* »

Réf. et montres de 1427 à 1543, paroisses de Plouigneau, Plouagat-Moysan et Plestin, évêché de Tréguier.

MAISON DE LAUZANNE

(6) *De Lauzanne... Lauzanne (de)* originaire de la Marche, y maintenue 1667, cette maison portait « *d'azur au croissant d'argent, accompagné de deux étoiles d'or, une en chef et l'autre en pointe.* »

Devise : Candor exuperat aurum.

(P. de Courcy, *Nob. et Arm. de Bretagne.*)

Établie en Bretagne par le mariage de Sébastien de Lauzanne, capitaine au régiment de *Mazarin* en 1653, avec d moiselle Anne de Porcaro, cette maison s'est alliée aux Kerleau, le Roux de Kerninon, Coatfagat, Caradeuc, etc... et du Boixic de Guichen, par le mariage, le 20 mai 1780, de *Toussaint-Joseph de Lauzanne*, capitaine au régiment de *Royal-Cavalerie*, avec demoiselle *Françoise-Félicité du Boixic de Guichen*, fille de l'amiral comte de Guichen, dont il sera question ci-après.

C'est à cette dame de Lauzanne que fait allusion la lettre du « Prince du Midy ».

Toussaint-Joseph de Lauzanne et Françoise-Félicité de

Guichen eurent quatre enfants dont les descendants vivent encore.

Voici leurs noms et leur descendance :

I. — *Luc-Urbain de Lauzanne*, né à Morlaix, le 25 février 1781, épousa, le 28 mai 1805, Emilie-Olympe Hay des Nétumières, dont un fils décédé sans hoirs en 1879 ;

II. — *Michel-François-Marie de Lauzanne*, qui épousa, le 20 mai 1817, Mathide-Suzanne Robinet de la Touraille. Il était né le 14 août 1783, et mourut le 27 juillet 1866. Il eut pour fils.

Gustave-Marie de Lauzanne, né le 10 avril 1818 qui épousa, le 8 janvier 1849, Pauline-Marie-Catherine de Lauzanne (branche d'Auvergne) d'où sont issus :

1° *Henri*, né le 18 décembre 1849, marié, le 12 octobre 1885, à Anna-Marie-Joseph Huon de Kermadec ;

2° *Antoinette*, née le 3 février 1853, mariée le 1er mai 1889, à Frédéric de Surel de Montbel ;

3° *Paul*, né le 26 février 1855, marié le 21 juillet 1885 à Angèle Nicol de la Belleissue ;

4° *Georges*, né le 11 mai 1857, marié, le 5 août 1890, à Julie Nicol de la Belleissue ;

5° *Mathilde*, née en avril 1860, mariée, le 11 juillet 1893, à Henri Audren de Kerdrel ;

6° *Louis*, né le 15 août 1864, décédé le 21 octobre 1877.

III. — *Jeanne-Félicité de Lauzanne*, femme de Pierre-Louis-Ange de Kersaint-Gilly de Saint-Gilles, décédée le 3 août 1816. Elle eut pour filles Mesdames de Lesguern (propriétaire du château de Keraulter) et de Réals.

IV. — *Marie-Angélique de Lauzanne*, décédée le 23 janvier 1820, mariée à Joseph-Charles de Kergariou de Coatillio.

Toussaint-Joseph de Lauzanne émigra en 1791 et servit dans la première compagnie des Gentilshommes, commandée par le marquis de Montmuran, puis dans le corps noble de Léon, commandé, par le comte de Pont-Bellanger.

Le 29 février 1816, Toussaint-Joseph de Lauzanne fut fait chevalier de Saint-Louis et reçut une pension de retraite avec le rang de chef de bataillon.

(P. Potier de Courcy, et Communications de la famille.)

L'AMIRAL COMTE DE GUICHEN

1712 † 1790

(7) *Luc-Urbain du Bouexic* (ou *du Boixic*) *comte de Guichen* naquit à Saint-Léonard de Fougères, le 21 juin 1712. Garde marine dès 1730, il conquit tous ses grades. Nous ne transcrirons pas ici les états de service de ce vaillant marin : ils sont connus de tous nos lecteurs. Il se distingua particulièrement dans la Guerre d'Amérique et son nom fait partie de l'histoire d'une des époques les plus glorieuses pour la marine française.

Il fut nommé Grand-Croix de Saint-Louis en 1781 et chevalier du Saint-Esprit en 1784. Recevant à cette occasion, les félicitations d'un grand nombre d'officiers de la marine, dont il était également aimé et estimé, il leur répondit : « Messieurs, le Roi a voulu donner une croix de ses ordres au corps de la Marine et c'est moi qu'il a chargé de la porter ». Réponse qui témoigne de la modestie qu'il joignait au plus haut mérite.

Lieutenant-général des Armées navales, il jouissait à la Cour, d'une très grande faveur, lorsqu'il la quitta volontairement, en 1788, pour joindre ses protestations à celles des autres gentilshommes bretons.

L'amiral de Guichen avait épousé l'héritière du château de Kergangar (en Pommerit-le-Vicomte près de Guingamp) *Jeanne de Rollon de la Ville-Neuve*.

Il n'en eut qu'une fille, Françoise-Félicité du Bouexic de Guichen, qui épousa, comme nous venons de le dire, Toussaint-Joseph de Lauzanne.

L'amiral de Guichen mourut à Morlaix, en 1790, le 13 janvier, âgé de 78 ans.

« *Du Bouexic*, s[r] du dit lieu, paroisse de Guer. — Vicomte de la Driennais, — s[r] de la Touche, de Guichen, etc.

Extraction, réformation 1668, trois générations, ressort de Rennes.

« *D'argent à trois arbres de buis* (alias : *Trois sapins*) *de sinople* ».

(P. Potier de Courcy, *Nob. et Arm. de Bretagne.*)

(8) *Le vieux Cordava... Don Louis* ou *Luiz de Cordava*, lieutenant général des armées navales d'Espagne, commanda vingt-sept

vaisseaux et seconda l'amiral de Guichen dans les opérations du siège de Cadix 1781-1782.

(9) *L'escadre combinée devant Gibraltar...* A l'époque où écrivait le « Prince du Midi » (septembre 1782) il y avait trois ans déjà que cette place assiégée luttait contre les efforts combinés des Français et des Espagnols pour la reprendre aux Anglais.

Une forte escadre, formée par les flottes alliées, croisait au delà de la portée des canons de la place et déjà, à deux reprises, les Anglais, à qui ces navires s'efforçaient de barrer le passage, avaient déjoué leur vigilance et réussi à ravitailler la ville et les forts.

En 1782, ses murailles à demi détruites par les bombardements successifs, Gibraltar tenait toujours tête aux assiégeants lorsque le duc de Crillon, accompagné du comte d'Artois et du duc de Bourbon, vint se joindre à eux avec un corps de troupe française.

Le 13 septembre on tenta un assaut général. Les Espagnols ouvrirent le feu. Toute l'artillerie du port y répondit, tirant à boulets rouges sur les navires des flottes alliées. Ceux-ci prirent feu et l'incendie consomma leur défaite. La journée se termina par un affreux désastre qui permit aux Anglais de ravitailler de nouveau, pour la troisième fois, la forteresse assiégée.

Et Gibraltar, imprenable, demeura définitivement aux Anglais quand la paix, signée à Versailles en 1783, mit fin aux hostilités en terminant la guerre de l'Indépendance américaine (Voir sur l'attaque de Gibraltar la lettre ci-après du vicomte de Bélizal qui en fut l'un des combattants, p. 55).

(10) *A Keraulter...* Château appartenant alors à monsieur de Lauzanne, aujourd'hui à la famille de Lesguern. Ce château est situé en Sainte-Tréphine (Côtes-du-Nord, arrondissement de Guingamp).

(11) *Le vicomte du Laz... Alexandre-François Jégou du Laz*, fils du premier mariage du comte du Laz de Trégarantec (Voir ci-dessus : notice sur les Jégou du Laz, châtelains de Trégarantec en 1782, p. 18)

(12) *Mademoiselle de Saint-Laurent... Mademoiselle de Kermenguy de Saint-Laurent* de la maison des Kermenguy, seigneurs du dit lieu, de Kersullien, de Kerazan, de Saint-Laurent, paroisse de

Plouzévédé, de Cosquérou, et autres lieux. Pour armes antiques : « *d'argent à la fasce de gueules accompagnée de six macles d'azur*, alias : *au lambel à quatre pendants en chef.* » (sceaux de 1418 à 1428) ; Modernes : « *losangé d'argent et de sable, à la fasce de gueules, chargée d'un croissant d'argent.* »

Devise : « Tout pour le mieux ».

(P. de Courcy, *Nob. et Arm. de Bret.*)

Mademoiselle de Saint-Laurent épousa, en effet, son cousin germain, le vicomte du Laz. Habitant Léon, en 1791, elle contribua à sauver monseigneur de La Marche, évêque de Saint-Pol-de-Léon, en favorisant son embarquement pour l'Angleterre (Voir plus loin notice sur monseigneur de La Marche).

(13) « *La Princesse du Midy* »... doit désigner, soit mademoiselle du Laz, soit madame du Laz elle-même ; ce qui nous confirme dans l'hypothèse que nous avons émise au sujet du pseudonyme « *le Prince du Midy* » allusion à une fête quelconque, comédie ou bal masqué, où nos personnages auraient figuré ensemble sous le nom ou le déguisement de « Prince et Princesse du Midy ».

(14) *Le comte de Breugnon... Haudeneau* ou *Hodeneau* (originaire d'Orléans, y maintenu en 1667), seigneur de *Breugnon*, de Coëtamour et de Kerohiou, paroisse de Ploujean, évêché de Tréguier.

Maint. par arrêt du Parlement de 1786, huit générations, ressort de Morlaix.

« *D'azur au chevron accompagné de trois étoiles, le tout d'or.* »

A la fin du XVIIIe siècle cette maison comptait parmi ses membres : *Pierre-Claude Haudeneau comte de Breugnon*, lieutenant-général des armées navales, (1779), admis aux honneurs de la Cour en 1768, Grand'Croix de Saint-Louis, en 1784.

(P. de Courcy, *Nob. et Arm. de Bretagne.*)

C'est sans doute de ce personnage qu'il est ici question comme devant présider les conseils de guerre.

Nous trouvons en outre dans d'Hozier cette note le concernant :

« *Pierre-Claude Hodeneau*, Ecuyer, seigneur de Breugnon, diocèse d'Auxerre, Election de Clameci en Nivernois, Généralité d'Orléans ; et Giles François Hodeneau, son frère, Ecuyer, et leurs quatre sœurs... tous nés dans la ville de Brest, ont justifié par titres qu'ils sont enfants de

« Noble Charles-Joseph Hodeneau, seigneur du Breugnon, chevalier de l'ordre militaire de Saint-Louis, capitaine de vaisseau du Roi, et de Marie Pauline Oriot sa femme. »

(*Armorial général ou Registres de la Noblesse* de d'Hozier.)

LE COMTE DE GRASSE (1722 † 1788).

(15) *François-Joseph-Paul, marquis de Grasse-Tilly, comte de Grasse*, naquit à Bar (Alpes-Maritimes) en 1722, et mourut à Paris en 1788.

Embarqué, en 1734, sur les galères de l'Ordre de Malte, il entra, en 1749, au service de la France et devint capitaine de vaisseau en 1762. Il s'illustra, dans la guerre d'Amérique, par sa bravoure, plus encore que par ses talents militaires.

Chef d'escadre, en 1779, et envoyé aux Antilles, il prit une part glorieuse à toutes les batailles de cette mémorable expédition. Mais, en avril 1782, il fut fait prisonnier par les Anglais, entre la Dominique et les Saintes, dans un combat où il fut écrasé par des forces supérieures aux siennes.

Envoyé en Angleterre il fut gardé à Londres jusqu'au mois d'août 1782. Il rentra alors à Paris, où il publia un mémoire justificatif et fut acquitté par un conseil de guerre en 1784.

Telles étaient sans doute les circonstances qui retenaient à Paris Monsieur de Grasse, lorsque le « Prince » y constate sa présence, dans les premiers jours de septembre 1782.

LE COMTE DE LA GRANDIÈRE (1729 † 1812).

(16) *De la Grandière*, originaire d'Anjou, sieur dudit lieu, — du Boisgauthier. Maintenu par un arrêt du parlement, avec cinq générations, en 1775. Cette maison porte : *« d'azur au lion d'argent, armé, lampassé et couronné de gueules. »*

Charles-Marie, comte de la Grandière, seigneur du Boisgaultier, né à Brest, le 17 février 1729, entra, comme volontaire, dans la marine, dès l'âge de douze ans. Il fut lieutenant de vaisseau en 1757; brigadier des Armées navales en 1781; chef d'escadre le 20 août 1784, contre amiral en 1792. et, lorsqu'il parvint au grade de chef d'escadre, il comptait *quarante-trois ans* de service, dont vingt-huit à la mer, et avait commandé deux frégates et quatre vaisseaux. Durant cette longue carrière, il avait assisté à onze combats, dont sept en qualité de commandant, parmi lesquels le combat d'Ouessant sur le vaisseau *l'Indien*. Il avait épousé à Morlaix, le 4 févier 1760, demoiselle Françoise-Paule le Ménihy du Rumain qui mourut en cette ville en 1782.

Lors de son arrivée à New-Yorck, à la suite d'une lutte héroïque dans laquelle il sauva son navire, *le Conquérant*, des mains des Anglais, les Américains le comblèrent de félicitations et le nommèrent plus tard membre de l'Association de Cincinnatus.

Promu ensuite grand'croix de Saint-Louis en 1785, il exerça pendant quelque temps les fonctions de commandant de la marine à Brest en 1791, et se retira à Rennes, où nous le trouvons figurant avec le grade de lieutenant, 3e compagnie, dans la garde d'honneur, organisée en 1807, par la municipalité de Rennes, en vue d'une visite projetée de l'empereur Napoléon dans la capitale de la Bretagne, visite qui, du reste, n'eut jamais lieu. L'empereur fut seulement à Nantes, où Rennes députa à cette occasion l'élite de ses citoyens.

Charles-Marie de la Grandière mourut à Rennes, le 22 mars 1812. « Une grande piété et un vrai courage exempt d'ostentation sont les traits principaux de son caractère, — dit un de ses biographes — il ne se faisait remarquer que dans le moment du danger. Toujours le premier et le dernier au feu, c'est lui qui, dans la guerre d'Amérique, faisait dire de son vaisseau, le plus lourd de la division : « Ce vaisseau ne marche bien qu'un jour de combat ». (Levot, *Biographie Bretonne.*)

Les descendants du comte de la Grandière ont continué les honorables traditions de leur ancêtre et plusieurs ont servi, ou servent encore, dignement la Patrie dans la Marine française.

(17) *Le Régiment d'Auvergne...* illustré, en 1760, par les glorieux services du chevalier d'Assas (1733-1760) qui, à Clostercamp, se sacrifia au salut de l'armée, en poussant le cri fameux, devenu historique : « A moi, Auvergne ! ce sont les ennemis ! » Il tomba mort à l'instant, criblé de coups de baïonnettes, victime de son patriotique dévouement.

(18) *Léon...* ou *Saint-Pol-de-Léon* (Finistère). Cette ville existait longtemps avant le saint évêque Paul, originaire du pays de Galles, en Angleterre, qui lui a donné son nom, à la fin du sixième siècle, nom tour à tour orthographié *Paul* et *Pol*. Dom Lobineau est le premier auteur qui ait écrit le nom de cette ville « *Saint-Pol* » et il est à remarquer que, lorsqu'il écrit le nom du saint, il conserve l'orthographe « *Paul* ».

Avant lui la ville s'appelait simplement *Léon*, et certains auteurs pensent que les Romains ayant une légion qui tenait garnison en ce lieu, l'on nomma les habitants *Legionenses*; d'où *Leonenses*, puis *Léon*. Cette étimologie est aussi celle du nom de la ville de *Léon*, en Espagne, où résida longtemps la septième légion double « *Legio septima gemina* ». (V. Ogée, *Dict. de Bret.*)

(19) *Madame de Coëtlosquet...* de la maison des seigneurs du dit lieu, paroisse de Plouneour, — de Kerannot, des Salles etc... portant « *de sable semé de billettes d'argent, au lion morné de même sur le tout.* »

Devise : « Franc et loyal ».

Cette maison comptait dans ses rangs, en 1782, *Jean-Baptiste-Gilles, baron de Coëtlosquet*, maréchal de camp en 1791, peut-être le mari de Mme de Coëtlosquet ?

(20) *Madame de Pennelé...* Demoiselle *Marguerite-Adélaïde de Poulpiquet*, née au château de la Ville-Neuve, le 9 janvier 1755, épousa, le 26 janvier 1775 *Toussaint-Marie-Joseph le Bihan, comte de Pennelé*, enseigne des vaisseaux du Roi, fils de Jacques-Claude-Toussaint et de Marie-Marguerite-Thérèse de Coëtlosquet. Nous reparlerons plus loin de la famille de Pennelé en transcrivant les lettres du comte le Bihan de Pennelé.

(21) *Au couvent de Lamballe...* Ce couvent est celui des Ursulines, fondé à Lamballe en 1627, où se rendaient beaucoup de demoiselles nobles pour y faire leur éducation. Elles y restaient souvent jusqu'à leur mariage, et chacun sait qu'à cette époque, où les mariages s'arrangeaient souvent à la convenance des familles, plusieurs années à l'avance, il n'était pas rare de voir des fiancées de dix ans jouer à la poupée avec leurs jeunes compagnes, entre deux visites de leur futur époux.

MAISON DE KERRET

(22) *Madame de Kerret.....* La maison de ce nom est une des plus anciennes de Bretagne, et en tirait vanité. On voyait encore, en 1778, dans l'église de Saint-Martin, à Morlaix, le banc des seigneurs de Kerret, orné de leurs armes et de cette modeste inscription en langue bretonne :

« Quenta tud avoa erbet
Avoa Guicasnou a Kerret »

qu'il faut traduire ainsi : « Aussitôt qu'il y eut du monde sur la terre il y eut des Guicasnou et des Kerret ».

Voilà une noblesse dont l'âge était déjà respectable à l'époque des croisades, s'il fallait en croire ses titulaires, mais les preuves en seraient peut-être difficiles à produire. Bien que n'ayant pas exigé des titres aussi anciens, la réformation de 1669 déclara les de Kerret d'ancienne extraction chevaleresque et les maintint, avec treize générations, nombre déjà fort honorable. Ils ont, en outre, comparu aux réformations et montres de 1426 à 1534, en la paroisse de Saint-Martin-des-Champs, évêché de Léon. Les armes de cette maison sont :

« *Ecartelé aux 1 et 4 : d'or au lion morné de sable à la colice de gueules brochant*, qui est Kerret ; *aux 2 et 3 : d'argent à deux pigeons affrontés d'azur, s'entrebecquetant, membrés et becqués de gueules*, qui est du Val. »

Devise : « Tevel ag ober » (Se taire et agir).

Madame de Kerret est la femme de Monsieur *de Kerret de Keravel*, ancien cornette des Mousquetaires de la garde, brigadier de cavalerie en 1759, décédé en 1785. Un Kerret de Keravel meurt à Quiberon en 1795.

(23) *Madame du Bot....* désigne la châtelaine du Bot, château situé près le Faou (Finistère). La maison de ce nom, d'ancienne chevalerie, portait « *d'argent à la fasce de gueules* ». Mais la branche aînée s'était fondue dans Connen de Saint-Luc, en 1758, par le mariage de l'unique héritière de la maison, d^lle^ *Françoise-Marie du Bot* avec *Gilles-René Connen de Saint-Luc*, dont

nous parlerons tout-à-l'heure. C'est à ces derniers seigneurs qu'appartenait, en 1782, le château du Bot, paroisse de Quimerc'h, évêché de Cornouailles.

MAISON CONNEN DE SAINT-LUC

Connen, s[r] de Précréant, de la Ville-l'Evêque, de Prépéant etc... paroisse de Pordic, — de Penlan, paroisse de Quimper-Guézennec — de la Roche — de Saint-Luc etc...

Ancienne extraction chevaleresque, réformation 1669, neuf générations ; réformations et montres de 1441 à 1535, paroisses de Pordic et de Tréméloir, évêché de Saint-Brieuc.

« *Coupé d'or et d'argent, au lion de l'un en l'autre armé, lampassé et couronné de gueules à enquerre.* »

(P. Potier de Courcy, *Nobiliaire et Armorial de Bretagne.*)

Cette maison compte plusieurs personnages illustres à différents titres. Nous citerons seulement ici : *Yvon* époux d'Azou Hélory, sœur de Saint-Yves, entendue dans l'enquête de canonisation de son frère, en 1330 ; et *Toussaint-François-Joseph Connen de Saint-Luc*, évêque de Quimper, dont nous reparlerons dans la suite ; puis *Gilles-René Connen de Saint-Luc* auquel nous consacrerons quelques lignes.

LE PRÉSIDENT CONNEN DE SAINT-LUC

Le château du Bot était habité, en 1782, par *Gilles-René Connen de Saint-Luc*, chevalier, frère de l'évêque de Quimper, né à Rennes le 28 septembre 1721.

Ancien président à Mortier au Parlement de Rennes. il s'était signalé par son inébranlable fidélité au Roi dans la la lutte qu'il eut à soutenir contre les parlements. Il fut l'un des douze magistrats qui restèrent à leur poste, lorsque, le 20 mai 1765, le Parlement de Rennes donna en masse sa démission.

A l'avènement de Louis XVI, il se démit à son tour de sa charge, et vint se fixer au château du Bot, avec sa femme, *Demoiselle Françoise-Marie du Bot*, et leurs enfants.

Sa fille, demoiselle *Marie-Marquise-Charlotte-Victoire-Emilie Connen de Saint Luc*, née à Rennes, le 27 janvier 1761, venait d'être admise, le 2 février 1782, dans l'ordre des dames de la Retraite, où elle fut un modèle de toutes les vertus.

Lorsque la communauté fut sommée d'opter entre le serment de fidélité à la Constitution civile du clergé ou l'expulsion des religieuses, Mlle de Saint-Luc et ses compagnes refusèrent le serment. La jeune fille vint alors rejoindre, au Bot, son père et sa mère dont elle partagea le sort pendant la Révolution.

Le 16 octobre 1793, ils furent tous trois arrêtés, comme parents d'émigrés, et conduits à la prison de Carhaix, puis transférés à Paris, quelques mois après, pour être traduits, le 1er thermidor an II (18 juillet 1794), devant le tribunal révolutionnaire.

Condamnés à mort, ils furent exécutés, tous les trois, le jour même. Parvenue au lieu du supplice, l'héroïque jeune fille demanda et obtint la suprême et douloureuse faveur d'être exécutée la première. Elle envisagea la mort avec la sublime résignation des Vierges martyres de la primitive Eglise et, après avoir fait ses derniers adieux à son père et à sa mère, elle leur dit :

« Parents bien aimés, vous m'avez appris à vivre : avec la grâce de Dieu, je vais vous apprendre à mourir ! »

Elle monta d'un pas ferme sur l'échafaud, bientôt suivie par son père et sa mère.

Leurs corps furent jetés à Picpus, dans un endroit alors solitaire, où, depuis, fut fondée la maison des missionnaires de ce nom qui célèbrent, le 23 avril de chaque année, le pieux souvenir et l'anniversaire des victimes enterrées en ce lieu.

L'abbé Carron a écrit la vie de Mlle de Saint-Luc dans son ouvrage intitulé : « *Nouveaux Justes dans les conditions ordinaires de la Société* ».

Les fils du Président de Saint-Luc avaient émigré et firent, à l'Armée des Princes, la campagne de 1792. L'aîné trouva la mort dans l'expédition de Quiberon. Le cadet, Athanase-Marie-Stanislas-François-de-Salles Connen, plus tard comte de Saint-Luc, naquit à Rennes, le 15 janvier 1769, et entra fort jeune dans la marine. Il eût partagé le sort de son frère aîné, à Quiberon, s'il n'eût fait partie, en ce moment, d'une division de réserve dont la nouvelle du désastre empêcha le départ.

Rentré en France, après le Consulat, le Comte de Saint-Luc suivit l'exemple de son père par sa persévérante fidélité à la cause de la royauté. Il devint, tour-à tour, député puis Préfet du Finistère, titre qui faillit lui coûter la vie durant les Cent-Jours, et député des Côtes du-Nord.

Chevalier de Saint-Louis et de Hohenlohe, il se retira définitivement de la vie politique, après 1830, et termina ses jours dans la pratique de toutes les vertus chrétiennes. Il mourut à Quimper, le 30 mai 1844.

Il possédait encore à cette époque le château du Bot. C'est un grand corps de logis de cent quarante pieds de façade, reconstruit, en 1732, par Jacques-Joseph du Bot. A peu de distance du château l'on jouit d'une des plus belles vues de Bretagne : d'un côté l'on aperçoit la rade de Brest avec ses côtes dentelées et les embouchures des rivières d'Aulne, du Faou, de l'Hôpital, de Daoulas, la forêt de Cranou et un grand nombre de clochers ; de l'autre l'immense bassin compris entre les Montagnes Noires et le Ménéhome, et les Montagnes d'Arès jusqu'au pied du Mont Saint-Michel de Brazpart.

Madame du Bot, dont parle le *Prince du Midi* est-elle bien la femme du Président de Saint-Luc ? Nous ne savons, en tout cas, ce que devint l'enfant dont il annonce la naissance. Peut-être mourut-il en bas âge ?

L'ATTAQUE DE GIBRALTAR

RACONTÉE PAR UN TÉMOIN OCULAIRE

(13 Septembre 1782)

(*Voir, plus loin, notice sur le vicomte de Bélizal*).

LE VICOMTE ANDRÉ-MARIE DE BÉLIZAL A LA VICOMTESSE DE BÉLIZAL.

A bord de la Bretagne, Algésiras, ce 17 septembre 1782.

Le vendredi 13 septembre, à dix heures du matin, les batteries flottantes, au nombre de dix, faisant un total de deux cent vingt canons de fonte, du calibre de vingt-quatre, firent voile pour mouiller le plus près possible des remparts de Gibraltar. Elles étaient toutes commandées par des capitaines et un chef d'escadre espagnols. Monsieur le prince de Nassau (1) est le seul Français qui en commandât une.

(1) *Charles-Henri-Nicolas-Othon, prince de Nassau-Siegen* (1745†1808), célèbre aventurier, né en 1745, mort en 1808, connu sous le nom de *Prince de Nassau*. Il servit d'abord dans l'armée française et parvint au grade de capitaine de dragons.

Ayant accompagné Bougainville dans son voyage autour du monde (1766-1769), il reprit ensuite du service dans l'armée française, avec le grade de colonel, et prit part à la guerre d'Amé-

De ces dix bâtiments, il n'y eut que celuy de Monsieur de Nassau et celuy du chef d'escadre Moreno qui fussent à la portée convenable des batteries ennemies. Soit mauvaise manœuvre, ou autre chose, les huit autres se tinrent fort éloignées. Il y eut un feu très vif, tout le jour et partie de la nuit, tant des assiégés, que du camp de Saint-Roch et des batteries flottantes.

Les ennemis tirant à boulets rouges et envoyant quantité de bombes et d'artifices, sont venus à bout de faire sauter deux de nos batteries flottantes. Le feu prit aussi à plusieurs des autres et, définitivement, le 13, au soleil couchant, le général Cordova (1) demanda toutes les chaloupes et les canots de l'armée et elles eurent ordre d'aller, à bord des batteries flottantes, y porter le secours dont ceux qui les commandaient auraient besoin.

Notre chaloupe et grand canot accosta la batterie de M. le prince de Nassau, qui était toute en feu, et nous lui sauvâmes, quatre-vingt-dix hommes, y compris un ingénieur français (2) et un capitaine de dra-

rique. Après la paix de 1783 il se rendit en Russie. Catherine II lui donna le commandement d'une flottille avec laquelle il défit, sur la mer Noire, une flotte turque (1788). En 1789, à la tête de la flotte russe de la mer Baltique il défit deux fois l'escadre suédoise, commandée par Gustave III (1789 et 1790). Après la paix conclue, avec les Suédois l'impératrice l'envoya sur les bords du Rhin, où il devait contribuer à organiser la guerre contre la France. Il rentra en France après la paix d'Amiens.

(1) *Le général Cordova...* Don Luiz de Cordava lieutenant général des armées navales d'Espagne (Voir la note 8, page 44.)

(2) *Y compris un ingénieur français ..* Cet ingénieur français était le chevalier d'Arçon *Jean-Claude Eléonore Le Michaud d'Arçon*, officier général du génie, né à Pontarlier en 1733, mort à Paris

gons, aide de camp du prince. Dans la nuit, sur le rapport de M. de Nassau, le duc de Crillon (1), voyant l'expédition manquée, envoya ordre, après avoir sauvé tout le monde des dites batteries flottantes, de les brûler, ce qui fut exécuté.

Il y a eu huit officiers de tués à bord du chef d'escadre Moreno, et dix à bord de M. le prince de Nassau ; le total de la perte d'hommes des dix bâtiments est de neuf cents tués, blessés ou noyés. On prétendait que ces batteries étaient à l'abri de la bombe, ce qui n'était pas. M. d'Artois (2), qui avait donné ce projet, aurait voulu les éprouver avant que de tenter

en 1800, inventeur de batteries flottantes, insubmersibles et incombustibles, destinées à l'attaque de Gibraltar en 1782, qui ne produisirent pas l'effet attendu par suite, dit-on, de la jalousie et de la malveillance d'autres officiers.

Pendant les guerres de la Révolution, d'Arçon fut souvent consulté par le Comité de salut public et par le Directoire. On lui doit des ouvrages estimés sur diverses parties du génie militaire.

(1) *Le duc de Crillon..... Louis des Balbes de Berlon de Crillon* duc de Mahon, général français (1717-1796). Il fit la guerre en Italie (1733-1736) puis en Bavière (1742) et se distingua à Fontenoy et à Nesle. Il fut promu maréchal de camp en 1746. Pendant la guerre de Sept ans il prit part aux batailles de Wessenfels et de Rosbach. Lieutenant-général en 1758, Crillon fut chargé du gouvernement de la Picardie et de l'Artois.

En 1762 il passa au service de l'Espagne qui lui confia le commandement de l'expédition contre Minorque, occupée par les Anglais. Il força ceux-ci à capituler. Crillon commandait l'armée franco-espagnole qui assiégea Gibraltar. Il a laissé des *Mémoires Militaires* publiés en 1791.

(2) *Monsieur d'Artois.....* Le comte d'Artois, frère du roi Louis XVI, né à Versailles en 1757, devint roi de France sous le nom de Charles X et mourut en exil à Goritz où il s'était rendu pour rétablir sa santé (1836).

l'attaque : le prince des Asturies (1) et le ministre d'Espagne n'ont pas voulu le permettre.

Cette expédition est une cacade (2). Les Anglais, samedy dans la nuit, ont tenté une sortie avec trois mille hommes ; mais, s'étant aperçus que les lignes espagnoles étaient bien garnies, ils sont rentrés dans la place. M. de Crillon dit vouloir encore faire une attaque, et que, s'il n'y réussit pas, il faut lever le siège. Nous pensons tous qu'on fera bien de le lever dès à présent, cette place, qui n'est qu'un rocher inaccessible presque partout, nous paraissant imprenable.

Je fus hier au camp de Saint-Roch, et assez à portée de Gibraltar pour voir et reconnaître la place. Les Anglais ont l'air de ménager leurs ennemis car les bombes porteraient dans le camp, et les boulets dans certains endroits, et ils ne tirent cependant point.

Quand nous sortirons d'icy, pour aller à Cadix, *Terrible*, *Royal-Louis* et *Majestueux* iront à Carthagène.... (3) en cuivre. *Zodiaque*, 74 canons, *Actif* 74 c. *Indien* 64 c., hors d'état de servir vont à Toulon.

(1) *Le prince des Asturies*..... petits-fils de Charles III, roi d'Espagne. Le titre de *prince des Asturies* est porté par l'héritier présomptif du trône d'Epagne.

(2) *Cette expédition est une cacade*..... Nos aïeux avaient parfois des expressions très énergiques. Celle-ci, presque grossière, a la même signification que le mot italien *cacata, décharge de ventre*, et s'employait au figuré, au dix-huitième siècle, dans le sens d'échec ridicule, reculade honteuse, causée par la couardise ou le manque d'habileté.

L'emploi de ce mot, dans la lettre du vicomte de Bélizal, peint bien le chagrin, la honte du brave officier déplorant le peu de succès de l'expédition française.

(3) *Carthagène* ..... Un mot manque ici à notre vieille lettre, par suite de la découpure du cachet qui en a été enlevé.

Le comte d'Artois et sa suite partent bientôt pour France. Ils auront fait un voyage en blanc. Je dine demain chez lui. On se loue beaucoup de la façon dont se sont maniés les Français, avec leurs canots et leurs chaloupes, pour sauver les équipages de ces batteries.

Voilà le détail de ce que nous avons pu savoir. Le général anglais a envoyé hier au camp un parlementaire pour traiter de l'échange de quelques prisonniers. Il a dit qu'ils avaient beaucoup de malades et plus de viande, mais beaucoup de rhum, de bierre, légumes et pain.

Bonjour, ma chère amie, porte-toi bien et ne doute pas de la continuation de ma tendre amitié.

Pour moy, compliments à tous nos parents et amis de Guingamp. J'embrasse notre fille (1).

Cette lettre porte comme adresse :

MADAME DE BÉLIZAL,
A SON HÔTEL A GUINGAMP,
FRANCE, BASSE-BRETAGNE.

(Cette lettre et la suivante ne faisaient pas partie de notre collection et nous ont été adressées, un peu tardivement, par un aimable correspondant. Aussi n'avons-nous pu les accompagner des notes biographiques et généalogiques sur la maison de Bélizal, notes que l'on trouvera plus loin à l'appui d'une lettre que nous possédions de la vicomtesse de Bélizal, née Gogibus de Ménimande.)

(1) *J'embrasse notre fille.....* Voir ci-après notice sur la maison de Bélizal. Il s'agit ici de demoiselle *Hyacinthe de Gouzillon de Bélizal*, fille d'André-Marie, vicomte de Bélizal et de Hyacinthe Gogibus de Ménimande. Elle épousa plus tard le comte de la Noue.

LE VICOMTE DE BÉLIZAL

A LA VICOMTESSE DE BÉLIZAL

Algésiras, Espagne, ce 29 septembre 1782
à 8 heures et demie du soir.

Toujours exact, ma chère amie, à te donner de mes nouvelles qui sont bonnes, et espère que ta santé est comme la mienne.

Je viens de me satisfaire en rendant service à Cany(1), Digaultray (2) et les Visdeloup (3) par la place d'officier auxiliaire, à soixante-dix livres par mois, à bord de la *Bretagne*, que je viens d'obtenir du général Guichen (4) pour le sieur des Landes (5) qui était comme tu le sais, volontaire à bord du *Royal-Louis*.

(1) *En rendant service à Cany....* Il s'agit sans doute ici du marquis de Cany, beau-frère du vicomte de Bélizal.

(2) *Digaultray....* Famille de la comtesse de Ménimande, née Digaultray des Landes, belle-mère du vicomte de Bélizal, et dont les armes sont :

« *De sinople, à la tête de léopard d'argent en chef et deux ancres de même en pointe* » (Armorial général de France 1695).

Alias « *D'azur à la fasce arquée d'argent accompagnée en chef de deux coquilles d'or, et en pointe d'un mouton d'argent sur une terrasse d'or.* » (Ibid.) Voir ci-après page 61, note 1.)

(3) *De Visdeloup...* « *D'argent à trois têtes de loup de sable arrachées et lampassées de gueules* » (Sceau 1276). Cette maison, fort ancienne, remonte à Guillaume, sieur du Pont-à-l'Asne, croisé en 1248, qui avait épousé Thomine le Rebours.

(4) *Le général Guichen.....* Voir notice, page 44 sur l'amiral comte de Guichen.

(5) *Le sieur des Landes.....* Nous ne savons de quel membre de la maison Digaultray des Landes il s'agit ici.

J'ai prôné ce jeune homme, qui n'a que dix-neuf ans, et luy ai recommandé la décence, prévenance et application ; voilà comme je luy ay dit : sa fortune commencée, à lui à se conduire de façon à la soutenir.

Pour la mienne, il y a longtemps qu'elle est faite, et elle sera parfaite, chère petite chatte, lorsque je te tiendrai entre mes bras.

J'ai donné, au sieur des Landes, pour domestique, Julien Covec qui était chez Digaultray, et mon fidèle Etienne veille à ses affaires. Qu'on est heureux quand on peut trouver l'occasion d'obliger ! Tel est ton caractère, tendre moitié.

Mes compliments à la marquise de Cany (1). Dis-luy que je la prie de les faire à son mary, en lui mandant l'avancement du sieur des Landes.

Je ne suis point content de Monsieur du Bourbland (2) aussi l'ai-je mis aux arrêts depuis deux jours ; outre qu'il ne travaille pas, il se conduit mal.

(1) *La marquise de Cany.....* née Marthe Gogibus de Ménimande, fille de Marthe Digaultray des Landes et de Charles Gogibus de Ménimande, officier de la maison du Roi, chevalier de l'ordre du Christ.

Elle épousa, en premier mariage, Hector le Marinier, marquis de Cany, et, en deuxièmes noces, François Dupleix de Cadignan.

(2) *Monsieur du Bourbland.....* lire *du Bourgblanc*, de la maison de ce nom dont les armes sont :

« *De gueules au château d'or.* »

Devise : « Custodi nos, Domine », et aussi « Dinam » (Sans tache).

Le jeune homme dont il est ici question était l'un des fils de l'avocat général de ce nom qui vivait à cette époque. Ce dernier émigra et servit, avec ses deux fils, dans la Compagnie des Gentilshommes bretons, commandée par le comte de la Châtre, et qui comptait dans ses rangs l'élite de la noblesse bretonne.

Je vais lui régler des heures de travail et s'il y manque je le mettrai dans la fosse aux lions (1).

Nos plaisirs ne sont pas vifs, Algésiras étant un bourg sans société. Nous nous visitons, entre nous des vaisseaux, et allons manger les uns chez les autres et quelquefois au camp de Saint-Roch. J'y fus jeudi dernier après avoir diné chez Fournoue (?) capitaine du *Lion*.

Nous vimes passer en revue l'infanterie et la cavalerie espagnoles : belle troupe ! »

Les batteries des camps français et espagnol font jour et nuit, un feu d'enfer sur la place de Gibraltar. Nous en sentons à bord la commotion, et cela nous empêche quelquefois de dormir.

L'air que nous respirons est très sain et pur, mais les chaleurs plus fortes que celles que nous éprouvons souvent dans notre été de Basse-Bretagne.

J'arrive de terre, où nous avons été cinq ou six officiers de la *Bretagne* à la pêche qui a été très bonne. Voilà nos plaisirs, ainsi que la promenade. Ils sont bien innocents, mais peu doux. Comme la poste part demain, je finis en t'assurant encore une fois de mon tendre attachement pour toy que je te réitérerai de vive voix quand j'auray le plaisir de t'embrasser. Au tant à ma fille, sans m'oublier auprès de la comtesse Ménimande (2) et de la marquise de Cany (3).

(1) *Dans la fosse aux lions*.....ou *aux liens*, partie de la cale réservée au matériel dépendant du maître d'équipage. Servait aussi de cachot à bord des anciens navires.

(2) *La comtesse de Ménimande*.... Née Marthe Digaultray des Landes, épouse de Charles Gogibus de Ménimande, belle-mère du vicomte de Bélizal.

(3) *La marquise de Cany*.... Voir ci-dessus note 1 p. 61.

J'embrasse le petit J. F. Baptiste *(sic)* (1).
Compliments à nos amis et amies de Guingamp qui, j'espère, se portent tous bien.

Algésiras, Espagne, ce 29 septembre 1782,
à 8 heures 1/2 du soir.

(1) *J. F. Baptiste....* Ce *J. F.* semble, sous la plume de M. de Bélizai, une plaisanterie dont nous ne saurions donner l'explication à moins que cela ne signifie tout simplement : Jean-François-Baptiste ?

MAISON DE VILLIERS DE L'ISLE-ADAM
OU DE LISLE-ADAM

1° D'après P. de Courcy : « *Villiers* (*de*) Originaire de l'Isle de France, seigneur dudit lieu *de l'Isle-Adam* — de Livry, — de Chailly.

« *D'or au chef d'azur, chargé d'un dextrochère vêtu d'un fanon d'hermines* » Devises : « Va oultre » et aussi : « La main à l'œuvre ».

Pierre, grand-maître et porte-oriflamme de France en 1364 ; *Jean*, maréchal de France, mort en 1437 ; *Philippe*, grand maître de Saint Jean de Jérusalem, célèbre par sa défense de Rhodes contre Soliman en 1521 ; *François*, grand louvetier de France en 1550.

Une famille de même nom et armes, alliée en Bretagne, depuis 1765, aux Kersauson, Nepveu, Hingant, et Trolong, a produit un lieutenant des vaisseaux du Roi en 1770, et un volontaire pontifical à Castelfidardo en 1860. »

(*Nobiliaire et Armorial de Bretagne.*)

Nous observerons ici que P. de Courcy fait quelques erreurs au sujet des Villiers de Lisle-Adam :

1° Cette maison s'allia en Bretagne avant 1765, puisque *Jean de Villiers de Lisle Adam*, enseigne des vaisseaux du du Roi, né à Paris en 1668, épouse à Brest, *le 24 mai 1705*, Thomase-Françoise du Main Daugeret, fille de René du Main, Ingénieur en chef des ville et château de Brest ; et *Jean Jérôme de Villiers de Lisle-Adam*, commissaire général et ordonnateur de la marine, épouse, *le 10 juin 1754*, Magdeleine le Mérer de Kerleau.

2° C'est en *1768,* et non en *1765*, que *Charles-François de Villiers de Lisle-Adam*, Enseigne des vaisseaux du Roi, épouse, à Trébabu, près le Conquet, Mademoiselle *Marie-Jeanne de Kersauson*.

3° Ce Charles-François, enseigne des vaisseaux du Roi, mourut en 1769, à Plourivo, après tous ses frères et oncles, ne laissant qu'un fils de deux mois à peine, *seul du nom*. Il n'y avait donc pas de lieutenant des vaisseaux du Roi, en 1770, du nom de Villiers de Lisle-Adam.

Quelques-unes de nos vieilles lettres confirmeront ce que nous disons ici. Voici d'autre part une notice généalogique, puisée à source très sûre, qui nous met au courant des ascendants et descendants de *Jean-Jérôme-Charles de Villiers de Lisle-Adam* appelé *Lilly* dans notre correspondance. Comme on le verra, ce sont ses enfants qui s'allient aux le Nepvou de Carfort, Hingant de Saint-Maur, et de Trolong du Rumain.

LES ANCÊTRES ET LES DESCENDANTS DE LILLY

NOTICE GÉNÉALOGIQUE

SUR LA MAISON DE VILLIERS DE LISLE-ADAM

Claude de Villiers, écuyer s[r] de Galliée et de Suignes-aux-Bois, l'un des deux cents chevau-légers de la garde ordinaire du Roi, fils d'Abel et de Anne d'Auxerre, épousa Claude de Richebourg, fille de Jean de Richebourg, s[r] de Roven et de Couvellé et de Diane le Picot de Dampierre, d'où deux fils :

1. *Jérôme de Villiers,* natif de Paris, avocat au Conseil, épouse, en 1651, Marie de la Roche, fille de Jacques, sgr

de la Monardière, et d'Ursine Maheux. Il mourut en 1676, les enfants furent pourvus d'un tuteur en 1677;

2. *Louis de Villiers*, avocat au Parlement, fut nominateur de la tutelle de ses neveux en 1677.

De Jérôme de Villiers et Marie de la Roche, sept enfants savoir :

1. *Claude de Villiers*, écuyer, sgr dudit lieu, de Gaufoulon, en Chalin ; avocat au Conseil, né en 1656 (ou 57), demeurant à Paris. Il vendit, en 1714, conjointement avec son frère Jérôme et sa sœur Marguerite, et les enfants mineurs de son autre frère, une maison sise à Reuil, acquise par Jérôme et Marie de la Roche, leurs père et mère.

2. *Jérôme de Villiers*, Ecuyer, commissaire de la marine et des galères, né en 1657 (ou 58), fut censeur naval et mourut au Havre, en 1747. Il assista au mariage de son frère Jean à Brest, le 24 mai 1705.

3. *Jean de Villiers, sgr de Lisle-Adam*, enseigne des vaisseaux du Roi, né à Paris, en 1668, épouse à Brest le 24 mai 1705, Thomase-Françoise du Main Daugeret, fille de René du Main Daugeret, ingénieur en chef des ville et château de Brest. Il mourut en 1710 et sa veuve se remaria, en 1712, à Jérôme-Thimothée de Blois de la Calande, alors capitaine de brûlot et auteur des branches de cette maison en Bretagne.

4. *Marie-Magdeleine de Villiers de Lisle-Adam.*

5. *Angélique de Villiers de Lisle-Adam.*

6. *Françoise de Villiers de Lisle-Adam.*

7. *Marguerite.* Cette dernière assiste, avec son frère Jérôme, au mariage de Jean en 1705.

De Jean de Villiers de Lisle-Adam et Thomase-Françoise du Main Daugeret, deux enfants savoir :

1. *Jérôme-Jean de Villiers de Lisle-Adam*, écuyer, commissaire-ordonnateur de la marine, épousa, le 10 juin 1754, Magdeleine le Mérer de Kerleau. Il mourut, en 1761, sans postérité.

2. *Thomas-Victor de Villiers de Lisle-Adam*, capitaine d'une compagnie franche de la marine et chevalier de Saint-Louis, fut employé à Saint-Domingue, où il commandait l'artillerie. Il épousa au Cap, en 1743, Marie-Elisabeth de Briochet, et mourut en 1754 (1).

De ce mariage trois fils qui sont :

1. *Achille de Villiers de Lisle-Adam*, garde de la marine, né en 1743, mort en 1767, sans alliance.

2. *Charles-François de Villiers de Lisle-Adam*, enseigne des vaisseaux du Roi, épouse, en 1768, à Trébabu, près le Conquet, *Marie-Jeanne de Kersauson*, fille de Jean-François de Kersauson, chevalier, seigneur de Goasmelquin, et de Suzanne-Françoise Mol de Kerjan. Il mourut au château de Kerleau, en Plourivo, le 10 août 1769, et fut inhumé en l'église de cette paroisse.

3. *Armand de Villiers de Lisle-Adam*, reçu chevalier de Malte de minorité, en 1749, mort en bas-âge.

De Charles-François de Villiers de Lisle-Adam et Marie-Jeanne de Kersauson, un seul enfant qui est :

Jean-Jérôme-Charles de Villiers de Lisle-Adam, né à Brest, le 23 juin 1769, qui, sous le nom de *Lilly*, nous occupera souvent au cours de ce travail.

Il épousa, le 16 septembre 1795 à Maël-Pestivien, *Marie-*

(1) C'est de là que le jeune de Lisle-Adam tenait la propriété de Saint-Domingue dont il sera question bientôt.

Gabrielle-Thomase Hamon de Trévenot (1), mariage d'où naquirent sept enfants :

1. *Joseph de Villiers de Lisle-Adam*, né à Maël-Pestivien, décédé à Paris en 1883. Il avait épousé Demoiselle Marie-Françoise le Nepvou de Carfort qui mourut à Paris en 1883.

2. *Yves-Marie-Victor de Villiers de Lisle Adam*, né à Maël-Pestivien, le 28 septembre 1808, docteur en Sorbonne, prêtre, mort recteur de Ploumiliau (Côtes-du-Nord) ;

3. *Philippe-Auguste de Villiers de Lisle Adam*, né à Maël-Pestivien ;

4. *Marie-Jeanne-Pauline de Villiers de Lisle-Adam*, née à Mellionnec.

5. *Eugénie-Gabrielle de Villiers de Lisle Adam*, née à Maël-Pestivien, le 16 thermidor au 12, religieuse du Sacré-Cœur ;

6. *Julie-Suzanne-Marie de Villiers de Lisle-Adam*, née le 27 février 1807 à Maël-Pestivien, épousa, le 4 septembre 1844, Henri Hingant de Saint-Maur (2).

7. *Marie-Thérèse de Villiers de Lisle-Adam*, née à Maël-Pestivien, épousa, en août 1844, Henri de Trolong du Rumain (3).

(1) Nous donnerons, à la fin de notre travail, son acte de mariage où il n'est fait aucune mention du nom de Trévenot.

(2) *Hingant, sr de Saint-Maur : « De gueules à la fasce d'or, accompagnée de sept billettes de même, 4. 3.* (sceau 1401).

(*Nob. et Arm. de Bretagne*, P. de Courcy.)

(3) De *Trolong*, sr dudit lieu et *du Rumain : « Ecartelé, aux 1 et 4 : d'argent à cinq tourteaux de sable en sautoir ; aux 2 et 3 : d'azur au château d'argent* ». Devise « Ractal » (Sur le champ.)

(*Nob. et Arm. de Bretagne* de P. de Courcy.)

Du mariage de Joseph de Villiers de Lisle-Adam, avec Demoiselle Françoise le Nepvou de Carfort, est né un seul fils :

Philippe-Auguste-Mathias de Villiers de Lisle-Adam, baptisé à Saint-Brieuc, le 23 novembre 1838. Il illustra son nom dans les lettres contemporaines et mourut, le 19 ou 20 août 1889, à Paris.

REMARQUE SUR LES TITRES
ET QUALITÉS

Ainsi qu'on le voit par cette notice généalogique, les Villiers de Lisle Adam ne se donnent d'autre qualité que celle d'*Ecuyer*.

En effet « Tout noble dit d'Hozier, naît seulement *écuyer* et ne doit avoir d'autre qualité jusqu'à ce qu'il ait plu au Roi de lui en accorder une qui soit supérieure. Aucun gentilhomme, quel qu'il soit, n'est *chevalier* par sa naissance. Ce titre est un grade personnel que le père ne transmet point à ses descendants, et l'on ne peut en tenir l'honneur que de la grâce particulière du Souverain » (1).

Cependant, par dérogation à cette règle générale, la chambre établie par Louis XIV, en 1668, pour la réformation de la noblesse de Bretagne a admis que « tout chef de famille descendue *d'ancienne chevalerie*, ou même ayant prouvé sa noblesse par les rôles des anciennes réformations, ou la possession du partage noble, est *chevalier né* et doit en prendre la qualité, pour se distinguer du commun des nobles qui ne sont qu'*écuyers* » (2).

Ceci explique la fréquence du titre de *chevalier* que nous voyons attribué, dans notre correspondance, à un grand nombre de gentilshommes bretons.

Au reste, en dépit de tous les règlements, il y avait à la fin du XVIIIe siècle beaucoup de comtes et de marquis qui

(1) *Armorial général de d'Hozier* ou *registres de la noblesse*
(2) Ibid.

ne possédaient aucun brevet justifiant de leurs titres. Ceux-ci leur étaient donnés non par « la grâce particulière du Souverain » mais par la servilité des tabellions, des vassaux, des valets, et surtout des curés et recteurs de leurs paroisses, qui consacraient l'hérédité de ces titres en les inscrivant sur les registres paroissiaux, constituant alors tout l'état-civil.

Cependant, outre les titres de noblesse attachés à une terre érigée en dignité, et ceux conférés par lettres patentes, les deux seules catégories qui fussent réellement héréditaires ; il en existait d'autres, désignés sous le nom de titres *de courtoisie, ou à brevet*, et, depuis Louis XIV, les rois s'en montrèrent si peu avares qu'il n'est presque pas de familles un peu marquantes dont un membre n'en ait été décoré. Ils étaient donnés, généralement, dans les commissions, lettres ou brevets militaires, délivrés par le Roi aux officiers généraux, ou même supérieurs, dans les présentations à la Cour, et même, en Bretagne, dans les lettres de convocation aux Etats. Mais ces titres étaient tout personnels, bien que l'usage les ait rendus depuis héréditaires. De là le nombre considérable de nobles *titrés* à la fin du XVIIIe siècle, dont les familles se crurent autorisées à reprendre les titres portés à cette époque par leurs pères, quand, au retour de la royauté, Louis XVIII décréta, dans sa charte de 1814, que la noblesse reprenait purement et simplement ses titres, bien que les privilèges en fussent abolis.

MADAME LE MÉRER DE LISLE-ADAM (1).

Madame le Mérer de Lisle-Adam, demoiselle *Madeleine le Mérer de Kerleau*, était veuve sans enfants de Jérôme-Jean de Villiers de Lisle-Adam. Elle appartenait, par sa

(1) Nous adopterons désormais cette orthographe qui n'est pas celle employée par Madame de Lisle-Adam dans la signature de ses lettres. Elle écrit son nom en un mot : « *Lisleadam.* »

naissance, à la maison *Le Mérer*, sieur de Kérivoalen, paroisse de Pontrieux, — *de Kerleau*, paroisse de Plourivo.

Débouté à la Réformation de 1668 et à l'Intendance, en 1702.

« *D'argent au chevron de gueules accompagné de trois glands de même* » (1).

Les lettres de Madame de Lisle-Adam, assez nombreuses dans notre collection, sont généralement longues et intéressantes. Bien que l'union de son neveu, Charles-François de Villiers de Lisle-Adam, avec Marie-Jeanne de Kersauson, eût été de courte durée, un an seulement, elle paraît avoir voué à la jeune veuve et à l'orphelin, son filleul, une affection vraiment maternelle. C'est chez elle, à Kerleau, que mourut le père de cet enfant et nous verrons ce château devenir, pour notre Lilly, un foyer doux et hospitalier, alors qu'il restera étranger à celui que se créa la veuve de Charles-François, par son second mariage avec le comte du Laz de Trégarantec.

Le jeune Jean-Jérôme-Charles de Villiers de Lisle-Adam avait un mois à la mort de son père et restait seul du nom.

MADAME LE MÉRER DE LISLE-ADAM
A MADAME DU LAZ

Kerleau, 7 septembre 1782 (2).

J'ai party de Guingamp (3), ma chère nièce, avec le regret de m'éloigner de vous sans avoir eu le plaisir de vous voir, comme je l'avais projeté. Des affaires

(1) *Armorial général de France*, en 1696 Manuscrit de la Bibliothèque Nationale.

(2) Bien que, généralement, les dates de nos lettres se trouvent à la fin de celles-ci, nous les portons au commencement pour plus de commodité pour nos lecteurs.

(3) *De Guingamp.....* Madame de Lisleadam habitait, avec sa

qui se sont succédé nous ont obligés de partir pour Kerleau et nous obligeront à faire en peu un voyage de Tréguier.

Monsieur de Breugnon (1), héritier de Madame la Marquise de Penmarck (2), veut terminer les affaires de la succession de cette dame. Les biens sont affichés, il nous est dû un crédit dans cette succession. Nous avons cherché nos papiers et arrangé cette affaire, qui nous a donné de l'embarras et nous en donnera encore quelque temps, ce qui nous empêche de nous absenter, malgré le désir que j'en ai.

Je n'aurais pu vous voir qu'un instant, peut-être nous ne vous aurions pas trouvée chez vous. Vous avez, ma chère nièce, bien des visites à rendre. Ce sont en vérité, des devoirs dont on est bien aise de s'acquitter. Profitez du beau temps, vous serez, après vos visites, plus libre et vous pourrez donner du temps à vos amyes. Je me flatte, ma chère nièce, que vous en ménagerez pour nous et que nous aurons le plaisir de vous voir dans nos quartiers de Guingamp.

sœur, tour à tour, cette ville et son château de Kerleau, en Plourivo.

(1) *Monsieur de Breugnon.....* (Haudeneau de). Voir sur ce personnage la note (14), page 46.

(2) *De Penmarc'h*, baron dudit lieu, en 1502, paroisse de Saint-Frégan, s[r] du Colombier, par. de Plouguerneau etc....

« *Ecartelé, aux 1 et 4 : de gueules à la tête de cheval d'argent*, qui est Penmarc'h, *aux 2 et 3 : d'azur*, qui est Colombier, alias *D'or à la fasce d'azur accompagnée de six pigeons de même 3, 3.* (sceau 1397).

Devise : Prest ve. (Il serait prêt).

Cette famille est éteinte depuis 1804.

(P. de Courcy, *Nobiliaire et Armorial de Bretagne.*)

Madame la marquise de Goabriant (*Goësbriant*) (1). vous y attirera. Elle a épousé à Keranno (2) il y a quinze jours : il y avait cinquante personnes à la noce.

Il y avait trois dames de Goabriant, sœurs du nouveau marié. La nouvelle mariée doit aller, dans quinze jours, voir madame sa belle-mère à Kerdolla (*Ker-Daoulas*) (3) qui lui destine, à ce que l'on dit, des diamants et une superbe garniture de dentelles.

Toute la famille de Monsieur de la Boëssière (4) est

(1) *Madame la marquise de Goabriant... Pauline-Renée-Marie de la Boëssière de Lennuic* qui venait d'épouser le comte (plus tard marquis) Christophe Marie de Goësbriant. (Voir plus loin notice sur cette maison.

(2) *Keranno* .. château appartenant à la famille de la Boëssière de Lennuic, situé en la paroisse de Saint-Michel de Guingamp.

(3) *Kerdolla.... Kerdaoulas*, château en Saint-Urbain, près Dirinon (Finistère), à la famille de Goësbriant.

(4) *Monsieur de la Boëssière...* Messire *Bertrand-Pierre-Marie*, marquis *de la Boëssière* de Lennuic, sgr de Kerrano etc. époux de *Marie-Jeanne de Tavignon Kerlanguy ;* père et mère de la nouvelle marquise de Goësbriant.

De la Boëssière ou *Bouëxière* sgr dudit lieu en Lestrédiec, par. de Plusquellec, de Kerazrouant, par. de Calanhel ; de Lennuic, paroisse de Locquenvel, de Kerlavaret etc... et autres lieux.

« *De sable au sautoir d'or.* » Devise : « Vexillum regis ».

A une des branches de cette maison appartenait *Jean*, décédé en 1624, à l'âge de quatre-vingt-onze ans, qui fut maître d'hôtel de six rois : Henri II, François II, Charles IX, Henri III, Henri IV et Louis XIII. Jean de la Boëssière survécut à tous ses enfants, dont deux fils tués à la bataille d'Ivry en 1590. Le marquis Bertrand-Pierre de la Boëssière eut un fils, Marc-Antoine, colonel à l'armée de Condé, mort le 11 août 1846, qui fut général et député du Morbihan sous la Restauration.

enchantée de la bonne acquisition qu'ils ont faite. Le Marquis de Goabriant plait à tout le monde. Madame de Tavignon (1) est enchantée du mariage de sa petite fille : elle lui a fait présent d'une boëte remplye de chiffons à la mode et a donné à Monsieur de Goabriant une très belle montre avec tous les attributs de la marine. Mademoiselle de la Pallue (2) a donné à Madame de Goabriant, pour commencer son ménage, un pot à crême d'argent rempli de cinquante louis d'or. On s'empresse à donner des retours de noces avant le départ des nouveaux mariés.

Monsieur du Liscoët (3), le veuf, épouse la fille du

(1) *Madame de Tavignon....* mère de Madame de la Boëssière, de la maison de *Tavignon, s[r] de Kerlanguy*, paroisse de Squiffiec ; de Kergoziguez, paroisse de Quimper-Guézennec ; de Kerrichard etc....

Ancienne extraction, réformation de 1670, neuf générations, maint. à l'intendance en 1702, réformations et montres de 1427 à 1543, évêché de Tréguier.

« *De sable à la croix pleine d'argent, cantonnée, au premier quartier, d'un trèfle de même.* »

« Devise : *In hoc signo vinces.* »

Cette famille est aujourd'hui éteinte.

(2) *Mademoiselle de la Palue.....* Bertrand-Gabriel de la Boëssière épousa, le 27 mai 1694, Marie-Gabrielle de Gouyon, fille de Jean de Gouyon de la Palue, et d'Anne-Marie du Louët de Coëtjunval. Ce sont les grands-parents de Bertrand-Pierre-Marie de la Boëssière-Lennuic, les bisaïeux de la marquise de Goësbriant. Mademoiselle de la Palue, désignée dans cette lettre, doit être une grand'tante de la jeune mariée, et se nommer *de Gouyon de la Palue.*

LE COMTE DU LISCOET

(3) *Monsieur du Liscoët.... François-Louis de Bahuno,* chevalier, comte du Liscoët, veuf de dame Marie-Anne-Louise de Quemper

Président de Guer (1). On lui donne *cent quatre-vingt mille livres* de dot ; elle a seize ans et est aimable. La noce se fera à la campagne, près de Rennes, le 20 de ce mois.

On dit aussi le mariage de Mademoiselle de Kermel-Aveslez (2) avec un officier du régiment de la Marche qui aura quinze mille livres de rentes.

Vous savez, ma chère nièce, Monsieur et Madame

de la Nascole, épousa, au château de Coëtbo, paroisse de Guer, le 20 septembre 1782, demoiselle *Françoise-Angélique-Lucile de Marnière de Guer*, fille aînée de René-Jean de Marnière, marquis de Guer, Président à Mortier au Parlement de Bretagne, depuis 1775. Elle était née en 1765 et mourut en 1801.

La branche ainée de la maison *du Liscoët*, fondue dans Bahuno portait : « *D'argent au chef de gueules chargé de sept billettes d'argent 4 et 3.* »

Armes des Bahuno : « *De sable au loup passant d'argent, surmonté d'un croissant de même.* »

Le comte et la comtesse de Bahuno du Liscoët émigrèrent à Jersey pendant la période révolutionnaire. Nous trouvons, en effet, leurs signatures au contrat de mariage de Hervé de Ranville avec Marie de Bédée, cérémonie qui réunit, le 7 juillet 1796, la fleur de la société française émigrée à Jersey à cette époque.

(1) Voir ci-après notice sur le Président de Guer.

De la Marnière (originaire du Poitou), sieur de la Biffardière, de la Hastais, de la Lohière, paroisse de Loutehel, — de Coëtbo et de Guer, paroisse de Guer, baron de Montbarot, etc...

Cette maison d'ancienne extraction de chevalerie portait : « *D'azur au chevron d'or, accompagné, en chef, de deux roses et, en pointe, d'un lion, le tout d'or.* » (*Nob. et Arm. de Bretagne* de P. de Courcy.)

(2) *Mademoiselle de Kermel-Aveslez...* de la maison de *Kermel*, sieur dudit lieu, de Penrec'h et de Kergaradan, paroisse de Pleubian, de Kermézen etc...

« *De gueules à la face d'argent accompagnée de deux léopards d'or.* »

Devise : « Audacibus audax. »

du Gage (1) au Cludon (2), leur deuil les a empêchés d'assister à la noce de Monsieur de Goabriant. On dit Madame du Gage beaucoup mieux. Je désire plus que je ne l'espère, que sa santé se rétablisse. Je ne suis pas étonnée que vous l'ayez trouvée changée, ainsi que Madame de Rocquefeuille (3) qui re-

MAISON DE CLEUX DU GAGE

(1) *Monsieur et Madame du Gage...* Messire *Jacques-Claude de Cleuz*, chevalier *seigneur du Gage*, grand Voyer de Dol, lieutenant-colonel de la capitainerie des gardes-côtes de Lannion, épousa le 17 février 1765, au château de Kerlouët, en Plévin (Côtes-du-Nord), *Demoiselle Jeanne-Jacquette de Roquefeuil*, fille d'Aymard comte de Roquefeuil, lieutenant général de la marine à Brest; et de Gabrielle de Kergus-Troffagant.

De ce mariage naquit une seule fille, demoiselle Reine de Cleuz du Gage, unique héritière, dernière du nom, que nous verrons plus loin mariée à Messire Jacques-Louis-François marquis de Kerouartz, à qui elle apporta les biens immenses de la famille de Cleuz du Gage. Les armes de cette maison étaient :

« *Emanché d'or et de gueules en six pièces.* »

Alias : « *D'or à l'émanche de trois pièces de gueules mouvant du flanc sénestre.* »

Les de Cleuz du Gage, d'ancienne extraction chevaleresque, comparurent à toutes les réformations et montres de 1478 à 1513 dans la paroisse de Roz-Landrieux, et furent maintenus, en 1669, après avoir prouvé neuf générations.

(Bibliothèque de la Ville de Rennes, *Mss. des réformations.*)

(2) *Au Cludon... Le Cleuzdon*, château situé en Plougonver, à cinq lieues de Guingamp, appartenait alors à la famille de Cleuz du Gage.

(3) *Madame de Roquefeuille...* Née *Gabrielle de Kergus-Troffagant*, la comtesse de Roquefeuil venait de perdre son mari, le comte *Aymard-Joseph de Roquefeuil*, lieutenant-général des Armées Navales, décédé à Bourbonne-les-Bains, le 1er juillet 1782.

Nous donnons, ci-après, une notice biographique sur ce personnage distingué.

grette beaucoup son mary (1). Je lui ai écrit pour lui témoigner la part que je prends à sa perte. Je le regrette beaucoup, il m'a toujours témoigné de l'amitié. Je lui écrivais pour savoir de ses nouvelles et serais bien touchée qu'elle fût mécontente de moy. Je vous fais mille remerciements, ma chère nièce, de m'en avoir prévenue.

Monsieur de Rocquefeuille (2) est à Guingamp. Il a apporté à sa femme un très beau perroquet, un singe et un chien. Je désire qu'ils aient un enfant *(sic)*. ce serait une grande satisfaction pour notre cousine de Rocquefeuille et toute la famille.

Je suis enchantée, ma chère nièce, que vous ayez eu des nouvelles de votre cher enfant (3) et que sa santé soit bonne, c'est l'essentiel. J'espère que sa grande vivacité se ralentira et qu'il prendra du goût pour l'application. Je trouve aussi son écriture un peu négligée; cela est bien dédommagé par les progrès qu'il fait dans les mathématiques (4).

(1) *Son mary...* Le comte de Roquefeuil (Voir note précédente).

(2) *Monsieur de Roquefeuil est à Guingamp...* Le personnage ici désigné est le baron *Charles-Balthazar de Roquefeuil* (Voir notice ci-après).

(3) *Votre cher enfant...* ces mots désignent le jeune Jean-Jérôme-Charles de Villiers de Lisle-Adam, fils du premier mariage de Madame du Laz, à cette époque collégien à Sainte-Barbe à Paris.

(4) *Les progrès qu'il fait dans les mathématiques...* « Les mathématiques — écrit en 1785 l'abbé Proyard — sont aujourd'hui la science à la mode : on ne voit partout que des *apprentis-mathématiciens.* Ceux mêmes qui n'ont pas la plus légère idée de cette science ne tarissent pas sur ses avantages. Ils se la figurent comme une espèce de voile magique qui a la vertu de couvrir l'ignorance de toutes les autres sciences. C'est pour cela, sans doute, que, tous les jours, les parents, en nous disant qu'ils ne

J'ai eu, ma chère nièce, des nouvelles de Mademoiselle de Kersauson (1) depuis son retour de Vannes. Elle est enchantée de la beauté de votre habitation et des magnifiques jardins de Trégarantec. J'ai bien l'impatience de connaître ce beau château et d'assurer les seigneurs des tendres sentiments que je leur ai voués.

Soyez, je vous prie, ma chère nièce, mon interprète auprès de Monsieur le comte du Laz et lui faites agréer mes hommages ainsi que les respects et les tendres amitiés de ma sœur. Accordez-moi, ma chère nièce, la continuation de la vôtre et me donnez de vos nouvelles. Je les reçois toujours avec un nouveau plaisir.

Je comptais de vous en donner à mon arrivée icy, Depuis près de six semaines nous avons presque toujours eu du monde, qui ont passé chacun plusieurs jours. Une demoiselle du Rest (2) et une demoiselle

veulent pas faire des savants des sujets qu'ils nous confient, nous demandent seulement « *que nous appliquions aux mathématiques* », c'est-à-dire, à des études profondes et abstraites, des enfants qui savent à peine lire et écrire ».

(*Mémoires sur l'Education publique*, par l'abbé Proyard, principal au collège du Puy.)

Déjà, en 1764, Guyton de Morveau écrivait sur ce même sujet: « C'est un préjugé de notre temps de vouloir faire, à quinze ans, des mathématiciens, des physiciens, des moralistes, des orateurs, tandis qu'on le devient à peine à quarante ! »

(*Mémoires sur l'Education publique*, par Guyton de Morveau, p. 551.)

(1) *Mademoiselle de Kersauzon*... sœur de Madame du Laz.

(2) *Une demoiselle du Rest... Du Rest*, sieur de Bois-Riou par. de Cavan, évêché de Tréguier : « *D'argent à trois faces de sable brisées, en chef, d'un lion naissant de gueules au bâton de même, brochant à dextre sur le tout* ».

(*Nob. et Arm. de Bretagne*, P. de Courcy.)

Tréhibez ont resté ici huit jours. Elles ont party ce matin.

Nous avons plusieurs ouvriers, on a passé, il y a deux jours, une poutre dans votre chambre et on travaille encore à la chaussée du moulin qui a besoin de réparations.

Ma sœur n'a pas encore nommé sa cloche : la cérémonie est remise à on ne sçay quand. Mademoiselle Zalph (1) vous prie, ma chère nièce, d'agréer ses respects. Soyez persuadée, je vous prie, qu'on ne peut rien ajouter au tendre et inviolable attachement avec lequel je suis, pour la vie, toute à vous.

De Lisleadam.

MAISON DE GOESBRIANT

De *Goësbriand*, s^r dudit lieu et de Glahéra, paroisse de Plouigneau, de Kermenguy, par de Guimaëc, de Kerdaoulas, paroisse de Saint-Urbain, et autres lieux.

Cette famille noble, d'ancienne extraction chevaleresque, comptait quatorze générations à la réformation de 1669 et portait : « *D'azur à la fasce d'or* » Devise : « Dieu y pourvoira ».

Elle a fourni à nos armées un grand nombre de capitaines parmi lesquels :

Alain, fait prisonnier à la bataille de Saint-Aubin du Cormier ,

(1) *Mademoiselle Zalph...* Jeune fille allemande, élevée à cette époque au couvent de Guingamp, sous la tutelle de Madame le Mérer de Lisleadam et de sa sœur.

Mademoiselle Zalph épouse, dans la suite, comme nous le verrons, le baron d'Einsiedel (Voir plus loin notes sur ces personnages).

François, qui prit part à la défense du château de Kerouzeré pendant la Ligue.

Yves, maréchal de camp, gouverneur de Morlaix et du château du Taureau en 1540, auquel succède son fils *François*, chevalier de l'Ordre du Roi et gentilhomme de sa chambre.

Louis-Vincent de Goësbriant, nommé par Louis XIV, le 1er janvier 1711, chevalier et commandeur des Ordres du Roi, est le lieutenant-général dont chacun connait l'illustration à cette époque. Il mourut à l'âge de quatre-vingt-cinq ans, le 4 mai 1744, gouverneur de Morlaix.

Louis-Vincent, son fils, lui succède au gouvernement de cette ville et du château du Taureau. En lui se termine la branche aînée des Goësbriant, en 1752.

C'est donc à une branche cadette qu'appartient le marquis de Goësbriant, époux de Mademoiselle de la Boëssière de Lennuic, qui est :

Christophe de Goësbriant, officier des vaisseaux du Roi, marin instruit et distingué qui, n'étant encore que simple garde, adressa à l'Académie Royale de la marine des remarques sur les différences qu'il avait observées entre les longitudes de certains points de la côte du Portugal et celles qui leur étaient assignées dans les cartes françaises. L'Académie jugea ces rectifications si importantes qu'elle les transmit aussitôt au ministre, avec la prière, consignée dans sa délibération du 14 janvier 1773, de donner des ordres pour que les cartes fussent corrigées à l'aide de ces observations.

Lorsque Christophe de Goësbriant se retira de la marine, après dix-neuf ans de services, le 27 avril 1875, il était lieutenant en premier des gardes du Pavillon, et, comme tel, chargé de l'instruction nautique des élèves de la marine.

Le marquis de Goësbriant fit partie de l'armée des Princes, durant les guerres de Vendée.

6

LE PRÉSIDENT DE GUER

René-Jean de la Marnière chevalier, marquis de Guer, naquit dans la paroisse de ce nom, en 1739, de Julien-Joseph, marquis de Guer, conseiller au Parlement de Bretagne, et de Angélique-Olive de Chappedelaine.

Conseiller au Parlement de Rennes, dès 1760, René-Jean de la Marnière fut reçu président à Mortier en 1775.

Il avait épousé, en 1764, demoiselle Louise-Rose-Madeleine de Cosnoal de Saint-Georges décédée à Rennes, en 1780, à l'âge de trente-six ans lui laissant plusieurs enfants, dont la comtesse de Bahunot du Liscoët.

Cosnoal (originaire d'Angleterre), *sieur de Saint-Georges* et du Crano, paroisse de Nostang ; de Kermérien, paroisse de Saint-Caradec-Trégomel.

« *D'argent à trois croix pattées et alésées de sable;* alias : *d'argent à deux fasces d'azur.* »

(*Armorial de Bretagne*, manuscrit de la Bibliothèque de l'Arsenal.)

Il ne faut pas confondre le *Président René-Jean de Guer* avec son frère *Julien-Hyacinthe*, illustre sous le nom de *Chevalier de Guer* pour la part active et animée qu'il prit à la lutte que soutinrent, en 1788, les Etats et le Parlement de Bretagne, pour le maintien des privilèges de la Province, célèbre aussi par le zèle qu'il apporta, par la suite, au service du parti royaliste.

MAISON DE ROQUEFEUIL

De Roquefeuil (originaire de Rouergue, y maint. en 1701) barons dudit lieu et de Blanquefort, — seigneur de la Salle, comte de Nant, — seigneur de Londres, — marquis du Bousquet et de Cahusac, — seigneur de Montpeyroux, — de la Devèze, — comte de Milhars, — seigneur de la Roquette — de Sauveterre, — vicomte d'Isaguet, en 1755 — seigneur de Kerlouët, paroisse de Plévin, — de Kergoat, paroisse de Saint-Hernin, — du Bois-Garin paroisse de Spézet.

Maison d'ancienne extraction chev., arrêt du Parlement de Bretagne de 1768, onze générations.

Cette famille remonte jusqu'au onzième siècle et devient illustre, dès le treizième, dans les fastes de l'Espagne.

Elle portait pour armes antiques :

« *D'azur à deux vierges de carnation, habillées d'argent, chevelées d'or, tenant une fleur de lys de même.* »

Et depuis 1227 :

« *D'azur à neuf cordelières d'or : 3, 3, 3* », alias : « *De gueules à quatre filets d'or, deux en fasces et deux en pals, cantonnés de neuf cordelières de même.* »

Devise : « L'honneur me reste, ça me suffit. »
(*Nob. et Arm.* de P. de Courcy.)

Le changement apporté dans les armes de cette très ancienne famille viendrait, d'après certains généalogistes, de ce qu'un de ses ancêtres, Arnauld, religieux de Saint-François, se fit relever de ses vœux pour prévenir l'extinction de sa maison, et épousa, en 1227, Béatrix d'Anduze, veuve de Sanche, roi de Navare. Il substitua alors à ses anciennes armes la cordelière de son ordre.

La branche de cette famille établie en Bretagne a fourni, à la marine française, des officiers des plus remarquables :

Jacques-Aymard, comte de Roquefeuil, lieutenant-général des armées navales, en 1741, décédé en 1744 ;

René, vicomte de Roquefeuil, chef d'escadre en 1771, décédé en 1780 ;

Aymard-Joseph, lieutenant-général des armées navales, en 1781, comte de Roquefeuil, mort à Bourbonne-les-Bains, le 1er juillet 1782.

C'est de lui qu'il est question dans la lettre de Madame de Lisle-Adam, ainsi que de sa femme, née de Kergus-Troffagant.

Nous leur consacrerons quelques instants : ils le méritent à plusieurs titres.

LE VICE-AMIRAL COMTE DE ROQUEFEUIL

1714 † 1782

ET LA COMTESSE DE ROQUEFEUIL

Aymard-Joseph, comte de Roquefeuil, naquit à Brest le 19 mars 1714. Il était fils d'un vaillant marin, Jacques-Aymard, comte de Roquefeuil, né le 14 novembre 1665 au château du Bousquet (Aveyron), qui, entré à dix sept ans dans la marine, était parvenu au grade de lieutenant-général des armées navales lorsqu'il mourut, sur son vaisseau, le 8 mars 1744, à l'âge de soixante-dix-neuf ans.

Aymard-Joseph servit, avant d'entrer dans la marine, dans l'armée de terre, où il devint capitaine de dragons. En 1750 et 1751, il commanda pendant quinze mois, aux îles du Vent, le vaisseau l'*Aquilon* et eut sous ses ordres la *Friponne*, commandée par M. du Chaffault. Après avoir successivement commandé en 1754, 1756, et 1758 les vaisseaux l'*Actif*, le *Prothée* et l'*Hector*, il fut fait chef d'escadre, le 1er janvier 1761, et, en 1777, inspecteur de l'infanterie et du corps royal de la marine.

Ces fonctions, qui lui furent conférées comme retraite du double commandement des forces de terre et de mer qu'il avait exercé à Brest, pendant onze ans, cessèrent lorsqu'il fut nommé vice-amiral.

Aussi instruit que dévoué aux intérêts de la marine, il favorisa constamment tout ce qui était de nature à la servir dans le présent et dans l'avenir.

En 1752, il joignit ses efforts à ceux de Monsieur de Morogues, savant marin comme lui, pour décider Monsieur de Rouillé à sanctionner la création de l'Académie de la marine, et coopéra à ses travaux par de nombreux mémoires parmi lesquels nous citerons : 1° « *Mémoire sur la façon de border les vaisseaux pour en retarder la pourriture* », 2° « *Mémoire sur la cause du tourment des canons* » ; l'auteur considère comme la seule cause du tourment, ou mouvement du canon sur son affût, lorsqu'il est tiré, la vibration du métal lui-même qu'il croit plus grande et plus étendue qu'on ne le pense généralement, 3° « *Examen de la force de l'homme pour tirer ou pousser horizontalement et notamment pour le cabestan* », 4° « *Mémoire sur les effets de la décomposition du vent pour la manœuvre des vaisseaux* ».

Dans ce mémoire M. de Roquéfeuil déduit des lois de la mécanique une formule au moyen de laquelle, connaissant le poids du vaisseau et celui du vent sur les voiles, on peut en déduire aisément l'effort du vent, dans le sens de la verticale, effort qui doit produire une augmentation dans le déplacement d'eau du vaisseau etc.

Ces quelques lignes donnent une idée de l'impulsion que M. de Roquefeuil contribua à donner aux travaux de l'Académie de la marine (1).

Il mourut, comme nous l'avons dit, à Bourbonne-les-Bains le 1er juillet 1782.

Sa femme, demoiselle *Marie-Gabrielle de Kergus-Troffagant*, fit preuve d'une grande énergie au moment de la Révolution. Retirée en son château de Kerlouët (2), en Plévin (Côtes-du-Nord), elle en défendit les archives au péril de sa vie, contre des domaniers ameutés qui voulaient s'en emparer.

Voici le récit de cet incident écrit par le recteur de Spézet sur les registres de sa paroisse :

« Le 11 août le tocsin sonnait à Spézet à quatre heures du matin, et, pour apaiser les paroissiens, je les engageai à

(1) V. Levot, *Biographie Bretonne*.

(2) Voir plus loin notice sur ce château et ses seigneurs.

venir à ma messe que je dis à leur intention. A l'issue de la messe, ils vinrent en foule dans la sacristie et m'extorquèrent le billet suivant :

« Je présente mes respects à Madame la Comtesse « de Roquefeuille, Douairière, Dame de Boisgarin, et « la prie de donner une réponse favorable à ses vas-« saux de Spézet. On leur a dit que les autres seigneurs « ne percevaient plus la corvée, la dixme, les qua-« torze gerbes, les chapons, et ils réclament la même « faveur. En se soumettant à payer seulement les « rentes en argent, ils demandent que Madame la « Comtesse contribue avec eux, selon ses facultés, « aux droits du Roy, comme le vingtième, la baillée, « la capitation et le grand chemin, et d'avoir la pro-« priété des bois qui sont sur leurs terres. Ils m'ont « demandé un certificat que je leur ai accordé volon-« tiers et par lequel je déclare que je n'ai été aucu-« nement ordonnancé à publier relativement à leur « réclamation et j'ai dit la messe à leur intention. Je « prie Dieu de leur envoyer la lumière et les bons « conseils dont ils ont besoin. — Donné dans ma « sacristie à Spézet, le 11 août 1789. »

» Munis de ce document, les paysans se rendirent en foule au château de Kerlouët où demeurait la comtesse ; mais ils ne bornèrent pas leurs exigences aux réclamations formulées dans la lettre du recteur. — Comme presque toutes leurs terres étaient tenues à domaine sous cette dame, ils demandèrent livraison des baillées, rentiers ou autres titres pouvant établir le caractère domanial de leurs terres.

» La comtesse de Roquefeuil crut pouvoir se débarrasser de ces exaltés en leur faisant remettre quelques liasses de parchemins sans valeur ; mais parmi eux se trouvaient des gens qui eurent bien vite éventé la ruse.

« Furieux, les paysans s'emparèrent de la comtesse de Roquefeuil et, sur son refus de livrer ses titres, lui passèrent une corde autour du corps, sous les bras et, malgré son grand âge, la plongèrent à plusieurs reprises dans un puits, lui demandant chaque fois qu'ils lui faisaient faire le plongeon si elle consentait à leur livrer ses papiers.

» Ce fut seulement lorsqu'ils l'eurent à peu près noyée que l'énergique douairière consentit à leur remettre les titres dont ils firent un feu de joie dans la cour du château » (1).

La comtesse de Roquefeuil se retira ensuite à Guingamp où elle mourut laissant trois enfants :

1° *Adrien-Maurice*, qui épousa Mademoiselle de la Lande de Calan et mourut, à l'armée de Condé, à la tête du régiment de Médoc, sans laisser de postérité.

2° *Jeanne-Jacquette* née à Kerlouët, le 10 mai 1743, épousa le 18 février 1765 messire Jacques-Claude de Cleux chevalier, seigneur marquis du Gage. Leur fille Reine épousa le marquis de Kérouartz.

3° *Louise-Thérèse-Marie-Adélaïde*, née le 21 mai 1746, qui épousa le 16 mars 1775, dans la chapelle de Kerlouët, messire Charles-Dimas-Pierre de Brilhac, chevalier seigneur du Crévy, Villeneuve, La Chapelle, le Coin-de-Lor etc., officier au régiment du *Roi infanterie* (2).

LE BARON CHARLES-BALTHAZAR DE ROQUEFEUIL.

(1752 † 1795)

Messire Charles-Balthazar de Roquefeuil, dont il est question dans la lettre qui précède, naquit au château de Livers, paroisse de Salles, en Bas-Languedoc, le 29 sep-

(1) Registres de Spézet 1789. — Copie d'une lettre de M. Causer recteur de cette paroisse. — (*Notice sur le château de Kerlouët en Plévin.*)

(2) *Notice sur le château de Kerlouët en Plévin.*

tembre 1752. Chevalier de Malte, chevalier de Saint-Louis et de l'ordre de Cincinnatus, capitaine des vaisseaux du Roi, il émigra, en 1791, et devint capitaine au régiment du *Dresnay*.

Fait prisonnier lors de l'expédition de Quiberon, et condamné à mort, il fut exécuté à Vannes le 14 thermidor an III.

Attiré en Bretagne par son illustre parent, le vice-amiral de Roquefeuil (1), il avait épousé, au château du Bois-Garin, près Carhaix, l'une de ses parentes, demoiselle Marie-Jeanne de Roquefeuil, née dans le Rouergue, mais élevée en Bretagne par la comtesse de Roquefeuil, née de Kergus-Troffagant, femme du vice-amiral.

Charles-Balthazar de Roquefeuil était fils de messire Jacques-Philippe-Joseph, seigneur de Cahuzac et de Livers, et de Madeleine de Boisset de Glassac.

De son mariage avec Marie-Jeanne de Roquefeuil, il eut trois fils et une fille. L'aîné, Aymard de Roquefeuil, devint colonel au 40e régiment de ligne, sous la Restauration, et, donnant sa démission en 1830, se retira duns sa terre de Kergré. Un autre, Alexandre, mourut de la fièvre jaune à la Martinique, en 1828.

A la veille d'être fusillé, Charles-Balthazar de Roquefeuil écrivit à sa femme une lettre pleine de philosophie et de résignation chrétienne. Ne s'occupant pas de son propre sort, il n'exhale aucune plainte au sujet de sa mort prochaine, et ne songe qu'à ses jeunes enfants qui deviennent de sa part l'objet des plus sages recommandations et de la plus tendre sollicitude.

La baronne de Roquefeuille se remaria, en 1802, avec monsieur Jacques-Antoine-Marie de Cazalès, le célèbre orateur de la Constituante, autrefois capitaine au régiment des *Deux-Ponts*. Elle en eut un fils, M. l'abbé de Cazalès, écrivain distingué et représentant du peuple en 1848 et 1849, pour le département de Tarn-et-Garonne.

(1) Voir notice sur ce personnage, page 85.

UNE HABITATION A SAINT-DOMINGUE
EN 1783.

Après avoir été, par la lettre de Madame de Lisle-Adam, mis au courant des nouvelles de « nos quartiers de Guingamp », nous allons, avec celle qui va suivre, entreprendre un lointain voyage « aux Isles », comme on disait dans ce temps-là, et faire la visite détaillée, et même l'inventaire, d'une habitation à Saint-Domingue, en 1783. Si, en France, à la fin du XVIIIe siècle, les revenus rentraient fort difficilement, à cause de plusieurs mauvaises années successives, qui avaient appauvri les campagnes, il était bien autrement difficile encore, comme nous le verrons, de tirer parti des propriétés que l'on possédait aux colonies.

Madame du Laz, tutrice de son fils, avait, par suite, la charge de l'administration de sa fortune, et ce n'était pas le moindre de ses soucis. D'après ce que nous apprend notre correspondance, cette fortune se composait de quelques rentes, dont l'une sur l'Hôtel de Ville de Paris, d'une petite ferme nommée Pennan et de cette fameuse habitation de Saint-Domingue, sujet de plusieurs de nos lettres, qui rapporte à Madame du Laz plus d'ennuis que de revenus. Le jeune comte de Lisle-Adam la tenait de son grand-père, Thomas-Victor de Villiers de Lisle-Adam, capitaine d'une compagnie franche de la marine et chevalier de Saint-Louis. Il avait été employé à Saint-Domingue, où il commandait l'artillerie, et avait épousé, au Cap, en 1743, Marie-Elisabeth de Briochet. Il mourut en 1754,

Saint-Domingue avait déjà mérité le gracieux surnom de « perle des Antilles » et la réputation d'être une de nos plus agréables colonies. Elle importait en Europe ses sucres, ses bois, acajou et autres « bois des îles », ses étoffes de coton, nouveauté de l'époque. En même temps, elle introduisait, dans nos grands ports de commerce, ses usages et ses modes.

A Bordeaux, particulièrement, les femmes des grands négociants s'habillaient « à la créole ». En 1782 la mode des toilettes blanches fit fureur. On ne voyait à la Cour et dans nos grandes villes, à Paris et dans les châteaux, que percales, calicots, indiennes, mousselines, étoffes chères alors en raison même de leur nouveauté. Ces fraiches toilettes cadraient admirablement avec les fêtes pastorales et les bergeries littéraires du temps.

Le faste y trouvait d'autant plus son compte que, sous prétexte que ces blancs tissus ne retrouvaient leur éclat primitif que sous le soleil des tropiques, on envoyait blanchir à Saint-Domingue le linge de « ces messieurs » ainsi que les jupons de « ces dames ». Nos élégants d'aujourd'hui se contentent de se faire blanchir en Angleterre.

Nous allons voir en détail, par la lettre qui suit, ce qui constituait alors une habitation à Saint-Domingue; la partie la plus importante du *mobilier* consistait dans trente-huit nègres et négresses que nous verrons évaluer à peu près sur le même rang que les bœufs, les mulets et le matériel d'exploitation, et qui seront même l'objet d'un procès avec l'ancien régisseur.

Mais laissons maintenant la parole à l' « *homme bien né* » qui désire louer l'habitation », *pour utiliser un petit capital qu'il a et une poignée de nègres* ».

Il a soin tout d'abord d'établir que la propriété est dans un tel état qu'il n'y a rien à en tirer, si ce n'est de la perte, et que nul ne peut s'en charger, pour l'administration, à moins d'être réduit à n'avoir « *ni feu ni lieu* ».

MONSIEUR DE LA MOTTE-MOUCHET

A MADAME DU LAZ

Au Cap, Isle Saint-Domingue, 27 février 1783.

MADAME,

Au moment où j'ai l'honneur de vous écrire, s'écoule le huitième mois que je suis sur l'habitation de M. Chapuizet, aux affaires duquel je prête l'œil pour soulager un ami qui en a la gestion, conséquemment à la portée de connaitre votre bien puisqu'il fait nombre de ces affaires.

J'ai sçu il y a environ trois mois, par M. Canivet (1) qui a eu l'honneur de vous voir à Brest et que vous aviez chargé de votre procuration, que M. Chapuizet vous avait priée, par écrit, de vouloir bien la retirer d'entre ses mains.

M. Canivet, n'ayant pas trouvé ce bien susceptible de donner le plus petit revenu, dans la nature qu'il est, s'en est désisté en faveur d'un quidam qui, de même, semble ne vouloir pas s'en charger, vu la modicité du mobilier. Rien en cela ne m'étonne, je sais même que, depuis plusieurs années, vous n'en retirez rien, bien au contraire : l'exploitation excède le revenu. Ce sera de même fort longtemps, vu qu'il n'est pas possible que personne puisse s'en charger pour l'administration : quand bien même il s'en trouverait, ce serait, assurément, quelqu'un qui n'aurait

(1) *Canivet...* ce nom est celui d'une espèce d'oiseau des Antilles.

ni feu, ni lieu, qui s'en chargerait pour avoir un asile, sauf à vous laisser toujours dans la même position.

Vous savez sans doute que M. Chapuizet a une certaine somme pour l'administration de votre bien, qui n'a pu encore lui fa[illegible] que de la perte, puisque la meilleure année a ren[illegible] 9000 livres, argent de la colonie. De là il faut soustraire les frais de l'hôpital (1) les mérains pour le peu de barriques qu'il a fait faire, d'autres petites dépenses, comme l'abonnement du charron, celui du forgeron, le prix convenu à l'administrateur. Vous voyez que la dépense excède la recette, à plus forte raison quand les années n'ont rendu que quinze à dix-huit cents livres. Conséquemment le capital se dévore et pourra vous devenir à rien. Je ne vois pas de meilleur parti pour vous que de l'affermer : par ce moyen vous évitez toute espèce de tracasserie des créanciers. Vous évitez aussi toute espèce de perte, sauf les cas fortuits qui sont de tout temps sous-entendus. Je me sers de ce terme car ils sont très rares dans la colonie, vu qu'elle n'est pas sujette aux ouragans. C'est le seul moyen pour que vous jouissiez d'un revenu assuré.

J'ai l'honneur de vous offrir, moi-même, de l'affermer pour neuf années, à *quatre mille francs tournois* (2) payés d'avance, chaque année, à l'indication qu'il vous plaira me faire. Supposé toutefois que M. Chapuizet ne soit pas en droit de retirer les nègres qu'il y a mis. C'est ce que je ne sais pas : au cas que cela fût, je ne puis vous offrir que *deux mille livres de*

(1) L'hôpital pour les nègres blessés ou malades.

(2) Le franc ou *livre tournois* valait vingt sous.

France (1). Vous verrez même que cette diminution n'est pas excédante, car il y a, en tout, trente-huit nègres, négresses ou enfants, desquels M. Chapuizet en retirerait quatorze des plus forts, qui sont le restant des vingt et quelques qu'il y a mis.

Voyez, Madame, ce qu'il serait possible de faire avec les vingt-quatre restants, dans le nombre desquels il y a quatre enfants au lait, deux de sevrés d'une couple d'années et quelques infirmes.

Quand on pense comme moi, on ne se prévaut point de la distance et de l'élément qui nous séparent. Voyez, Madame, si cet exposé vous plait. Supposé qu'il vous plaise, adressez l'acte à quelqu'un qui, en me le remettant, reçoive l'argent par la même occasion. Veuillez bien m'honorer de l'avis.

Croyez, Madame, que c'est un homme bien né qui vous fait cette proposition, et ce, pour employer un petit capital que j'ai et une poignée de nègres.

Du moment que mes facultés pourront me permettre de vous faire un plus grand avantage, je ne tarderai pas un instant à vous en donner avis. L'industrie de l'homme qui pense bien doit être bornée, conséquemment je ne voudrais pas avoir à me reprocher d'avoir joui du bien d'autrui à trop bon marché. Quant à présent j'en jouirai peut-être un peu chèrement mais l'avenir peut me défrayer et me faciliter de remplir mon offre de plus : c'est ce que je désirerais. Vous trouverez ci-inclus un détail circonstancié de votre mobilier, et vous verrez que ce que j'ai l'honneur de vous dire est la vérité même.

Agréez mon adresse, supposé que cette offre vous

(1) La livre de France ou *livre parisis* valait 25 sous.

convienne : *La Motte-Mouchet, poste restante, au Cap, Isle Saint-Domingue*, qui vous prie de le croire, avec ses sentiments les plus respectueux, Madame,

Votre très humble et très obéissant serviteur,

LA MOTTE-MOUCHET.

Ecrit à la Plaine du Nord, le 27 février 1783.

INVENTAIRE DU « MOBILIER » DE L'HABITATION

Voici, Madame, le détail circonstancié du mobilier de votre bien. Ce détail est fait par celui qui le connait aussi bien que qui que ce soit.

« — Nègres et négresses infirmes ou vieux. —

Scipion, — Ster sa femme, — Marie dite *Mina*, — Louise, — Françoise, — Antoine, — Fanchon, — Adonis, — Orphée, — Louis, dit *Gaou*, — Olive, — Dominique, — Bobichonne, — Christine. —

Nègres ou négresses travaillant :

Jean, commandeur, — Thomas, — César, — Gustin, — Alexandre. — Toussaint — Jean-Jacques, — Pluton, — Sans-cou, — Jean, — Geneviève, — Madeleine, — Françoise, — Eulalie, — Marie, — Rosalie.

Quatre enfants au lait et deux un peu plus forts — Marie grosse, — Jean, — François, — Pierre, — Jacinthe, — Joseph.

Les animaux consistent en sept bœufs, dix mulets, tant vieux que jeunes, blessés ou bien portants. — Quatre chevaux que l'on garde humainement dans la savane.

Les bâtiments dans le plus mauvais état possible, l'équipage de la sucrerie est sur sa fin. Dans la purgerie, aucune espèce de poterie, à part 50 formes que l'on avait achetées pour y mettre et qui n'y seront je crois, jamais, vu le changement de procureur. La grande case mérite que l'on ait une grande confiance pour y loger, ainsi que les cases des nègres.

Les pièces de cannes sont en rejetons étouffés par l'herbe et d'une venue pitoyable.

D'après cet exposé, vous voyez, Madame, la mauvaise situation de votre bien. Voyez le parti que vous avez à prendre. Si c'est de me l'affermer, je procéderai à une estimation d'expert de tout ce que vous y avez pour avoir à laisser les objets en pareille valeur.

Ces propositions ne furent sans doute pas acceptées de Madame du Laz, et la lettre suivante nous apprend ce que devint l'habitation et quel fut le sort des quatorze malheureux nègres, transformés en « bien de justice » entre les mains des nouveaux régisseurs de la plantation. auteurs de la lettre suivante :

MESSIEURS DU PERRIER ET DE LISLEFORT

A MADAME DU LAZ.

Au Cap Français, le 10 juillet 1783.

MADAME,

Monsieur Canivet, peu de jours après son retour de France, nous ayant déjà accordé sa.... (1), nous dit être muni de votre procuration pour régir [votre habita-

(1) « Cette lettre étant en fort mauvais état, nous avons dû suppléer par des points aux mots, ou aux lambeaux de phrases, que nous n'avons pu reconstituer. Les mots entre parenthèses sont ceux par lesquels nous avons cru devoir remplacer les manquants.

tion], quartier de la Plaine du Nord. [Nous avons, sur son conseil, fait le voyage] pour connaître son état. [Elle nous a] paru manquant tellement de nègres et d'animaux que nous n'avions pas le courage de nous en charger. Nous communiquâmes nos regrets et nos idées à M. Canivet qui, ne [pouvant] se figurer ce que nous lui en dîmes, se transporta sur les lieux.

Convaincu de la vérité de notre rapport, il nous témoigna sa peine et nous fit un tableau si touchant de ce que vous avez éprouvé de nos prédécesseurs, que nous ne pûmes nous défendre d'adhérer à ses sollicitations.

Nulle autre idée, Madame, que [la crainte] de ne pouvoir pas la tirer de l'état de dépérissement dans lequel nous l'avons trouvée, ne vous portait à en refuser la procuration.

Encouragés enfin, Madame, par tout ce que nous avait dit M. de Canivet, de vous et de M. votre Fils, nous nous en chargeâmes. A notre mise en possession (dont ci-joint une expédition), nous trouvâmes que Monsieur Boussac, fondé de la procuration de Monsieur Chapuizet de Guérinet, et son représentant, en avait soustrait dix nègres et quatre négresses, qui composaient le reste de la mise faite par M. Chapuizet, et ce, alléguait-il, en vertu du droit que lui donnait sa procuration de se rembourser en nègres et en animaux.

[Nous poursuivîmes] la remise de ces quatorze têtes que nous demandâmes à l'extraordinaire. Après avoir procédé réciproquement, il est intervenu sentence qui a condamné notre partie adverse à la remise de ces quatorze esclaves, en, par nous, donnant caution et restant chargés d'eux comme dépositaires de bien de justice.

La remise en a été faite par M. Boussac, sur l'habitation Chapuizet, le 26 juin dernier.

Cette seconde difficulté vaincue, nous avons demandé la reddition des comptes. Le procureur de M. Boussac a demandé alors, par requête, un délai d'un mois qui lui a été accordé. Nous continuerons cette opération avec la même chaleur que nous avons déjà employée.

Nous vendimes le 18 du mois dernier six barriques de sucre brut... Nous avons de suite acheté deux magnifiques et jeunes bœufs, pour compléter deux attelages, et nous en cherchons trois autres pour en former trois. Nous avons envoyé riz, biscuit et pois pour nourrir vos nègres et de la toile de Combourg pour les habiller: en un mot nous avons pourvu votre habitation de ce dont elle avait un besoin urgent. Nous allons nous occuper de réparer les cases. Nous avons placé le.... en qualité de gérant et raffineur de votre habitation. Nous n'avons pas encore fixé ses appointements, étant tenus de faire sa table, ignorant ce que nos prédécesseurs lui ont donné.

Dans l'impossibilité d'entreprendre de rouler avec sept bœufs, onze mulets et cinq chevaux, bons et mauvais, nous avons fait passer sur votre habitation vingt-neuf mulets que nous avions au Quartier Morin, et c'est avec ce renfort et vos animaux que nous avons commencé à rouler le premier de ce mois. Nous arrêtons la roulaison cette semaine pour laisser reposer notre atelier des veilles qu'exige cette opération. Nous jugeons qu'elle nous donnera de trente à trente-six quarts de sucre. Nous recommencerons sous huitaine, ou plus tôt, suivant l'état [de notre atelier].

Nous ne songeons pas moins aux moyens de vous faire passer la rente de deux mille quatre cents livres tournois que vous vous réservez chaque année. Nous eussions déjà satisfait à cet objet si notre trésor n'avait cessé de tirer des lettres de change sur la France. Le commerce ne tirant qu'à un an de vue, nous jugeons que ce papier ne vous convient pas. Si, d'icy quelque temps, nous ne pouvons pas nous en procurer d'autre, nous ferons un chargement en valeurs... sur Bordeaux ou Nantes, et préférons..... ces villes où elles se vendront le plus avantageusement.

En nous chargeant, Madame, de votre procuration, nous nous sommes prescrit la loi de régir votre habitation comme si elle nous était propre. Nous espérons, si les succès répondent à nos soins, seconder entièrement vos vues, et procurer un bien honnête à Monsieur votre Fils à qui nous adressons nos hommages.

Nous avons l'honneur d'être, Madame, etc....

DUPÉRIER, DE LISLEFORT ET COURVEJOL.

Au Cap Français, le 10 juillet 1783.

LA TRAITE DES NÈGRES

A propos des deux lettres précédentes et de l'inventaire qui accompagne la première, il nous a semblé pouvoir intéresser une partie de nos lecteurs en disant ici quelques mots de la traite des nègres.

Le « *commerce de bois d'ébène* », comme l'appelaient quelques facétieux de ce temps-là, était fort pratiqué encore à la fin du dix-huitième siècle, en dépit de la *sensibilité* et de la *philosophie* alors à la mode. Le port de Nantes, notamment, armait, chaque année, un grand nombre de navires pour ce trafic, aussi contraire à la morale qu'à l'humanité et à la loi naturelle.

C'était, le plus souvent, sur les rivages de la Guinée, appelée pour cela « Côte des Esclaves » que l'on allait chercher les noirs travailleurs destinés à la culture de nos colonies d'Amérique. Un navire négrier contenait au moins quatre cents de ces malheureux et la valeur de sa cargaison, au départ, était en rapport avec le nombre de nègres qu'il voulait acheter. Elle consistait en un assortiment d'objets des plus divers, choisis de manière à satisfaire les caprices et les goûts bien connus des rois nègres, avec qui s'opérait la traite.

C'était, en effet, un commerce d'échange ; et, à l'époque dont nous nous occupons, les *cauris* (1) avaient déjà perdu beaucoup de leur valeur. Il en fallait alors *trois mille six cents* pour égaler une livre tournois, c'est-à-dire vingt sous ou un franc. Aussi ces coquillages n'étaient-ils plus utilisés que pour l'achat des denrées communes et pour la parure des négresses de petite fortune qui s'en faisaient de gracieux colliers.

Les objets qui avaient le plus de succès près des monarques africains étaient les miroirs, les caves à liqueurs, les manteaux d'écarlate, de damas ou de satin ; les étoffes de soie, les colliers de corail ou de verroterie, etc... La grande habileté commerciale du capitaine consistait à faire l'acquisition des premiers nègres à un prix très peu élevé, tout en offrant de beaux cadeaux au roi du pays, ce prix servant généralement de base pour toute la traite. Parmi les présents les mieux accueillis citons : l'eau-de-vie, les liqueurs, les robes de chambre en damas doublées de cou-

(1) Petites coquilles qui ont longtemps servi de monnaie courante dans les Indes et en Afrique, monnaie qui avait cours pour la traite des nègres.

leurs voyantes, ou bien encore les pièces d'étoffes et les miroirs d'une certaine dimension.

De la côte de Guinée où elle avait été recueillie, la cargaison de « bois d'ébène » était amenée par le négrier sur les grands marchés d'Amérique, ou directement aux îles françaises. Là il mettait les esclaves en vente à prix d'argent ou, plus rarement, les échangeait contre des marchandises et denrées du pays que le navire rapportait en Europe à son retour avec les poudre d'or, gommes, ivoire et autres objets précieux achetés en Guinée.

Le prix des nègres, rendus en Amérique ou aux îles, variait selon les besoins du moment, selon la rareté ou l'abondance de cette marchandise humaine. Un esclave jeune et vigoureux pouvait valoir depuis cent pistoles (c'est-à-dire environ mille francs) jusqu'à quinze cents livres. Les noirs les plus chers et les plus recherchés sur le marché étaient les mâles âgés de seize à trente ans, beaux et bien faits.

La traite des nègres fut, comme on le voit, un commerce aussi lucratif qu'inhumain. Il fallait cependant, là aussi, faire la part des pertes, causées par la mortalité qui survenait en cours de route. Cette mortalité était parfois considérable parmi ces malheureux, entassés les uns sur les autres, durant de longues traversées souvent fort pénibles.

Ce trafic barbare est heureusement interdit aujourd'hui par des lois internationales.

Définitivement aboli en 1843, dans les Indes anglaises, l'esclavage le fut aussi, en 1848, dans les colonies françaises.

ENCORE L'HABITATION DE SAINT-DOMINGUE

Après la remise en exploitation, par M.M. Dupérier et de Lislefort, de cette fameuse habitation de Saint-Domingue, on pourrait croire que tout y marcha désormais sans entrave et qu'elle justifia enfin sa destination de « bien honnête », rapportant, bon an, mal an, les 2400 livres que Madame du Laz consacrait à l'éducation de son fils. Il n'en fut rien, hélas ! Cette malheureuse propriété devait, longtemps encore, donner raison au dicton « *Qui bien a guerre a* », comme nous l'apprendra la suite de cette correspondance.

L'auteur de la lettre que nous allons transcrire, mademoiselle de Kerninon, était l'un des neuf enfants de Jean-Baptiste-Marie-François le Roux (1) de Kerninon.

Elle vivait à Landerneau avec son oncle, le comte de Kersauson, qui était, pensons-nous, son grand-oncle, frère de son aïeule, madame de Saint-Pern, née demoiselle Gilette de Kersauson.

MADEMOISELLE LE ROUX DE KERNINON
A MADAME DU LAZ.

A Landerneau, le 2 août 1783.

Vous ne m'aviez pas fait le plaisir, Madame et chère amie, de me faire donner de vos nouvelles, mais j'ai appris, par des amis, que vous traitez mieux que moi, que vous êtes heureusement accouchée (2), et que votre santé est actuellement meilleure, ce qui me donne une vive satisfaction.

(1) « Dit le *comte de Kerninon*, chef de nom et d'armes de sa maison, qualifié chevalier, né le 26 septembre 1715, et marié, par contrat du 20 novembre 1738, avec demoiselle Gillette-Françoise-Céleste de Saint-Pern. (*Armorial général de d'Hozier.*)

(2) ... *Que vous êtes heureusement accouchée*... Il s'agit ici de la naissance de *Joseph-François-Bonabes Jégou du Laz*, né le 18 avril 1783, décédé le 26 septembre 1861 ; fils aîné du second mariage du comte du Laz, il hérita de ce titre et devint chef de nom et d'armes de sa maison, par suite de la mort, sans descendance, des fils du premier lit, Alexandre-François et Yves-Patern Jégou du Laz. (*Généalogie Jégou du Laz.*)

Je n'ai point voulu vous apprendre, dans un temps où j'étais persuadée que toute inquiétude vous était contraire, que vos affaires de Saint-Domingue étaient encore retardées. M. le chevalier de Mervé (1), étant tombé malade à bord, a été obligé de désarmer ; il n'a pu confier vos papiers et votre procuration à d'autres et m'a remis le tout.

Monsieur du Dresnec (2), qui est passé en France pour y amener Mr son fils, et qui a passé quinze jours chez Mademoiselle sa sœur, ce qui m'a mise à même de lui parler de votre habitation, m'a promis, lorsqu'il repassera à Saint-Domingue, de se charger de votre procuration ; mais, en attendant, il a été d'avis que vous signiez les comptes de Messieurs du Perrier et de Lislefort. Il a trouvé les lettres de ces messieurs parfaitement raisonnées. Un trop grand délai à signer leurs comptes pourrait diminuer leur zèle.

Il sera cependant bon que vous leur fassiez obser-

(1) *Le chevalier de Mervé... de Fontaine de Mervé* appartient à une ancienne famille portant : « *D'azur à la fasce nouée d'or accompagnée de trois coquilles d'argent.* » Engagé dans l'armée des Princes en 1792. il fut tué à Quiberon, en 1795. Son nom est inscrit sur le monument de la Chartreuse d'Auray.

(2) *Monsieur du Drénec... « Louis-Mathurin du Drénec*, capitaine aide-major des milices de Saint-Domingue. habitant sur ses terres aux Vares à Port-au-Prince, quartier de Larcabaye. »

Nous trouvons cette indication sur un projet de procuration préparée par Madame du Laz pour être remise à cet officier.

Beaucoup de cadets de noblesse recherchaient alors aux colonies des situations qu'ils étaient obligés d'attendre trop longtemps sur le sol de la mère-patrie. Tel devait être le cas de M. du Drénec qui appartenait à une vieille famille bretonne portant : « *D'azur à un barbeau d'argent en pal.* »

Devise : « *Né zeuz pesq heb hé zréan* », phrase bretonne qui signifie : « Il n'est poisson sans arête. »

ver que les 4900 l. qu'ils vous portent en compte n'ont produit pour vous que 1900 l. ; de plus, qu'il ne vous paraît pas juste qu'ils vous fassent payer l'intérêt d'une somme qu'ils s'étaient engagés à vous envoyer. Quant à l'intérêt des avances qu'ils vous ont faites pour le bien de l'habitation, que vous le leur accordez tel qu'ils le demandent.

Ecrivez, ma chère amie, sans différer, à ces messieurs en leur envoyant leur compte signé : vous en garderez le duplicata que vous signerez aussi. Envoyez vos livres à Nantes en les adressant à quelqu'un pour qu'ils soient envoyés par le prochain bâtiment qui partira pour Saint-Domingue. Ne différez pas, ma chère amie, à l'envoi de cette lettre : c'est après m'être bien consultée que je vous donne cet avis. Faites souvenir à ces messieurs que vous attendez recevoir de l'argent incessamment.

Je vous écris à la hâte afin de profiter de monsieur du Vieux-Châtel (1) pour vous faire passer ces papiers franc de port. Je n'ai que l'instant de vous assurer que je suis pour la vie.

Votre amie : De Kerninon (2).

(1) *Monsieur du Vieux-Châtel.....*, que nous verrons désigner aussi sous le nom de « *Monsieur Olivier* », appartient à la famille Olivier sieur du Vieux-Châtel, de Kerascouët, paroisse de Plouguin, évêché de Léon.

« *D'azur au hibou essorant d'or, regardant un soleil de même à dextre.* »
(*Armorial de 1696.*)

Claude, médecin du roi pour la marine, en 1696, secrétaire du roi, en 1716, épousa Catherine Verduc.

Cette famille s'est fondue dans Raison. — (P. de Courcy.)

(2) Mademoiselle *de Kerninon*... (Voir note ci-dessus.

Le Roux, sieur de Kerdaniel, paroisse de Cavan, — *de Kerninon*, etc..., paroisse de Ploulec'h, etc...

Mon oncle vous prie d'agréer ses hommages. Votre bouchère nous a donné douze langues de bœufs dont nous vous tiendrons compte pour elle.

Je ne vous envoie qu'un des comptes de messieurs du Perrier et de Lislefort que vous signerez pour le leur envoyer. Je garde l'autre que vous signerez lorsque je vous le renverrai et que je pourrai vous écrire avec plus de détails.

Monsieur de Canivet est repassé en France pour la maladie de sa femme : ainsi vous voilà dispensée de lui écrire.

Ancienne extraction, réformation de 1669, neuf générations, et maintenue à l'intendance, en 1702 Réformations et montres de 1481 à 1543, paroisses de Cavan et Ploulec'h, évêché de Tréguier.

« *Ecartelé d'argent et de gueules*. »

Devise : « *Pé Brézel, pé carantez* », ce qui signifie : « Ou la guerre, ou l'amour. » (*Nobiliaire et Armorial de Bretagne*, P. de Courcy.)

LE JEUNE Cte DE VILLIERS DE L'ISLE-ADAM
ET SON MENTOR

Outre l'administration de la petite fortune dont elle était dépositaire en qualité de tutrice, la comtesse du Laz avait conservé, de son premier mariage, une charge bien autrement importante : l'éducation de son fils.

Il est temps de présenter à nos lecteurs cet enfant que nous n'avons fait que nommer jusqu'à présent.

Le jeune comte (?) (1) *Jean-Jérôme-Charles de Villiers de Lisle-Adam*, dit Lilly, naquit à Brest, le 23 juin 1769 Il avait un mois et demi à peine, lorsque mourut son père au château de Kerleau, en Plourivo, chez sa tante, Madame Le Mérer de Lisle-Adam.

Lilly dut partager sa première enfance entre ce toit hospitalier de sa marraine et celui de son grand-père, Jean-François de Kersauson, à Morlaix, chez qui s'était retirée la jeune veuve avec son enfant.

En 1783, nous trouvons Jean-Jérôme, âgé de quatorze ans, au collège de Sainte-Barbe à Paris, où il cultive spécialement les mathématiques en vue d'entrer dans la marine royale.

(1) Comme nous l'avons dit plus haut, nous ne lui donnons ce titre que d'après l'adresse d'une lettre, faisant partie de notre collection, qui lui est écrite par le comte du Laz de Trégarantec, adresse ainsi conçue : « A Monsieur *le comte* de Lisle-Adam, à l'hôtel de Monsieur l'abbé Niquet, chanoine de la cathédrale de Léon, en Basse-Bretagne ». Nous reproduirons cette lettre en son temps.

Enfant intelligent, très affectueux, assez orgueilleux, un peu fantasque et frondeur : tel nous le montreront les lettres de l'abbé Henry, son mentor, et celles que nous reproduirons de l'enfant lui-même ne démentiront, sans doute, en rien, notre jugement.

L'institution de Sainte-Barbe est l'une des plus anciennes de ce genre en France et, peut-être, celle où la discipline s'était conservée avec le plus de vigueur au dix-huitième siècle, époque où la *sensibilité* à la mode exerçait son empire amolissant sur l'éducation de la jeunesse (1).

En envoyant son fils à Paris, la comtesse lui avait donné, comme directeur et comme appui, un jeune prêtre breton, ami et obligé de sa famille, qui suivait lui même les cours de théologie sur les bancs célèbres de la Sorbonne, cette « *Alma Mater* », berceau classique de tant d'hommes éminents, spécialement dans le clergé français.

C'est par les lettres de ce pieux mentor que nous ferons la connaissance de notre ami Lilly. Nous le suivrons ensuite, d'années en années, avec notre vieille correspondance qui nous tiendra au courant des faits et gestes de cet enfant, descendant d'une race illustre (2),

(1) « Longtemps aussi les élèves de Sainte-Barbe, *Barbi, colae duri*, furent pliés à une règle de fer : c'est dans cette maison que l'abbé Nicole faisait encore usage, au moment de la Révolution, de la correction du fouet abandonnée partout ailleurs. »

(Quicherat, *Histoire du Collège de Sainte-Barbe*, tome II, page 385.)

(2) Jean-Jérôme de Villiers de Lisle-Adam compte en effet parmi ses ancêtres *Philippe de Villiers de Lisle-Adam* (1464 ✝ 1534) Grand-Maître de l'Ordre de Saint-Jean de Jérusalem qui, en 1522, soutint dans Rhodes, contre le sultan Soliman II, un siège justement célèbre. Trahi et forcé de capituler, il se retira successivement à Candie, à Messine, sur les ruines de Cumes et à Viterbes, jusqu'à ce que Charles-Quint lui eût donné l'île de Malte (1530,) où il établit le chef-lieu de son Ordre, de là appelé *Ordre de Malte*.

ancêtre, lui aussi d'un homme célèbre de nos jours (1).

L'abbé Michel Henry est une des plus intéressantes figures du clergé breton, à la fin du dix-huitième siècle ; aussi croyons-nous utile de consacrer ici quelques instants à la biographie de ce prêtre, « ami de Dieu et des hommes », qui remplit un si beau rôle durant la période révolutionnaire.

(1) *Philippe-Auguste-Mathias de Villiers de Lisle-Adam*, petit-fils de Jean-Jérôme, né le 28 novembre 1838, à Saint-Brieuc, décédé à Paris, le 20 août 1889, poète et romancier, célèbre dans la littérature contemporaine (Voir notre notice généalogique sur la maison de Villiers de Lisle-Adam ci-dessus, pages 64 et suivantes).

L'ABBÉ MICHEL HENRY

(5 AVRIL 1752 † 29 DÉCEMBRE 1829)

L'abbé Michel Henry naquit au bourg de Guipavas (Finistère) le 5 avril 1752, et fit avec distinction ses études classiques, à l'issue desquelles il obtint le diplôme de docteur en Sorbonne.

Prêtre en 1777, il fut, en 1783, nommé théologal de Saint-Pol-de-Léon (1), poste qu'il occupa jusqu'à la Révolution, Cette nomination est l'événement auquel il fait allusion, dans une de ses lettres, comme devant le rapprocher de sa famille qui habitait Guipavas près de Brest.

Monseigneur de la Marche était alors évêque de Léon. C'était un prélat zélé et plein de sollicitude pour son diocèse (2). Aussi ne le quitta-t-il que forcé par les circonstances, quand survint la persécution religieuse. C'est aux mains de l'abbé Henry que le dernier évêque de Léon remit le soin de son troupeau, le jugeant le plus digne et le plus capable de le diriger au milieu de la tourmente qui se préparait à y jeter le trouble et la division. Vicaire général, depuis quelque temps déjà, Michel sut se montrer à la hauteur de sa noble tâche : son courage et sa foi ne se démentirent jamais et la Providence sembla le seconder, d'une façon presque miraculeuse, dans l'accomplissement de sa déli-

(1) Le théologal d'une cathédrale est le chanoine chargé par le chapitre de l'enseignement théologique.

(2) Voir plus loin la notice biographique sur ce bienfaisant prélat.

cate et périlleuse mission. Opposant, tour à tour, le courage, l'audace ou la ruse aux efforts de ses ennemis. l'abbé Henry réussit à se soustraire aux pièges qui lui furent tendus, aux recherches dont il fut l'objet, durant toute la période révolutionnaire.

Il choisit d'abord comme retraite, comme quartier-général, d'où il pût correspondre avec tout le diocèse, la petite commune de Kersaint-Plabennec, à trois lieues de Brest. Mais il l'abandonna bientôt aux mains d'un autre saint prêtre, l'abbé Kerusoré, et gagna un poste plus périlleux, il est vrai, mais où sa présence lui parut être plus nécessaire encore. Il se retira à Guipavas, son pays même, où il joua un rôle qui ne peut être comparé qu'à la courageuse mission des pasteurs de la primitive Eglise, alors qu'au milieu de la Rome païenne, ils exerçaient leur pieux ministère poursuivis, traqués par leurs persécuteurs, et voyant sans cesse suspendus au-dessus de leur tête le glaive du bourreau et la couronne du martyre.

La main de Dieu le préserva cependant de tous les dangers et son adresse, son intelligence eurent des résultats merveilleux.

« Où est l'abbé Henry ? » demandait-on parfois.

— En Angleterre », répondait chacun avec conviction.

Et pendant ce temps, un homme, connu sous le nom du « *Pauvre Gilles* », parcourait les campagnes, de nuit et de jour, apportant mystérieusement, jusque dans les villages les plus reculés, les secours de notre sainte religion. C'était l'abbé Henry ! Seuls les fidèles le connaissaient et souvent ceux-ci mêmes ignoraient que le mendiant en haillons à qui ils faisaient l'aumône, sur le seuil de leur chaumière, était le prêtre dont ils avaient entendu la messe à la faveur de la nuit, et le vaillant bûcheron qui, chargé de ses outils, était venu la veille leur demander du travail.

D'autre fois encore, le même personnage prenait le costume, l'allure et le langage d'un meunier bas-breton et se promenait ainsi, fièrement, au bourg de Guipavas, ou même dans les rues de Brest, sans que ce « bloc enfariné » éveillât l'attention des révolutionnaires.

« Gilles » était partout à la fois, et cependant les ennemis de l'abbé Henry ne le trouvaient nulle part !

Et pourtant, presque chaque jour, on voyait paraitre, comme par enchantement, on entendait voler sur toutes les bouches, de comiques chansons en langage breton, tournant en ridicule les hommes et les événements politiques du temps, tactique de propagande anti-révolutionnaire dont l'effet fut prodigieux dans tout le pays. C'était l'œuvre du « *pauvre Gilles* » !

Enfin, Monseigneur de la Marche, émigré en Angleterre, désirait il communiquer avec son diocèse breton ! A peine exprimée, sa pensée traversait les mers et ses ordres, aussitôt connus, étaient ponctuellement exécutés. C'était « Gilles », autrement dit l'abbé Henry, qui en assurait la transmission par les intelligences et les correspondances qu'il avait su se ménager dans tout le pays de Léon.

Tout en remplissant, au péril de sa vie, ce rôle d'intermédiaire, si dangereux alors, il trouvait encore le temps d exercer son apostolat pour ramener au bercail de la sainte Eglise les brebis et même les pasteurs égarés. Il ne craignait pas d'aborder, avec douceur et mansuétude, les prêtres assermentés ; d'engager avec eux de pacifiques discussions sur les points religieux alors en litige, et, parfois, il gagnait leur esprit à ses opinions par sa logique, après avoir conquis leur cœur par sa bonté.

Une vie aussi active et aussi méritante ne pouvait cependant passer toujours inaperçue. Un jour, au moment où il s'y attendait le moins, l'abbé Henry, se trouvant à Guipavas, se vit tout-à-coup cerné, dans une maison du bourg, par tout un détachement de cavalerie de Brest. Cette surprise était l'œuvre d'un traître qui avait dénoncé la présence de l'homme de Dieu.

Mais tout était prévu et, dans un endroit retiré de cette hospitalière demeure, existait une cachette ignorée de tous, préparée en vue de cette éventualité. L'abbé Henry y dissimula sa présence et parvint à se dérober ainsi aux recherches de ses persécuteurs, bien qu'il n'en fût séparé que par une faible planche. Les soldats firent, sans succès, fouiller la maison de fond en comble et ne se retirèrent qu'avec la certitude que le saint prêtre s'était dérobé à leurs atteintes par une fuite qu'ils ne pouvaient expliquer qu'au moyen d'un miracle ou d'un sortilège. Or, en ce temps-là, on croyait généralement aussi peu à l'un qu'à l'autre. Aussi, peu s'en fallut que le délateur ne fût accusé de mensonge et qu'on ne lui fît, à lui-même, un mauvais parti.

C'est au milieu de ces dangers, sans cesse renouvelés, et de cette existence errante et aventureuse que l'abbé Henry traversa la période révolutionnaire. L'affection et le respect qu'il sut inspirer à tous, même à ses ennemis, la reconnaissance de ceux qui lui durent les secours religieux qu'il leur procura, au péril de sa vie, durant toute la Révolution ; la protection visible dont le ciel le favorisa, valurent à l'abbé Henry le glorieux surnom d'« *Ami de Dieu et des hommes* », surnom qui est le résumé de l'existence de cet homme de bien.

Après le Concordat de 1801, l'abbé Michel Henry fut nommé successivement curé de Quimperlé, chanoine titulaire et vicaire-général honoraire de Quimper, où il mourut saintement, le 29 décembre 1829, à l'âge de soixante-dix-sept ans.

Nous terminerons cette notice (que nous eussions voulue plus complète) en exprimant, au nom de l'histoire locale et de la littérature bretonne, le vif regret que les poésies bretonnes de l'abbé Henry ne nous aient pas été conservées. Les manuscrits presque entièrement perdus formaient une très intéressante collection. Il a aussi écrit une traduction bretonne des *Soliloques de Saint-Augustin* qui, également restée manuscrite, a peut-être disparu, elle aussi.

La rareté des œuvres encore existantes de ce saint prêtre, doublé d'un homme d'esprit, rend d'autant plus précieuses les cinq lettres de sa main que nous allons publier. Celles-ci n'ont aucune prétention, ni, avouons-le, aucun mérite littéraire; mais elles respirent et dénotent quelques-unes des qualités de leur auteur : la reconnaissance envers ses bienfaiteurs, la fidélité aux devoirs de son ministère, le zèle apostolique pour la jeune âme qui lui était confiée, le désir de rendre service.

Cela nous semble suffisant pour en justifier la publication dans cette étude biographique et bretonne.

L'AVENIR DE LILLY

A cette époque où la foi était si affaiblie, par suite du relâchement des mœurs et de l'égarement causé dans les esprits par les erreurs philosophiques, la première communion avait cependant conservé tout son prestige et tenait une grande place dans la vie de l'enfant, dans les fastes de la famille chrétienne. On la considérait comme le point de départ de l'existence ; le sommet élevé d'où l'on embrasse, de plus haut et de plus loin, le chemin que l'on aura à parcourir. Aussi la faisait-on généralement assez tard, et, pour beaucoup de jeunes gens, c'était le moment désigné pour déterminer le choix de leur carrière et quitter définitivement le foyer paternel.

La date de la première communion n'était pas fixée, comme de nos jours, pour les enfants d'un même âge. Elle était établie par les prêtres de la paroisse, de concert avec les familles, selon les dispositions et le degré d'instruction religieuse des sujets. Les filles de la duchesse d'Ayen, qui vivaient à l'époque dont nous nous occupons, firent cette grande action assez tard. La vicomtesse de Noailles l'accomplit peu de jours avant son mariage. Sa sœur, mariée à l'âge de quatorze ans au marquis de la Fayette qui en avait dix-sept, était sur le point de devenir mère elle-même, quand la sienne lui permit de faire sa première communion : elle avait seize ans passés.

Il ne faut donc pas nous étonner qu'à quatorze ou quinze ans, Lilly n'ait encore pas fait la sienne. Sa préparation à cette grande action est l'une des vives préoccupations de l'abbé Henry. Il en parle dans presque toutes ses lettres et sait inspirer au jeune de Lisle-Adam le désir de s'en rendre bientôt digne.

L'intérêt spirituel de l'enfant confié à ses soins ne fait pas toutefois perdre de vue à Michel les moyens d'assurer son avenir temporel. Nous le voyons, d'après les lettres suivantes, user de toute son influence auprès de personnages connus, avant de quitter Paris, pour obtenir l'entrée du jeune homme dans la marine royale Ses démarches ne furent malheureusement pas secondées par les circonstances, et les vœux de Madame du Laz pour la position de son fils ne devaient pas de sitôt se réaliser.

Autrefois, comme aujourd'hui, l'accès de toutes les carrières était hérissé de difficultés ; et, comme nous le verrons, même dans la noblesse, à moins d'être pourvu d'un gros capital permettant d'acheter une charge ou un grade, il fallait pour arriver à une situation, frayer son chemin à la force du poignet et avec l'appui des influents du jour.

Rien de nouveau sous le soleil : dans l'ancienne France, comme dans la nouvelle, la faveur jouait un rôle au moins égal à celui du mérite personnel et la locution : « *Etre bien en cour* » n'est point de moderne invention.

L'ABBE MICHEL HENRY

A MADAME LA COMTESSE DU LAZ

Paris, le 6 septembre 1783.

MADAME,

Agréez que je vous témoigne ma reconnaissance de la part que vous voulez bien prendre à l'événement qui va me rapprocher de ma famille. Je le regarderai comme parfaitement heureux, s'il est, pour moi, un moyen de reconnaitre plus efficacement les services qui m'ont été rendus.

Je ne puis partir de la capitale avant la fin du mois d'octobre. Je vais employer le reste de temps aux intérêts de Monsieur votre fils. Que je serais heureux si je pouvais parvenir à satisfaire tous vos désirs. Je n'épargnerai, ni travail, ni visites, ni sollicitations, ni recommandations J'ai des connaissances auprès de Monsieur Bezout (1), elles emploieront volontiers leur crédit en notre faveur. Il faut que vous vous joigniez à moi et que vous fassiez écrire à Monsieur Bezout par les personnes qui peuvent avoir empire sur lui. Faites annoncer le jeune homme comme ayant beaucoup de talents et des connaissances dans les mathématiques. Les personnes que je connais certifieront ces deux articles. Ce sont des académiciens, amis de Monsieur Bezout, et qui ont interrogé l'enfant.

Faites en sorte que les recommandations que vous aurez à faire valoir ne parviennent à Monsieur Bezout que vers le commencement d'octobre. Alors se trouveront à Paris ceux qui peuvent nous épauler.

(1) *Monsieur Bezout... Etienne Bezout* est un de nos plus célèbres mathématiciens français. Il naquit à Nemours, en 1730, et mourut à Paris, disent les biographes, en 1783. Nous verrons par l'une des lettres suivantes que ce savant mourut à sa maison de campagne de Fontainebleau et non à Paris.

Membre de l'Académie des sciences dès 1758, à l'âge de vingt-huit ans, il fut nommé, en 1763, examinateur des gardes de la marine, et de l'artillerie en 1768. Il a laissé deux ouvrages qui furent longtemps classiques : *Cours complet de mathématiques* (1780) et *Théorie générale des équations algébriques*.

« En arrivant au collège de Dol, écrit Châteaubriand, je fus confié aux soins de l'abbé le Prince..... il se chargea de m'apprendre mon Bezout. »

(*Mémoires d'Outre-Tombe.*)

Je tâcherai d'arranger les choses de manière à faire soutenir un exercice public à notre ami. Plusieurs membres de toutes les académies s'y trouveront certainement et Monsieur Bezout ne pourra pas refuser d'y assister, s'il est à Paris. Je n'en partirai que lorsque je verrai vos souhaits accomplis, au moins s'il y a quelque espérance de réussir.

Mon cher ami n'a pas encore fait sa première communion. Mes vœux seraient de lui faire faire cette grande action à la Toussaint. Nous avons un fonds d'orgueil dont nous ne pouvons nous défaire. Il nous fera faire bien des fautes. Nous ne sommes guère capable d'application. Du reste nous sommes bons amis.

Je vous demande une grâce : c'est de ne pas annoncer à Léon (1) que je retarderai mon retour au mois de novembre : peut-être un si long retard ne plairait-il pas à Monseigneur (2).

J'aurai l'honneur de vous instruire du succès de mes démarches, et, dans ma lettre, je vous demanderai quel arrangement vous voudrez que je prenne par rapport à M. de Lisle-Adam.

Je ne lui ai pas fait un secret de son prochain retour : cette connaissance ne lui est pas nuisible.

J'ai l'honneur etc...

HENRY.
Docteur en Sorbonne.

Je crois qu'il serait important que vous répondiez à la lettre de mon ami : vous pourriez en tirer un bon parti pour l'engager à travailler.

(1) *Saint-Pol-de-Léon* (Finistère).

(2) *Monseigneur de la Marche*, évêque de Léon (voir ci-après notice biographique sur ce personnage remarquable).

UN MOT SUR LE CLERGÉ D'AUTREFOIS

ET LE CHAPITRE DE SAINT-POL-DE-LÉON

Avant de donner à nos lecteurs la biographie de Monseigneur de la Marche, disons ici quelques mots du clergé d'autrefois et du chapitre de Léon, dans les rangs duquel l'abbé Henry se disposait à venir prendre place.

On a beaucoup écrit, et souvent plaisanté avec plus ou moins d'esprit, au sujet de la prétendue ignorance du clergé de l'ancien régime, particulièrement du clergé rural :

« Beaucoup de curés, dit-on, étaient même incapables de lire leur bréviaire ! »

Il faut faire ici, bien large, la part de la malveillance et de l'exagération ! Sans doute le niveau des études cléricales était loin d'atteindre à celui des séminaires de notre époque ; néanmoins, les prêtres de ce temps-là, non seulement étaient à la hauteur de leurs saintes fonctions, mais, en général, possédaient une sérieuse instruction et certains ont même illustré leur nom par de savants et pieux ouvrages.

Si les cures des villes ne pouvaient être confiées qu'à des candidats ayant un grade en théologie, en droit canonique, ou en droit civil ; il n'était pas rare aussi de rencontrer, à la tête de paroisses rurales, des docteurs en Sorbonne. Ce diplôme, qui nécessitait de longues années d'études et de séjour à Paris, n'était cependant pas exigé, et les curés de campagne furent souvent alors ce qu'on appelait de simples « *théologiens* », titre qui pouvait s'obtenir au bout d'une seule année d'étude.

Mais toute cure de quelque importance (ce qui était le cas de nombreuses paroisses rurales) (1) étant au concours, le candidat gradué qui se présentait avait toujours la préférence sur le non diplômé. Ce privilège, accordé par le Saint-Siège, avait pour but et pour résultat d'exciter l'émulation dans les études ecclésiastiques.

Pour être *théologal* d'une cathédrale, il fallait justifier de dix années d'études théologiques, et présenter un diplôme de docteur.

Tel était le cas de l'abbé Henry, quand il devint chanoine et théologal de Saint-Pol-de-Léon. Voici comment était alors composé le chapitre de cette cathédrale :

Un grand chantre, première dignité du chapitre, qui était M. de Troérin, — dont nous trouverons le nom cité dans les lettres de l'abbé Henry. — Trois vicaires généraux et archidiacres, savoir M. M. le Dall de Tromelin, official, mort grand vicaire de Quimper; de Keroullas, abbé commendataire de Saint-Maurice-de-Carnoët, mort à Quimper; de Poulpiquet de Brescanvel, docteur en Sorbonne, mort évêque de Quimper. — Quinze chanoines, savoir :

M. M. Prigent Jérôme-Marie, pénitencier, mort à Saint-Pol; Henri, (Michel), docteur en Sorbonne, théologal, mort grand vicaire de Quimper; Louis-François de Limoges; Jacques-Marie Mathézou de Kéruno, mort à Saint-Pol; Jean-Guillaume Le Gac du Vayer, mort à Saint-Pol; François-Marie Quentric, mort en Angleterre en émigration; Pierre-François de Puy-Ferré, mort curé de Ploues-

(1) Nous citerons, comme exemple, la cure de Bothoa, à 1 lieue et demie de Corlaix (Côtes-du-Nord), évêché de Saint-Brieuc. Elle comprenait, avec ses trêves, Canihuel, Lanrivain, Querrien et Sainte-Tréphine, 5200 communiants. La nomination en était à l'ordinaire, c'est-à-dire à l'évêque diocésain, qui la mettait au concours. Elle rapportait à son titulaire 12.000 livres de rente. La livre de ce temps-là pouvait, comme valeur, être comparée à 2 fr. 50 de nos jours.

cat; Guillaume Hardy, mort recteur de Locbrévalaire ; de Gouyon, mort à Saint-Pol ; La Masse ; Jean-Louis Roussel ; Hyacinthe Niquet, clerc tonsuré seulement, dont nous reparlerons ; du Gay, et Mouster, clerc tonsuré.

JEAN-FRANÇOIS DE LA MARCHE

Evêque de Léon

(1729 † 1806.)

Le diocèse de Léon avait alors pour pasteur *Jean-François de la Marche*, évêque et comte de Léon, né au manoir de Kerfors, paroisse d'Ergué-Gabéric, en 1729, de François-Louis de la Marche, seigneur de Kerfors, Lezergué, Botmeur etc..., chevalier des ordres de Saint-Lazare et du Mont-Carmel ; et de Marie de Botmeur son épouse.

Il appartenait à une très ancienne famille, originaire de Braspart, portant : « *de gueules au chef d'argent* », dont l'un des premiers ancêtres connus, nommé Anceau, existait en 1375. Les de la Marche, déclarés nobles d'ancienne extraction, furent maintenus, en 1670, avec neuf générations.

François-Louis, frère aîné de notre prélat, fut admis en 1739, parmi les pages du roi et devint ensuite lieutenant des maréchaux de France. Jean-François, suivant cet exemple, embrassa aussi tout d'abord la carrière des armes et fut pourvu d'une commission de lieutenant de dragons.

C'est en cette qualité qu'il fit la campagne d'Italie pendant la guerre de la succession d'Autriche, et assista à la bataille de Plaisance, livrée aux Impériaux, le 16 juin 1746, par le maréchal de Maillebois. Il y reçut, sur la nuque, un violent coup de sabre qui lui eût coûté la vie, si le choc n'eût été providentiellement amorti par la *queue*, ou *catogan*, en usage dans la coiffure de ce temps-là.

C'est à la suite de cette rude journée où, blessé, il demeura le seul vivant de sa compagnie qu'il fit, dit-on, le vœu de quitter, aussitôt la guerre terminée, les enseignes des rois de la terre pour le service du Roi du ciel. Le brevet de capitaine au régiment de la *Reine-Infanterie*, qu'il reçut en 1747, récompense méritée par sa bravoure et prémices de la brillante carrière ouverte devant le jeune officier, ne put le détourner de l'accomplissement de son pieux dessein.

Quittant donc l'armée, il se prépara à recevoir les ordres sacrés en faisant, à Paris, sa licence au collège de Navarre. C'est en 1756 qu'il reçut l'ordination à Conflans, des mains de Monseigneur de Beaumont, archevêque de Paris. Bientôt nommé chanoine et grand vicaire de Tréguier, Jean-François de la Marche quitta la capitale, ne conservant, des goûts mondains du brillant officier, qu'un vif attrait pour la musique, passion qui devait plus tard charmer les ennuis de son exil en Angleterre.

On raconte à ce sujet qu'un jour le duc d'Aiguillon, gouverneur de Bretagne, assistant, dans la cathédrale de Tréguier, à une cérémonie religieuse, fut vivement charmé par le talent que déploya le jeune chanoine en cette circonstance. Il s'informa de ses antécédents, lui offrit sa protection et promit de lui faire obtenir la première abbaye vacante dans la province. Le gouverneur tint parole et M de la Marche succéda, peu de temps après, à M. de Vandômois, comme abbé de Saint-Aubin-des-Bois au diocèse de Saint-Brieuc, abbaye dont le revenu était de mille écus par an. De la Marche en conserva la jouissance jusqu'en 1777, époque où il donna sa démission pour se consacrer entièrement aux soins de son diocèse.

Il fut, en effet, sacré évêque de Léon le 7 septembre 1772, en remplacement de M. d'Andigné, transféré à Châlons, et siégea, en cette qualité, aux Etats de Bretagne réunis à Morlaix cette même année. A la suite de cette tenue le duc de Fitz-James, commissaire du roi et commandant de la province, voulut présider lui-même l'entrée solennelle du nouveau prélat dans sa ville épiscopale.

A dater de ce moment, la vie de Monseigneur de la

Marche fut tout entière consacrée aux soins de son diocèse, où chacun de ses jours marquait un nouveau bienfait. Partisan de la résidence du pasteur au milieu de ses ouailles, il ne quittait son évêché que pour les tenues d'Etats et, chaque année, parcourait tantôt à pied, tantôt porté dans une simple litière, toutes les paroisses confiées à son ministère.

Le revenu fixe attaché au siège de Léon était alors de 15000 livres ; mais, par les *lods et ventes*, c'est-à-dire les droits du seigneur évêque sur les ventes d'héritages, dans son fief des Regaires qui, par Gouesnou, l'un de ses membres, s'étendait jusqu'aux portes de Brest, ce revenu atteignait une moyenne annuelle de 70 à 80.000 livres tournois. Par une sage administration de ses finances, l'évêque de Saint-Pol trouva le moyen de suffire à d'importantes aumônes et de porter remède aux maux nombreux de son diocèse. Il bâtit, à ses frais, dans sa ville épiscopale, un superbe collège, sur les plans de Robinet, et un petit séminaire qu'il dota de fonds suffisants pour élever les jeunes gens pauvres que leurs aptitudes semblaient rendre propres à la vocation ecclésiastique. Ces deux établissements lui coûtèrent, dit-on, plus de 400.000 livres, somme immense pour ce temps-là, qu'il dut prendre, en partie, sur sa fortune personnelle.

Cependant le bien spirituel de son diocèse ne fit pas perdre de vue au bon pasteur ses besoins matériels.

Parcourant souvent les campagnes, il usa de l'influence que lui avait value sa bienfaisance, pour introduire en Cornouailles, et faire adopter par les laboureurs du Léon, la culture et l'usage de la pomme de terre. Elle devint, par la suite, la plus précieuse ressource des populations bretonnes qui l'ignoraient encore à cette époque.

La vigilance et le zèle de l'évêque de Léon s'étendaient à tout et à tous. En même temps qu'il présidait lui-même les retraites ecclésiastiques, et mettait au concours, dans son évêché, tous les bénéfices à charge d'âmes qu'il avait à sa nomination, il faisait, en Bretagne, et même à Paris, des pensions aux filles de plusieurs gentilshommes bretons, que la noblesse de leur naissance ne mettait point à l'abri du besoin, et instituait, dans la paroisse du Minihy-de-Léon, une rosière choisie, chaque année, parmi les jeunes filles du peuple. Celle qui, par sa sagesse et sa vertu, obtenait la rose, recevait une somme de 500 livres tournois, et 100 livres étaient attribuées à chacune des deux qui, après elle, avaient réuni le plus de suffrages.

Enfin Monseigneur de la Marche apporta son concours personnel à la rédaction, en français et en breton, du *Catéchisme de Léon* qu'il fit éditer à Morlaix, chez Guyon, en 1776 et 1779, (in-12) et qui a souvent été réimprimé depuis.

II

C'est ainsi que Jean-François de la Marche sut remplir dignement son rôle jusqu'au jour où un décret du 12 juillet 1790, supprimant son siège épiscopal, prétendit lui en interdire les fonctions. Loin de se conformer à ce nouvel ordre de choses, l'évêque crut de son devoir d'éclairer son clergé sur l'incompétence de l'Assemblée Nationale en matière ecclésiastique. Il l'affermit si bien contre les exigences de la Constitution civile du clergé qu'il n'y eut, dans son diocèse, que dix-sept prêtres assermentés.

Refusant donc toute soumission aux décrets de l'Assemblée Nationale, l'évêque de Léon continua à régir son diocèse comme par le passé, secondé, en cela, par la fidélité de son clergé et l'attachement de son peuple.

Ainsi qu'il fallait s'y attendre, le gouvernement ne put supporter longtemps cette audacieuse conduite et, au mois de février 1791, le département prescrivit au district de Morlaix l'ordre formel d'arrêter Jean-François de la Marche, pour le traduire à la barre de l'Assemblée Nationale.

Un lieutenant de la maréchaussée et vingt hommes arrivent, à cet effet, à Saint-Pol ; et le chef, se présentant devant l'évêque, lui intime, *au nom de la loi*, l'ordre de le suivre immédiatement. La Marche, seul en ce moment dans sa chambre, lui demande la permission de passer quelques instants dans un cabinet voisin pour faire sa toilette. Le lieutenant, méfiant, examine les murs, entièrement couverts de rayons de bibliothèque, et, ne voyant ni porte, ni fenêtre, aucune issue par où le prélat pût lui échapper, le laisse seul dans cette pièce et vient l'attendre à la porte de la chambre.

Cependant un certain temps se passe et l'évêque ne reparait pas ! Le lieutenant, impatienté, se décide à ouvrir la porte du cabinet..... Personne ! La bibliothèque masquait une porte secrète, que le militaire n'aperçut qu'alors, et par laquelle le prélat avait gagné la campagne

Mgr de la Marche, prévenu que son peuple était résolu à le défendre jusqu'à la mort, contre ceux qui tenteraient de l'arrêter, avait pris le parti de fuir, afin d'éviter toute effusion de sang.

Sa résolution était connue de quelques intimes amis. On avait tout prévu pour faire face à cet événement, attendu de jour en jour, et un asile sûr était préparé pour le recevoir, chez Madame Jégou du Laz (1), ainsi qu'au château de la Villeneuve, habité par Monsieur de Poulpiquet de Coatlez.

Aussi, toutes les perquisitions que fit la maréchaussée dans le palais épiscopal, puis dans la ville, demeurèrent-elles infructueuses. Les amis fidèles de l'évêque de Léon préparaient secrètement son embarquement pour l'Angleterre.

Un soir un bateau fraudeur vint mouiller sans bruit dans une anse isolée de la côte de Roscoff. Au même moment, à la faveur de la nuit, deux nobles gentilshommes,

(1) Femme du vicomte Alexandre-François Jégou du Laz (V. généalogie, p. 21), née de Kermainguy de Saint-Laurent, dont il est parlé dans la lettre du « Prince du Midy » (v. p. 35). Elle habitait alors Saint-Pol-de-Léon. Le vicomte était émigré.

messieurs de Kermainguy fils et l'un de ses amis, le jeune Salaün de Kertanguy, se rendaient mystérieusement au château de la Villeneuve. L'évêque, prévenu, était prêt à les suivre.

Ils sortirent donc ensemble par une porte du jardin, donnant sur la grève de Paimpoul. Guidée par un matelot de l'équipage du fraudeur, la petite troupe arriva bientôt au pied du rocher au sommet duquel se trouve la vieille chapelle de Sainte Barbe. Là, les fugitifs aperçurent dans la baie le bateau échoué sur le sable à marée basse.

La mer montait rapidement troublant seule, de son monotone murmure, le silence de la nuit religieusement gardé par les contrebandiers. L'instant était grave et solennel. A voix basse, le prélat reçut les adieux de ses conducteurs, les remercia et les bénit ; puis, prenant place dans le bateau à présent soulevé par les flots, jeta un regard attristé sur ce pays breton auquel il avait voué sa vie et qu'il ne devait jamais revoir.

Un moment encore ses amis restèrent sur le rivage, cherchant à percer, de leurs regards anxieux, les ténèbres dans lesquels le bateau venait de disparaître. Celui-ci ne contenait ni lit, ni siège ; mais seulement des barils d'eau-de-vie que le patron voulait introduire en Angleterre.

La traversée était de trente-six lieues et il y avait à craindre de ne pas échapper à la douane anglaise. Mais Dieu protégeait le proscrit et ce péril fut évité comme les autres. Le 28 février 1791, Jean-François de la Marche posait le pied sur cette terre, hospitalière bien qu'étrangère, qui devait un jour devenir son tombeau.

Il n'avait rien emporté et se fût trouvé dans le plus affreux dénuement si des personnes riches, autant que généreuses, n'avaient pris soin de pourvoir à tous ses besoins.

III

Outre les gentilshommes français qui l'avaient précédé dans l'exil, plusieurs nobles anglais lui vouèrent une estime et un attachement durables, dont le charitable évêque sut user pour venir en aide à ses compagnons d'infortune, les prêtres français fort nombreux alors en Angleterre, dont il devint le protecteur et le soutien. Monseigneur de la Marche fut bientôt favorisé de la considération et de l'amitié des personnages les plus marquants et les plus célèbres de la société de Londres et de l'émigration française.

Châteaubriand, qui en faisait partie, ne parait pas, cependant, avoir partagé l'enthousiasme général pour le prélat breton dont il parle en ces termes peu admiratifs :

« Les personnages distingués de notre Église militante étaient alors en Angleterre... l'évêque de Saint-Pol-de-Léon, prélat sévère et borné qui contribuait à rendre Monseigneur d'Artois de plus en plus étranger à son siècle » (1).

Il nous a paru de notre devoir d'enregistrer cette note discordante, peut-être justifiée par la rigidité outrée dont la Marche fit preuve dans la suite, lorsque le Pape Pie VII, lui-même, demanda à l'évêque de Léon la démission de son siège que le Concordat venait de supprimer. Il ne la donna, dit-on, qu'après des hésitations et des protestations qui provoquèrent de la part du premier Consul une note diplomatique pour demander le renvoi d'Angleterre des évêques de Metz et de Saint-Pol, faisant du refus de cette expulsion un *casus belli*.

Cette insoumission momentanée de Monseigneur de la Marche aux ordres du Souverain Pontife jette une ombre fâcheuse sur la noble carrière de ce bienfaisant prélat. Atteint peu après d'une grave maladie, il fut visité deux

(1) Châteaubriand, *Mémoires d'Outre-Tombe*.

fois par le comte d'Artois qui voulut recevoir ses dernières bénédictions.

L'évêque de Léon mourut pieusement à Londres, le 25 novembre 1806, après avoir instamment recommandé que son convoi se fît sans pompe et sans que rien rappelât sa dignité d'évêque. « Je demande des prières, disait-il, et ne veux point d'éloges. »

Il fut inhumé dans le cimetière de Saint-Pancrace à Londres, par les soins et aux frais du marquis de Buckingam, auprès de Monseigneur le Mintier, dernier évêque de Tréguier, de qui il avait été l'ami et dont il partageait ainsi le destin et la tombe.

Jean-François de la Marche fut le dernier anneau de la chaîne illustre des évêques de Léon dont la succession avait duré treize siècles.

DIFFICULTÉ DES CARRIÈRES
POUR LA NOBLESSE PAUVRE

On s'est longtemps figuré à tort que, sous l'ancien régime, la difficulté de « se placer », comme on disait alors, était surtout grande pour les jeunes gens des classes non *privilégiées*, c'est-à-dire la bourgeoisie et le peuple, alors que la noblesse, au contraire, avait sa place tout indiquée dans l'armée, la marine ou le clergé, dont les grades, les dignités et les gros bénéfices lui étaient exclusivement réservés. Les documents récemment publiés sur cette question par nos historiens modernes ont fait bonne justice de cette assertion.

Dans l'armée, par exemple, si certains grades élevés ne pouvaient, *en principe*, être brigués que par des gens de qualité, il n'en est pas moins vrai qu'*en pratique* il y eut de fréquentes dérogations à cette règle.

En effet, à la fin du dix-huitième siècle, par suite de la pénurie du trésor royal, les grades partagèrent le sort de toutes les charges du royaume qui, devenues vénales, se multiplièrent alors à foison, selon le bon plaisir du roi, et les exigences de son coffre-fort.

Un ministre dit un jour à ce sujet à son souverain :

« C'est une marque de la protection de la Providence, Sire, que, chaque fois que la nécessité oblige Votre Majesté à créer une charge nouvelle et à la vendre, Elle fait aussi un sot pour l'acheter » (1).

Grades et charges appartinrent donc bientôt, en France,

(1) Foblant, *Les Justiciers de la Révolution*.

non aux plus nombreux quartiers de noblesse, mais aux sacs d'écus les plus rebondis. Noble, comme bourgeois, ne pouvait prétendre à rien, s'il n'était abondamment pourvu de ce précieux talisman qui fait ouvrir toutes les portes : l'or.

Le plus grand embarras était assurément celui de la noblesse pauvre, ou peu fortunée ; et, en Bretagne, elle était nombreuse ! C'était un inévitable effet des lois du pays et du partage noble prescrit par la *Coutume de Bretagne* qui attribuait à l'aîné les deux tiers de l'héritage paternel tandis que les cadets, si nombreux fussent-ils, divisaient entre eux le dernier tiers. « La décomposition du chétif estoc de ceux-ci, dit Châteaubriand, s'opérait avec d'autant plus de rapidité qu'ils se mariaient ; et, comme la même distribution, des deux tiers au tiers, existait aussi pour leurs enfants, les cadets des cadets arrivaient promptement au partage d'un pigeon, d'un lapin, d'une canardière et d'un chien de chasse, bien qu'ils fussent toujours chevaliers hauts et puissants seigneurs d'un colombier, d'une crapaudière, ou d'une garenne. On voit, dans les anciennes familles nobles, une quantité de cadets : on les suit pendant deux ou trois générations puis ils disparaissent, redescendus, peu à peu, à la charrue, ou absorbés par les classes ouvrières sans qu'on sache ce qu'ils sont devenus (1). »

En effet, d'après la *Coutume de Bretagne*, voici en quoi consistait le partage ou *gouvernement* noble :

« Les maisons, fiefs, rentes de convenants et domaines congéables nobles, et autres terres nobles, soit d'ancien patrimoine ou d'acquest, et les meubles seront partagez noblement entre les nobles, qui ont, eux et leurs prédécesseurs, dès et paravant les cent ans derniers, vescu et se sont comportez noblement, et aura l'aîné par préciput, en succession de père et de mère et en chacune d'icelles, le château ou principal manoir avec le pourpris, qui sera le jardin, coulombier et bois de décoration, et outre les deux

(1) Châteaubriand, *Mémoires d'Outre-Tombe.*

tiers : et l'autre tiers sera baillé aux puisnez par héritage, tant fils que filles, pour estre partagé par l'aisné entre eux et par égale portion, et le tenir chacun desdits puisnez comme juveigneurs d'ainés, en parage et ramage dudit aisné (1).

« Les harnois de guerre ne chéent en partage et doivent demeurer à l'hoir principal des nobles et l'eslite des chevaux avec leur harnois » (2).

Le service dans la marine royale était l'une des principales ressources des pauvres cadets de Bretagne. Mais encore fallait-il faire les études préparatoires, puis se rendre à Brest, acheter l'uniforme, les armes, les livres, les instruments de mathématiques, et surtout obtenir, par l'appui de quelque puissant protecteur, le brevet de garde-marine. C'est cet appui qui manquera à notre Lilly et, bien que fils, petit-fils et neveu de vaillants officiers de la marine royale, le jeune comte de Villiers de Lisle-Adam sollicitera vainement ce brevet qui devait lui en ouvrir les portes. La mort lui enlève tout d'abord deux des protecteurs sur lesquels il se croyait en droit de compter : Monsieur Bezout, académicien, examinateur des gardes-marine, dont il est question dans les lettres de l'abbé Henry et le comte de Guébriant, ami de la famille de Lisle-Adam.

L'ABBÉ HENRY

A MADAME LA COMTESSE DU LAZ

Paris, le 5 octobre 1783.

MADAME,

Je reçois dans cet instant votre lettre. Il est malheureux que vous n'ayez pas beaucoup à compter sur les protections que vous voulez employer en

(1) Article 541.
(2) Article 568.

faveur de mon ami Lisle-Adam. D'après cela, il paraît qu'il faut renoncer à le voir retourner en Bretagne, promu au grade de garde-marine. Toutes les démarches que je ferais de mon côté seraient infructueuses : Monsieur Bezout est mort en sa maison de campagne, près Fontainebleau. Cet événement dérange toutes mes combinaisons. Ce n'est qu'auprès de lui que je pouvais employer les protections que j'avais à ma disposition.

Un exercice public sur les mathématiques ne doit plus avoir lieu : il ne serait pas d'une grande utilité et il ne manquerait pas d'être dispendieux.

J'applaudis, Madame, au projet de ne pas garder auprès de vous votre enfant : du caractère dont il est, il perdrait entièrement son temps et rendrait inutiles les peines qu'on s'est données pour l'instruire. Si j'ai l'honneur de vous voir, nous concerterons ensemble les moyens de parer à un tel inconvénient. J'ignore encore si celui que vous proposez peut avoir lieu ; ignorant les occupations, les charges de la place que je vais occuper, ce serait une témérité à moi de prendre un engagement qui pourrait être incompatible avec elles. Si ma volonté était ma seule raison, je serais tout à vous.

Ce qui m'inquiète le plus, c'est l'affaire de la première communion. La ferons-nous avant de partir ? cela n'est pas encore décidé. Nous continuons à être fièrement étourdi. Il paraît qu'il faut tout attendre de l'âge et du secours d'En-Haut. Nous nous portons supérieurement bien. Nous avons un vif désir de revoir notre pays natal.

Il y a apparence que nous partirons à la fin de ce mois ou au commencement de l'autre. Si vous étiez, à cette époque, en deçà de Morlaix, je remettrais le petit enfant entre les mains des personnes que vous voudrez bien m'indiquer, si elles se trouvent dans une ville sur la route. Obligé de me rendre incessamment à Léon, je ne pourrai me détourner.

J'ai l'honneur etc....

HENRY

A cette lettre de son mentor, le jeune homme ajoute ces quelques lignes :

M. DE VILLIERS DE LISLE-ADAM

A MADAME DU LAZ.

MA CHÈRE MAMAN,

Monsieur Henry m'a communiqué une partie de votre lettre. Elle marque que vous vous portez bien et que vous n'avez pas pu lire ma lettre. J'ai appris que votre dessein était de m'éloigner de vous. Cela m'a fait beaucoup de peine, mais j'espère que vous changerez de sentiment en me voyant faire ma première communion. J'espère que vous me ferez l'honneur d'assister à la messe de ma première communion. Je désire la faire dans le pays, afin que mes parents puissent partager avec vous le plaisir de me voir faire la plus importante action de ma vie.

Ma chère Maman, portez-vous toujours bien. Au plaisir de vous revoir !

Quelque parti que vous preniez, soyez persuadée, je serai toujours avec respect et soumission,

Maman,

Votre très humble etc...

VILLIERS DE LISLE-ADAM.

RETOUR EN BRETAGNE

Le mardi 25 novembre 1783, nous retrouvons l'abbé Henry et le jeune écolier en voyage, faisant halte à Rennes avant de se diriger vers le Léon. Les voyages de ce temps-là ne ressemblaient guère à nos traversées de pays à toute vapeur.

La route de Brest à Paris était alors la seule qui fut praticable *dans les beaux jours*, et, en cet heureux temps, on allait *très rapidement* de Brest à Paris en poste dans l'espace de neuf jours. Il n'en fallait *que six* pour se rendre de Rennes à Paris. C'était encore beaucoup plus rapide que d'y aller avec sa propre berline ; on ne trouvait de relais pour celle-ci que lorsque la poste était pourvue.

« Les voyageurs étaient cahotés dans une lourde voiture, assez semblable à une galiote hollandaise (1) » et ils s'y trouvaient fort heureux lorsqu'aucun accident de route ne les obligeait à recourir, en pleine campagne, à l'hospitalité plus ou moins primitive des indigènes du pays qu'ils traversaient.

« Monsieur Duchâtellier prétend que les voyageurs faisaient leur testament avant le départ et recevaient l'absolution d'un Récollet spécialement attaché à ce service » (2).

L'ABBÉ HENRY

A MADAME DU LAZ

Le mardi 25 novembre 1783.

MADAME,

Nous sommes arrivés à Rennes hier en bonne santé, dans la bonne disposition d'exécuter la résolution que j'avais prise de me procurer l'honneur de vous voir à Pontivy.

(1) Duchâtellier, cité par Pitre-Chevalier (*Bretagne et Vendée.*)
(2) Pitre-Chevalier, *Bretagne et Vendée* (ch. III, p. 101).

D'après les avis que j'ai reçus de Léon et les informations que j'ai faites ici, je me vois dans la nécessité de la révoquer.

Il me faut absolument me trouver à Léon mercredi prochain, la chose deviendrait impossible en passant par votre château.

Quant à Lisle-Adam, au projet de le remettre à Monsieur d'Expilly (1) à Morlaix, je préfère celui de le mener à Léon avec moi. Il désire infiniment voir sa tante de Terville (2) que j'aurai l'honneur de saluer samedi. Je m'informerai à Saint-Paul de mes occupations, j'examinerai si la continuation de mes soins pour Lisle-Adam sera compatible avec celles de ma place. J'en conférerai avec mademoiselle de Terville et nous prendrons des résolutions en conséquence. J'espère que vous approuverez ce qui sera résolu. Il me serait pénible qu'il en fût autrement, tant à cause de l'intérêt que je prends à mon ami, que du motif de reconnaissance qui doit constamment me forcer à faire mes efforts pour me rendre utile à votre famille. J'en serai toujours le serviteur le plus dévoué.

Votre cher enfant fait un grand sacrifice en renonçant au plaisir de vous voir ; encore lui ai-je fait entendre qu'il lui est plus intéressant de différer la jouissance de ce plaisir aux vacances prochaines.

(1) *D'Expilly*..... Voir, ci-après, notice biographique sur ce personnage. Les auteurs que nous avons consultés le nomment tous l'abbé Expilly (sans particule).

(2) *Mademoiselle de Terville*..... désigne Mademoiselle de Kerjean-Mol sœur de Françoise-Suzanne, tante maternelle, par conséquent, de Madame du Laz. Terville est ici un nom de terre ajouté au nom de famille, selon un usage très fréquent à cette époque. Elle habitait le Vijac, château près Guipavas.

J'ai eu tant d'occupations à Paris, depuis le 15 septembre, que nous n'avons guère pu étudier depuis cette époque. Si je puis le conserver auprès de moi (ce que je désire puisque vous le demandez) nous nous remettrons plus tôt à l'ouvrage que s'il allait à Trégarantec.

Nous allons diner. Immédiatement après nous partirons. Nous passerons demain à Guingamp, où nous aurons l'honneur de voir Madame de Lisle-Adam. Ecrivez, s'il vous plait à Madame (1) de Terville ce que je viens d'avoir l'honneur de vous écrire et que je suis sur le point d'arriver.

J'ai l'honneur, etc...

HENRY,
Docteur en Sorbonne
et Théologal de Saint-Paul de Léon.

Lilly ajoute quelques lignes à la lettre de l'abbé Henry :

LILLY

A MADAME DU LAZ SA MÈRE

Monsieur Henry m'a fait entendre que je ne pourrai avoir le plaisir de vous voir. Cela me fait beaucoup de peine, mais j'aime mieux être avec Monsieur Henry qu'avec Monsieur Expilly, d'autant plus que je pourrai, avec M. Henry, continuer mes études. Ma chère Maman, Monsieur Henry m'a fait entendre qu'il viendrait me conduire chez vous.

Je suis avec respect, etc....

VILLIERS DE LISLEADAM.

(1) C'est sans doute par erreur que l'abbé Henri écrit *Madame*. La tante de Madame du Laz est, partout ailleurs, désignée par les mots « *Mademoiselle* de Terville ».

Dites, s'il vous plait, mille choses de ma part à Monsieur du Laz, j'embrasse bien mon petit frère (1).

(1) *Mon petit frère..... Joseph-François-Bonabes* Jégou du Laz, demi-frère de Lilly, fils aîné du second mariage du comte du Laz. Joseph Jégou, plus tard comte du Laz, était né à Trégarantec, le 18 avril 1783, et mourut le 26 septembre 1861.

Il épousa, en 1802, Marie-Angèle-Françoise-Emilie de Poulpiquet de Coatlez, née au manoir de Penlan, en Ploujean, le 22 août 1784; décédée à Brest le 26 mai 1864.

LOUIS-ALEXANDRE EXPILLY

ÉVÊQUE CONSTITUTIONNEL DE QUIMPER

1742 † 1794.

I

La cure de Saint-Martin des Champs, à Morlaix, était occupée, pendant les années qui ont précédé la Révolution, par Messire *Louis-Alexandre Expilly* (1), né à Brest, le 24 février 1742, licencié en théologie, homme éminent et distingué qui devait s'illustrer si tristement, quelques années plus tard, victime, comme tant d'autres, du mouvement dont il avait été l'un des promoteurs les plus enthousiastes.

Nommé député aux Etats-Généraux de 1789, l'abbé Expilly fut l'un des premiers membres du clergé breton à embrasser entièrement les nouvelles idées, et un des plus ardents à les propager. Il collabora à la rédaction de la Constitution civile du Clergé, qui fut votée le 12 juillet 1790, et sanctionnée par le roi le 24 août suivant (2).

En vertu de cette constitution, les évêques étaient nommés par les électeurs chargés d'élire les députés, les

(1) Ne pas confondre *Louis-Alexandre Expilly* avec son contemporain et homonyme, l'abbé *Jean-Joseph d'Expilly* géographe français.

(2) Duvergier, *Collection des Lois*, t. I, p. 242.

membres du conseil et les administrateurs du Département ; de même que les curés étaient élus par les électeurs appelés à nommer les fonctionnaires du district. Le choix des évêques par leurs électeurs devait prévaloir contre l'autorité du Saint-Siège, comme celui des curés était fait en dehors de toute soumission à l'évêque du diocèse. En outre, un serment de fidélité, exigé des nouveaux titulaires, ainsi élus, assurait leur adhésion au nouvel ordre de choses.

Le gouvernement, s'emparant des biens ecclésiastiques, fixa, comme il suit, le traitement des évêques et des prêtres, prétendant les assimiler ainsi aux fonctionnaires laïques, appointés par l'Etat :

Les évêques recevaient annuellement : celui de Paris, 50.000 livres ; ceux des villes de 50.000 âmes et au-dessus, 20.000 livres ; les autres, 12.000 livres.

Quant aux curés, leur traitement était à Paris, de 6000 livres ; en province, de 1200 à 4000 livres, suivant les paroisses.

La plupart des membres du clergé refusèrent de se soumettre à la loi à laquelle ils reprochaient de toucher à des choses spirituelles, comme la nomination des curés et des évêques en dehors de l'autorité du Pape.

Le clergé breton figura, presque tout entier, parmi les prêtres *réfractaires* ou *insermentés* et refusa de reconnaître, en quoi que ce fût, la Constitution civile du clergé.

Louis-Alexandre Expilly fut au nombre des exceptions et prêta le serment exigé par la loi, le 27 décembre 1790.

En sa qualité de Président du Comité ecclésiastique, le futur évêque intrus de Quimper excitait, en ces termes, par sa lettre du 27 octobre 1790, le Département de la Loire-Inférieure à user de rigueur envers son évêque, Mgr de la Laurencie, qui avait jugé prudent de quitter momentanément sa ville épiscopale.

« Il faut continuer les démarches pour faire revenir l'évêque de Nantes dans son diocèse, et, en cas qu'il s'obstine, se conformer, à cet égard, aux décrets de l'Assemblée Nationale (1). »

En récompense de son zèle, de son *civisme*, comme on disait alors, Expilly fut le premier *évêque élu* de France, en raison de la vacance du siège épiscopal de Quimper, produite par la mort de Mgr Connen de Saint-Luc (2), survenue le 30 septembre 1790, c'est-à-dire peu de temps après la promulgation de la nouvelle loi.

Choisi pour lui succéder par les électeurs du Finistère, dès le 31 octobre suivant, Expilly demanda, avec l'assistance de deux notaires, la consécration épiscopale à Monseigneur de Girac, évêque de Rennes Cette démarche avait lieu le 11 janvier 1791. Le prélat les pria de lui remettre copie de la réquisition, afin d'y pouvoir répondre après mûre réflexion. Expilly prit cette demande pour un refus, et les notaires en dressèrent procès-verbal. Cependant il revint à la charge le 15 janvier, et, cette fois, Monseigneur de Girac se refusa nettement à lui conférer l'institution canonique.

C'est alors que l'évêque élu de Quimper la demanda à M. de Taleyrand de Périgord. Le célèbre diplomate commençait à cette époque la série de volte-faces dont sa fortune devait si bien s'accommoder par la suite aux dépens de sa dignité. Il sacra solennellement Expilly, le 24 février 1791, en l'église de l'Oratoire à Paris.

A l'issue de la cérémonie, le nouveau prélat se rendit à l'Assemblée Nationale où il fut salué par de vifs applaudissements. Avant de prendre possession de son siège, Expilly vint à Brest. Sa visite y fut accueillie avec un enthousiasme qui tint du délire.

Dès la veille, cent-vingt gardes nationaux à cheval al-

(1) *Journal de la Correspondance*. Lettre du 27 octobre 1790. T. 6, page 577.

(2) Voir ci-après notice sur Monseigneur Connen de Saint-Luc, évêque de Quimper.

lèrent à sa rencontre jusqu'à Landerneau, avec des détachements de la maréchaussée et de la prévôté de la marine. Le jour de son arrivée, trois cents gardes nationaux à pied se portèrent au-devant de lui à une lieue de la ville. Une foule immense se pressait sur le chemin par lequel il était attendu. Le clergé de Brest et celui des campagnes voisines s'étaient joints au cortège, composé de toutes les autorités civiles et militaires, qui reçut Expilly aux portes de la ville. Il fut solennellement conduit à l'église au son de toutes les cloches, aux acclamations du peuple, et un *Te Deum* fut chanté, suivi d'un superbe feu de joie allumé sur la place Saint-Louis.

Le 16 avril suivant, l'évêque constitutionnel était installé à Quimper (1).

III

Expilly (2) et son vicaire général Gomaire, tous deux membres du Directoire du Département, furent les principaux fauteurs de ces mesures cruelles et dictatoriales qui devinrent une des causes premières de la guerre civile bientôt allumée dans toute la région, mesures prises en 1791 et 1792, même avant que les pouvoirs législatifs ne les eussent prescrites pour établir le schisme religieux par la force. Ils firent arrêter, et incarcérer au château de Brest, les prêtres orthodoxes qui refusaient de prêter serment à la Constitution civile du clergé (3).

Devenu plus tard administrateur du Finistère, Expilly suivit ses collègues dans la lutte acharnée qu'ils engagèrent

(1) Voir au sujet de ce personnage la *Biographie Bretonne* de Levot; art. *Expilly*.

(2) Les armes d'Expilly étaient : « *D'azur au coq d'or, barbelé de gueules au chef d'or chargé de trois molettes de sable.* » (P. de Courcy, *Nobiliaire et Armorial de Bretagne.*)

(3) R. Kerviller, *Olivier Morvan* (*Revue de Bretagne et de Vendée*, 1888).

contre la Montagne, à la fin de 1792. Il signa avec eux cette fameuse lettre du 29 décembre où figurent, entre autres, ces passages à l'adresse de la Convention :

« Nos plus grands ennemis sont dans votre sein : les Marat, les Robespierre, les Danton, etc... Voilà les contre-révolutionnaires, les anarchistes... Ils sont indignes du nom de Français... Chassez-les donc ! éloignez-les au plus tôt... vous ne pouvez respirer le même air que ces scélérats !... » (1).

Avec ses collègues, Expilly vota la levée de troupes qui devaient se rendre à Paris pour délivrer la Convention, et, après la mise hors la loi des Girondins, il signa, avec les autres administrateurs du Finistère, l'énergique protestation que ceux-ci adressèrent à tous les départements de France.

Il n'en fallait pas tant pour exciter la haine et la vengeance de la Convention, ou plutôt de la Montagne toujours altérée de sang.

Le 19 juillet 1793 les administrateurs du Finistère furent décrétés d'accusation pour avoir « *tenté d'avilir la Représentation Nationale, d'usurper l'autorité du souverain, et comme coupables d'entreprises contre-révolutionnaires* ».

Expilly et ses collègues furent arrêtés : quelques-uns se constituèrent d'eux-mêmes prisonniers. Tous avaient donné tant de gages de dévouement à la Révolution qu'une condamnation capitale leur paraissait invraisemblable, et c'est presque sans crainte que plusieurs d'entre eux affrontaient le tribunal révolutionnaire de Brest !

Mais bientôt ils ne purent plus douter de leur sort : il était décidé d'avance. Le Président Ragmey et l'accusateur Donzé Verteuil ne lâcheront pas aisément les victimes qu'ils sont chargés de sacrifier à la vengeance de la Montagne.

Le cadre restreint de notre étude ne nous permet pas d'en-

(1) Levot, *Brest sous la Terreur.*

trer dans le détail de ce jugement, inique comme la plupart des jugements révolutionnaires, où l'accusation peut élever la voix pour mentir, tandis que la défense, entièrement paralysée, ne figure que pour la forme.

Quatre des accusés furent libérés, mais les vingt-six autres furent condamnés à mort et l'exécution fixée au soir même, entre six et sept heures, le 3 prairial an II, (22 mai 1794) sur la place du « Triomphe du Peuple », aujourd'hui place du Château de Brest.

A l'heure dite ils furent transférés du tribunal au lieu de l'exécution dans des charrettes, tête nue, en corps de chemise, les cheveux coupés, les mains liées derrière le dos. Expilly, l'évêque schismatique, amené par le malheur au repentir de sa coupable ambition et des fautes qu'elle lui avait fait commettre, s'écriait :

« C'est beaucoup de paraître dans la même journée devant le tribunal des hommes et devant celui de Dieu ! »

Il donna l'absolution générale à ses compagnons, dont plusieurs s'étaient confessés directement à lui.

« Par un raffinement de cruauté et pour rendre plus terrible encore cette boucherie humaine, le bourreau Ance (de Rochefort) qui se faisait appeler « l'*Adonis de la guillotine* », au lieu de laisser tomber les têtes dans le panier destiné à les recevoir, les rangeait symétriquement sous les yeux des condamnés qui attendaient leur tour, dans l'espoir que cet affreux spectacle ferait faiblir quelques-uns d'entre eux (1) ».

Mais pas un ne manqua de courage. Expilly fut réservé pour le dernier coup, et le martyre que fut sa mort dut, aux yeux du Souverain Juge, être trouvé une suffisante expiation des fautes de son existence dont plusieurs, peut-être, furent plutôt des erreurs que des fautes.

(1) R. Kerviler, *Olivier Morvan* (*Revue de Bretagne et de Vendée*, janvier 1888).

LE RETOUR DE L'ESCADRE EN 1783

Mais hâtons-nous de quitter l'attristant spectacle de toutes ces horreurs, et, revenant de quelques années en arrière, allons retrouver, sous les magnifiques ombrages de Trégarantec, le comte et la comtesse du Laz et leur petit chevalier *Joson*, destiné à perpétuer plus tard la branche aînée de sa famille. Le vicomte du Laz et sa sœur avaient quitté le château : l'un pour épouser, en vertu du « *Conjungo vos* » accordé par sa Sainteté (1) sa cousine germaine, Mademoiselle de Kermainguy de Saint-Laurent (2), l'autre, Mademoiselle du Laz, pour une résidence que nous ignorons, un couvent sans doute.

Nous sommes en 1783, à la fin de cette année marquée par le traité de Versailles qui termina la guerre de l Indépendance Américaine, où notre marine française s'était couverte d'une gloire dont les marins bretons pouvaient revendiquer une large part.

La lettre de Monsieur de Kersauson, dit du *Vijac*, annonce à Madame du Laz, sa sœur, sa prochaine arrivée en Bretagne. Il servait dans le régiment de Guyenne et bien rares étaient les occasions de réunion pour tous les frères et sœurs ! Ces lignes, non datées, nous reportent, d'après d'autres indications, au mois de novembre 1783.

(1) Le pape Pie VI (1775 † 1799).

(2) Voir l'allusion faite à ce mariage dans la lettre du *Prince du Midy*, page 35 et la notice sur la maison de Kermainguy, page 45.

MONSIEUR DE KERSAUSON DU VIJAC

A Madame du Laz sa sœur et marraine

Comme je vous connais très peureuse, ma chère sœur, vous pourriez me prendre pour un fantôme, si vous me voyiez arriver chez vous sans être prévenue, d'autant que vous ne deviez pas vous attendre à me revoir de si tôt.

Donnez-moi tout de suite de vos nouvelles à Vannes et je vous embrasserai dans quinze jours. Si je n'y en trouve pas, je croirai que vous n'êtes pas chez vous et je continuerai ma route pour le Bas-Léon.

Je me fais une vraie satisfaction de penser que nous pouvons être tous réunis cet hiver, car il faut espérer que le chevalier reviendra de l'Inde.

Mille compliments à votre mari, j'embrasse votre petit chaton.

Votre filleul qui vous aimera toujours (1).

Après la paix signée, des congés furent accordés aux officiers qui avaient si vaillamment bravé les dangers de la guerre. Pour les familles, comme pour la Patrie, c'était la fête du retour.

Châteaubriand se trouvait à Brest au moment de l'arrivée de l'escadre française. Il nous en a laissé le récit dans ses *Mémoires d'Outre-Tombe* et nous peint, en ces termes, les impressions que lui suggéra le retour en France de nos marins vainqueurs :

(1) Cette lettre ne porte pas de signature, mais cette qualification de filleul en indique l'auteur.

Voir aux notes sur la maison de Kersauson page 27, *Jean-Marc de Kersauson* dit *du Vijac*.

« Un jour, dit-il, j'avais dirigé ma promenade vers l'extrémité extérieure du port, du côté de la mer : il faisait chaud, je m'étendis sur la grève et m'endormis. Tout-à-coup je fus réveillé par un bruit magnifique. J'ouvre les yeux, comme Auguste pour voir les trirèmes dans les mouillages de la Sicile, après la victoire de Sextus-Pompée. Les détonnations de l'artillerie se succédaient, la rade était semée de navires : la grande escadre française rentrait après la signature de la paix. Les vaisseaux manœuvraient sous voiles, se couvraient de feux, arboraient des pavillons, présentaient la poupe, la proue, le flanc, s'arrêtaient en jetant l'ancre, au milieu de leur course, ou continuaient à voltiger sur les flots. Rien ne m'a jamais donné une plus haute idée de l'esprit humain ; l'homme semblait emprunter dans ce moment quelque chose de Celui qui a dit à la mer : « Tu n'iras pas plus loin. » « *Nec procedes amplius.* »

« Tout Brest accourut. Des chaloupes se détachent de la flotte et abordent au Môle. Les officiers dont elles étaient remplies, le visage brûlé par le soleil, avaient cet air étranger qu'on apporte d'une autre hémisphère, et je ne sais quoi de gai, de fier, de hardi, comme des hommes qui venaient de rétablir l'honneur du pavillon national. Ce corps de la marine, si méritant, si illustre, ces compagnons des Suffren, des Lamothe-Piquet, des du Couëdic, des d'Estaing, échappés aux coups de l'ennemi, devaient tomber sous ceux des Français » (1).

Parmi eux se trouvait un grand nombre des personnages dont il est parlé dans notre correspondance.

Presque tous ces vaillants officiers de la marine royale avaient pris part à la guerre d'Amérique. Beaucoup, hélas ! termineront, par la désastreuse expédition de Quiberon, leur noble carrière de marin et leur vie de soldat « sans peur et sans reproche ».

Si la Patrie fêta le retour de ces valeureux serviteurs qui

(1) Châteaubriand, *Mémoires d'Outre-Tombe.*

avaient porté, au delà des mers, le glorieux renom des armes françaises, quelle émotion, quelle joie, quels transports durent les saluer quand ils reprirent place au foyer de la famille qui, depuis plusieurs années, pleurait leur absence !

Quelques-uns pourtant ne revinrent pas !... Hélas ! la gloire même ne marche pas sans un cortège de deuil ; l'océan et la terre étrangère recouvraient les cendres de plus d'un noble et courageux marin breton.

Mais les gentilshommes chrétiens qui, de père en fils, avaient voué au service de la patrie l'élite des enfants de leur maison, avaient dans l'âme assez de foi, au cœur assez de patriotisme et de courage pour répéter, même dans le deuil et la détresse, ces mots qui sont la devise d'une de nos plus illustres familles de marins bretons (1) :

« *L'honneur me reste, ça me suffit !* »

D'ailleurs, la grande Faucheuse ne chôme pas plus dans la presqu'île armoricaine que sur les lointains rivages du Nouveau Monde, et plusieurs officiers ou soldats devaient, eux aussi, trouver des vides cruels au foyer qu'ils regagnaient si joyeux...

(1) Voir, p. 82, notice biographique sur la maison de Roquefeuille.

UN FAIRE-PART EN 1783

MORT DE MADAME LA COMTESSE DE BLOIS (1)

C'est ainsi que Messieurs de Blois (2) étaient tous deux absents quand mourut leur mère, la comtesse de Blois, le 13 novembre 1783. Nous avons sous les yeux le faire-part de ce décès, adressé à Madame du Laz de Trégarantec. Les formules ont bien changé depuis, mais combien les vulgaires lettres de faire-part de nos jours, aux expressions froides et stéréotypées, comme les caractères d'imprimerie dans lesquels elles sont moulées, perdent à la comparaison avec celles du temps passé! Cette lettre aussi est rédigée par une main étrangère à la famille.

A Madame la comtesse du Laz

Madame,

Madame la comtesse de Blois mourut, jeudi 13 de ce mois, d'une maladie dont le danger ne s'était manifesté que depuis deux jours. Messieurs de Blois, ses fils, étant absents, Mademoiselle de Blois et Monsieur l'abbé de Boisbilly ont l'honneur de vous faire part de ce cruel événement, bien assurés, Madame, que vous partagerez leurs trop justes regrets.

A Morlaix, dimanche 17 novembre 1783.

(1) Voir, p. suivante, notice historique sur la maison de Blois.
(2) Voir, plus loin, la biographie du comte Aymard de Blois.

Voici en quels termes Mademoiselle de Blois remercie sa cousine du Laz de ses compliments de condoléance :

Morlaix, le 1er décembre 1783.

Recevez, ma chère cousine, les témoignages de toute ma reconnaissance de l'intérêt que vous voulez bien prendre à mon malheur. Je le sens dans toute son étendue, et rien au monde ne pourra le réparer. Veuillez bien me conserver une partie des sentiments que vous aviez pour l'objet de ma juste douleur et soyez bien assurée que je désire les mériter.

J'ai l'honneur d'être, avec le plus respectueux attachement, ma chère cousine, votre.... etc....

DE BLOIS.

MAISON DE BLOIS

La maison de Blois se rattache, par ses traditions, aux seigneurs de Trélon, en Hainaut, qui tirent leur origine de la famille de Châtillon, ancienne et illustre, alliée tour-à-tour à celles de France, de Bretagne, puis aux Sanzay, aux Rohan-Chabot et aux Goësbriand.

Les comtes, puis ducs de Châtillon, portaient : « *De gueules à trois pals de vair au chef d'or.* »

Cette maison compte parmi ses illustrations :

Jean, dit *de la Grille*, (à cause de celle qui entourait son tombeau en grande vénération) abbé de Sainte-Croix de Guingamp, de l'ordre de Citeaux, puis évêque de Saint-Malo, où il mourut, le 1er février 1163. Il est qualifié de *saint* par les biographes du temps, ainsi que par Albert le Grand et dom Lobineau qui ont écrit sa vie, et, bien qu'il n'eût pas été canonisé, une ordonnance, donnée en 1517 par le pape Léon X, autorisait l'église de Saint-Malo à le fêter le 1er février de chaque année ;

Gaucher, connétable de France en 1286 ;

Charles de Blois, à la fois un héros et un saint, qui disputa la couronne de Bretagne à Jean de Montfort et fut tué à la bataille d'Auray en 1364 ;

Enfin *Jacques*, amiral de France, tué à la bataille d'Azincourt en 1415.

Le comte de Blois, mari de Madame de Blois dont il est ici question, descendait d'une branche de cette famille établie en Bretagne, vers 1700, et qui, depuis, s'est alliée aux plus nobles maisons de cette province.

Les comtes de Blois, seigneurs de la Calande et autres lieux, portent « *D'argent à deux fasces de gueules, chargées chacune de trois annelets d'or* ».

Leur devise est : « *Agere et pati fortia* (1). »

La comtesse de Blois, née le Provost de Boisbilly, était la fille de Laurent-François le Provost de Boisbilly, lieutenant-général de l'Amirauté de Morlaix, puis président à la Chambre des Comptes de Bretagne ; et la sœur, par conséquent, de l'abbé de Boisbilly, dont il est fait fréquemment mention dans notre vieille correspondance.

Son mari, le comte de Blois, capitaine des vaisseaux du roi, était mort prématurément, lui laissant trois jeunes enfants, deux fils et une fille (2).

Leur aïeul paternel, vaillant compagnon d'armes de Duguay-Trouin, avait succombé, dès 1719, à la suite des blessures reçues au siège de Pensacola, en Floride, pendant la guerre avec l'Espagne. Il avait épousé Thomase-Françoise du Main Daugeret, veuve de Jean de Villiers de Lisleadam (3), d'où la parenté qui existait entre la famille de Blois et Madame du Laz, par son premier mari.

(1) P. Potier de Courcy, *Nobiliaire et Armorial de Bretagne.*
(2) Mademoiselle de Blois et ses frères. V. notice, plus loin.
(3) Voir la note généalogique sur la maison de Lisle-Adam.

Devenus orphelins en 1783, à la mort de leur mère, les enfants de Blois trouvèrent chez leur oncle, l'abbé de Boisbilly, une sollicitude vraiment paternelle. Mais ils n'en devaient pas jouir longtemps et sa mort, en 1786, fut pour eux un deuil cruel, et une véritable perte pour tous ses amis.

L'ABBÉ DE BOISBILLY

(Jean-Jacques-Archibald le Provost de la Boexière) (1)

1736 † 1786

L'abbé de Boisbilly, frère de la comtesse de Blois, mérite que nous nous y arrêtions un instant. Son nom est un de ceux que l'on peut, victorieusement, opposer à l'accusation *d'obscurantisme* portée, comme nous le disions plus haut, contre le clergé de cette époque. Il fait partie de ce groupe d'hommes remarquables qui honorèrent la Bretagne à la fin du dix-huitième siècle.

I

Jean-Jacques-Archibald le Provost de la Boexière de Boisbilly naquit à Morlaix en 1736. Après avoir fait de brillantes études, il obtint le diplôme de docteur en Sorbonne. Chanoine de Quimper, il fut député par le chapitre aux Etats de Nantes, en 1767, et devint, en 1770, abbé de Notre-Dame du Tronchet (2), au diocèse de Dol, abbaye de l'ordre de saint Benoit, alors devenue presque déserte, faute de moines. Cette circonstance avait motivé, en 1767, un

(1) Les Boisbilly portaient : « *De gueules à neuf étoiles d'or.* » (Galeries du Musée de Versailles : *Geoffroy de Boisbilly*, cinquième croisade (1248). Alias : « *Surmonté d'un lambel à cinq pendants de même.* » (Sceau 1277) *Alain*, sénéchal de Rennes en 1277. Devise : « *Adversis major et secundis.* »

(2) « *Abbatiæ Beatæ Mariæ de Tronchelo.* »

arrêt du Conseil décrétant la suppression de ce monastère, arrêt qui, du reste, ne fut pas exécuté. L'abbé de Boisbilly succédait, comme abbé du Tronchet, à Monsieur Collin de la Biochaye (1753 1776) (1) et jouit jusqu'à sa mort (1786) de ce bénéfice dont le revenu était alors de 2.200 francs. L'abbé de Notre-Dame du Tronchet avait, en outre, depuis 1478, le droit de porter la crosse, la mitre, l'anneau, comme les évêques, ce qui en faisait un personnage de marque parmi le haut clergé du pays.

L'abbé de Boisbilly était député du chapitre de Quimper aux Etats tenus à Nantes en 1767. Une lettre, fort maladroite, concernant cette assemblée, adressée par Monsieur le contrôleur général de Laverdy à Monsieur le duc d'Aiguillon, commandant de la province, avait été lue au sein de l'ordre de la noblesse.

Dès le lendemain, cette même lettre, traduite en chanson, excitait le rire dans toute la province. Cette chanson fut attribuée à l'abbé de Boisbilly. Sans autre preuve, le ministre piqué, le fit mettre à la Bastille où il passa six mois. Il fut ensuite exilé à Clermont, en Auvergne, jusqu'en 1769 (2).

Délégué ordinaire de son chapitre aux Etats de la province, il en était l'un des membres les plus éminents, et pour la facilité et l'élégance de son élocution, et pour la connaissance qu'il s'était acquise des intérêts du pays. Ces qualités l'avaient fait nommer membre de la commission intermédiaire centrale dont le siège était à Rennes (3).

L'abbé de Boisbilly, orateur et écrivain distingué, était

(1) *Jean-Hyacinthe Collin de la Biochaye*, prêtre, docteur en Sorbonne, abbé commendataire du Tronchet, grand chantre et chanoine de l'église cathédrale de Dol. de 1758 à 1778, vicaire général et official de ce diocèse en 1758, titulaire de la chapellenie de Sainte-Catherine, dernier abbé de Bon-Repos, mort à Jersey, pendant l'émigration, le 18 septembre 1796.

(2) Levot, *Biographie Bretonne*.

(3) Elle s'occupait de l'administration de la province dans l'intervalle des tenues d'Etats.

aussi très versé dans la science des antiquités, soit historiques, soit généalogiques, du pays breton. C'était un chercheur infatigable et il avait réuni chez lui une foule de précieux documents.

Nous lui devons, par exemple, la conservation du texte de l'épitaphe de Jean de Montfort, dont le tombeau existait jadis dans l'ancienne abbaye des Dominicains de Quimperlé et disparut totalement pendant la Révolution de 93.

C'est, en effet, d'après une copie de la main de l'abbé de Boisbilly que Monsieur de Blois, son neveu (1), l'un des érudits annotateurs du savant Dictionnaire d'Ogée, a reproduit, dans la deuxième édition de cet ouvrage, l'inscription tumulaire de Jean de Montfort ; inscription d'autant plus intéressante pour les archéologues et historiens bretons, qu'il ne subsiste désormais aucune trace de la sépulture du vaillant duc de Bretagne.

Comme écrivain, Monsieur de Boisbilly nous a laissé, entre autres œuvres, un in-octavo intitulé *Preuves de la pleine souveraineté du Roi sur la province de Bretagne* (Paris, 1765), et un petit in-12 sur l'*Histoire des Onze Mille Vierges*, qu'il explique par cette interprétation originale qu'elles n'étaient que deux dont l'une se nommait *Undecimille*. « *Ursula et Undecimille Virgines Martyres* » (2).

Outre ces savants ouvrages l'abbé de Boisbilly est l'auteur de nombreuses poésies fugitives, élégantes et faciles qui, bien que manquant parfois de correction, furent très appréciées des châteaux et des salons de son époque.

II

L'abbé de Boisbilly était un orateur remarquable. Il se signala particulièrement, en ce genre, dans la brillante *Oraison funèbre des Bretons morts pendant la Guerre d'Amérique*, qu'il prononça, avec un retentissant succès, devant

(1) Ogée, *Dictionnaire de Bretagne* (notes de la 2e édition).
(2) Ibid.

l'Assemblée des Etats de Bretagne en 1781. Ce discours lui valut un prieuré que lui donna Louis XVI en témoignage de sa satisfaction.

Nous retrouvons aussi l'abbé de Boisbilly siégeant aux Etats de 1785, que le marquis de la Fayette illustra de sa présence, tout auréolé de la gloire qu'il s'était acquise dans la Guerre d'Amérique. Consultons, à ce sujet, le procès-verbal des Etats :

« Monsieur le Marquis de la Fayette est entré dans l'Assemblée : la présence de ce héros, dont la renommée s'est plu à faire retentir les exploits, d'un bout du monde à l'autre, a répandu la joie la plus vive dans l'Assemblée qui l'a témoignée par les plus grands applaudissements. Monsieur le marquis de la Fayette a été invité à se placer sur le banc des barons, auprès de Monsieur le président de la Noblesse. Monsieur de Boisbilly a repris son rapport : il a parlé de l'utilité dont seraient les canaux pendant la guerre et du fruit qu'on en retirerait en temps de paix ; à ce dernier mot, M. l'abbé de Boisbilly, regardant M. le Marquis de la Fayette, a ajouté : « Combien n'est-il pas flatteur d'avoir, en ce moment, sous les yeux un des principaux guerriers qui aient contribué à nous la procurer ! »

« M. le Marquis de la Fayette s'est retiré quelque peu de temps après, en renouvelant aux Etats les témoignages de sa sensibilité à la réception flatteuse dont ils l'avaient honoré, ajoutant qu'il espérait devenir bientôt un membre de leur assemblée et qu'il conservait toujours un cœur Breton. »

Bien que natif d'Auvergne, le marquis de la Fayette tenait à la Bretagne par l'origine de sa mère qui lui avait laissé des biens importants dans notre province.

C'est à ce titre qu'il pouvait siéger aux Etats.

Lorsque Marie-Antoinette reprochait au vainqueur d'Amérique d'avoir trempé, sans être Breton, dans l'opposition bretonne :

« Madame, lui répondit-il avec à-propos, j'appartiens à la Bretagne comme Votre Majesté appartient à la Maison d'Autriche » (1).

Après avoir été vicaire général de Rennes, puis de Quimper, l'abbé de Boisbilly mourut en cette ville, en 1786, comme nous l'apprendra la suite de notre correspondance. Les réflexions suggérées par cet événement nous le montrent aussi cher à ses parents et amis qu'il était estimé et honoré de ses contemporains.

Messieurs de Blois, ses neveux, qui furent aussi ses héritiers, ont, jusqu'à nos jours, perpétué le nom de leur illustre maison. Nous donnerons plus loin la biographie de l'un d'eux, le comte Aymard de Blois. (2)

(1) Pitre-Chevalier, *Bretagne et Vendée*.

(2) Voir ci-après.

UN ABBÉ DE COUR

L'ABBÉ DU ROSCOET, CHANOINE DE N.-D. DE MORLAIX A MADAME DU LAZ

Morlaix, 18 décembre 1783.

Agréez, ma chère cousine, les souhaits ardents que je forme très sincèrement pour tout ce qui peut contribuer à votre satisfaction. J'ai eu le plaisir de voir votre premier enfant (1) à son passage à Morlaix. Il est sans doute sous vos yeux en ce moment, je vous en félicite.

Je l'embrasse ainsi que Terville (2). Ne doutez jamais, ma chère cousine, de l'attachement le plus respectueux avec lequel je suis pour la vie

Votre etc....

L'ABBÉ DU ROSCOET (3).
Chanoine de Notre-Dame.

(1) *Votre premier enfant.....* Lilly, de passage à Morlaix, en se rendant à Saint-Pol avec l'abbé Henry.

(2) *Ainsi que Terville.....* Il s'agit ici de M. de Kersauson, dit *de Terville,* frère de Madame du Laz. Il était officier de la marine royale.

(3) Du Roscoët.... sgr dudit lieu, paroisse de Moréac. — du Mené — comte du Chesnay, paroisse de Guipel.

Ancienne extraction chevaleresque, réformation 1669, six gé-

UN « POULET » TENDRE

Nous rapprocherons de cette lettre, à titre de curiosité, une petite pièce galante qui, écrite de la même main, mais sans date, ni signature, fait également partie de notre collection de vieux documents.

Au dix-huitième siècle les déclarations du genre de celle que nous allons transcrire étaient sans conséquence ni portée : c'était une sorte de « *jeu innocent* ».

Les propos de cette espèce étaient considérés comme monnaie courante dans les salons du temps. Le côté piquant de cette poésie est seulement qu'elle émane de la plume d'un chanoine, abbé de cour, qui n'avait peut-être d'ecclésiastique que le titre, l'habit et le bénéfice. Nous n'avons pu nous procurer aucun renseignement sur ce personnage.

A UNE VEUVE (1)

Agréez, X-Y, agréez cet ouvrage
D'un cœur qui vous chérit c'est un léger hommage
La veuve, quoique poëte crotté
Je n'aime que la simple vérité.
Chétif avorton du Parnasse,
Ma passion m'a fait la loi
Et les charmants accords d'Horace
M'ont fait poëte malgré moi.
Libre de toute servitude,
Un trait d'imagination
Vaut mieux aux yeux de ma raison

nérations. Réformations et montres de 1481 à 1536, paroisse de de Moréac, évêché de Vannes.

« *D'argent à trois roses de gueules ligées de sinople.* »

(P. de Courcy, *Nob. et Arm. de Bretagne.*)

(1) Nous remplaçons à dessein le nom indiqué au début de cette poésie par des lettres qui ne sont pas même les initiales de ce nom.

Que cette froide exactitude
Dont les modernes font l'étude
Et qu'on réprouve à l'Hélicon.
Ma muse tudesque et bizarre,
Jargouinant un français barbare
Dit les choses comme elle peut,
Et, du compas français, bravant la symétrie,
Le purisme gênant et la pédanterie,
Exprime au moins ce qu'elle veut.
Recevez d'un cœur franc un hommage sincère !
La vérité vous parle, elle a droit de vous plaire
Ce n'est pas un crime
Qu'elle vous exprime
Que je vous aime autant, mais autant qu'il se peut !
Et ce n'est pas pour un instant,
Car j'ignore cette manière,
Je vous aimerai constamment :
Vous valez, pour mon cœur, tous les biens de la terre !
Vous me direz peut-être :
Qu'il est tendre, ce prêtre !
Qu'il est plaisant dans son jargon !
Qu'il marmotte son bréviaire,
Voilà toute son affaire !
Doit-il savoir autre chanson ?
Il devrait ignorer jusqu'au nom de Cythère !
Vous le direz, peut-être, et point n'aurez raison :
Pourquoi donc êtes-vous aimable ?
Ah ! je veux me donner au Diable,
Si l'on met mon cœur en prison !
Je l'ai reçu de la nature :
Ce n'est point pour haïr, j'en jure !
Il faut donc vous aimer, sinon qu'aimera-t-on ?
Il faut donc vous aimer, vous aimer pour la vie.
Dieu ! que je suis tenté d'aimer la bonne amie
Dont nous avons fait mention !
Elle vous aime, elle a droit à mon cœur.
Si, par la plus heureuse sympathie,
Vous lui faisiez naître l'envie
De m'aimer comme vous : ah ! pour moi quel bonheur !

Je tremble et crains que la belle manie
D'aimer autant que vous ne lui fasse frayeur
Et renoncer à la partie.

Vous m'avez dit que vous m'aimiez comme vos petits boyaux (1).

(1) Expression du temps qui signifie « *fort tendrement* ».

LE PARLEMENT DE BRETAGNE

Nous venons de présenter à nos lecteurs plusieurs figures intéressantes, à divers points de vue, de notre ancien clergé breton ; l'abbé Henry, le jeune prêtre plein de zèle, le courageux « *Ami de Dieu et des hommes* » ; Mgr de la Marche, évêque de Léon, le type par excellence du bon et saint prélat à cette époque, sachant être à la fois riche et généreux grand seigneur et pasteur dévoué ; aimant à se faire tout à tous ; l'abbé de Boisbilly, le savant et l'orateur distingué ; Expilly, l'ambitieux, égaré par son orgueil, victime de ses propres erreurs et les payant de sa vie ; et, pour que rien ne manque à cette esquisse du clergé du temps, nous y avons ajouté, comme dernier trait, l'abbé de cour, le chanoine au langage galant et frivole, auteur des mauvais vers que l'on vient de lire.

Poursuivant maintenant l'étude de notre vieille correspondance, nous allons aborder un tout autre milieu : le monde parlementaire, non moins important par son influence politique et sociale, que par l'exercice des hautes fonctions judiciaires de la province qui lui étaient dévolues.

Il n'entre, ni dans notre plan, ni dans notre compétence, de redire ici l'histoire du Parlement de Bretagne, dont le rôle, à la fois politique et judiciaire, faisait, à la veille de la Révolution, l'un des principaux rouages de notre ancienne constitution bretonne, à laquelle il ne devait pas survivre.

Pour donner à nos lecteurs un rapide aperçu du Parlement et de ses attributions, transcrivons seulement quelques articles de son règlement, d'après l'ordonnance de 1732 « Seront portées directement en notre dit Parlement, les appellations des jugements rendus en matière des devoirs de la Province de Bretagne, Impôts et Billots, Traites, Ports et Hâvres, Fouages, Tabac, et généralement sur tout ce qui concerne nos droits, ceux de nos fermes et de nos domaines, levée des deniers ordinaires et extraordinaires, contraventions aux baux des Etats, etc...

« Connaîtra, en outre, ladite Cour des affaires qui concernent le fond des privilèges par nous accordés aux villes, Paroisses et Communautés. »

Juge en dernier ressort, pour toute la province de Bretagne, le Parlement était, en outre, juge suprême des titres de noblesse donnant droit de siéger aux Etats, même pour les gentilshommes non originaires de Bretagne.

Le roi ne pouvait lever sur cette province aucun impôt sans le consentement des Etats, et sans l'approbation du Parlement, libre d'accorder ou de refuser l'enregistrement des édits. Aussi les efforts de la Royauté tendaient-ils de plus en plus à acquérir de l'influence et des partisans dans le Parlement de Bretagne en le réorganisant sur de nouvelles bases, après qu'il eut été cassé en 1771, partageant, en cela, la disgrâce des autres Parlements.

Les opposants étaient exclus et le nombre des magistrats réduit comme il suit : un premier président, quatre présidents, deux conseillers-présidents, quatre conseillers-clercs, trente conseillers laïcs, deux avocats généraux, un procureur général, trois substituts, un greffier en chef et un premier huissier. Le même édit supprimait la distinction en conseillers originaires et en non originaires de la Bretagne ; de plus il interdisait aux magistrats de recevoir des parties « *aucunes épices, vacation ou émoluments quelconque* » mesure juste et sage qui, néanmoins, fut assez mal accueillie de ceux mêmes qu'elle favorisait Les appointements des officiers du Parlement devaient, d'après cet édit, être mis en commun et partagés proportionnellement entre tous, selon le nombre des audiences auxquelles chacun aurait assisté. Enfin la chambre des requêtes était supprimée, et les affaires dont elle s'occupait étaient, sauf appel, déférées à la sénéchaussée du Présidial de Rennes.

Mais cette transformation n'était rien auprès de la véritable *révolution* que tenta Louis XVI, dans une intention loyale et droite, sans doute, mais aussi manifestement hostile aux Parlements, en promulguant le fameux édit de 1787. Avec les autres édits qui l'accompagnaient, il devait soulever une très violente résistance dans toutes les villes où siègeaient les Parlements, que des transformations judiciaires aussi radicales menaçaient d'une ruine irrémédiable.

Par cet édit les Présidiaux, juridictions inférieures aux Parlements, étaient transformés en grands bailliages qui pouvaient juger, en dernier ressort, toute cause dont l'importance ne dépassait pas une valeur de 20.000 livres. Toutes les juridictions royales devenaient, à leur tour, des Présidiaux avec une compétence de 4.000 livres. En exécution de cet édit, les greffiers des Parlements devaient, immédiatement, remettre aux juridictions inférieures tous les procès qui, par leur valeur, rentraient dans la compétence de ceux-ci et qui constituaient, en Bretagne, la majorité des affaires.

C'était la ruine presque totale pour la ville de Rennes qui, sans industrie qui lui fût propre, ne vivait que de l'animation due à la population aisée et luxueuse retenue dans ses murs, à certains moments de l'année, par les séances du Parlement et les tenues des Etats de Bretagne. Telles étaient les deux principales sources de fortune de tous les corps de métiers de l'ancienne capitale du duché de Bretagne, aussi la ville embrassa-t-elle avec ardeur la cause de ses magistrats menacés.

« Dans cette dernière ville, chacun regardait les nouveaux édits comme un anéantissement des droits que la Bretagne s'étaient réservés en se réunissant à la France ; on répétait, en tous lieux, les articles 22 et 23 du contrat d'union, ce dernier surtout ainsi conçu : « *il ne sera rien changé aux nombre, qualité, fonction et exercice des officiers de la province, il ne sera fait aucune création d'officier ni de nouvelles juridictions* (1). »

Les sentiments dictés par les vieux souvenirs de l'indépendance de la Bretagne venaient ainsi prêter appui aux intérêts particuliers de la cité.

La noblesse bretonne, intimement liée avec la magistrature, qui se recrutait sans cesse dans ses rangs, partageait aussi le ressentiment de ce grand corps judiciaire. Il en fut de même dans toutes les provinces, où les Parlements, refusant l'enregistrement des édits, ne les exécutaient que par force. L'orage grondait de toutes parts quand il éclata en Bretagne, au commencement de juin 1788, puis en janvier 1789, dans des événements que nous aurons l'occasion de raconter plus tard, quelques-uns de nos personnages y ayant été plus ou moins directement mêlés.

Les lettres que nous allons transcrire nous mettent en relations avec l'un d'eux, le marquis Loz de Beaucours, appartenant à l'une de ces vieilles familles bretonnes qui au XVIe et au XVIIe siècle, délaissant l'épée pour la toge, quittèrent l'armée pour siéger, de père en fils, au Parlement de Bretagne. Beaucoup de châteaux et de manoirs furent alors désertés dans le même but.

(1) Ogée, *Dictionnaire de Bretagne*, 2e édition.

LE MARQUIS ET LA MARQUISE

LOZ DE BEAUCOURS

L'église de Saint-Nicolas-du-Pélem, ancienne trève de Bothoa, était autrefois chapelle privative du château du Pélem appartenant aux sgrs de Beaucours et, plus tard, aux Loz de Beaulieu, seigneurs dudit lieu, de Kervastard, de Beaucours en Bothoa, et de plusieurs autres seigneuries. Cette maison est aujourd'hui éteinte.

Les barons de Beaulieu, riches seigneurs du pays, consentirent à affermer cette église à la paroisse, moyennant une minime redevance, ayant pour but de sauvegarder leurs droits de propriété. Cette redevance consistait, dit on, en une petite somme d'argent et un peloton de fil rappelant le nom du château « *Pélem* » mot breton qui signifie « *peloton* ».

Les armes des Loz, barons de Beaulieu, figurant dans cette église, sont « *Trois merlettes d'or 2 et 1 sur champ d'azur* » (1).

Ailleurs « *De gueules à trois éperviers d'argent becqués, membrés et grilletés d'or* » (2).

Le château du Pélem était autrefois une place forte mais dès le dix-septième siècle, il ne restait rien de ses fortifications. Il appartenait à cette époque à Messire *Claude-Hya-*

(1) Ogée, *Dictionnaire de Bretagne.*

(2) (Sceau 1395) P. de Courcy, *Nob et Arm. de Bretagne.*

cinthe, baron de Beaulieu, conseiller au Parlement de Bretagne, qui avait épousé demoiselle Françoise Magon.

Leur fils fut :

Nicolas-Claude, chevalier, comte de Beaucours, né en Saint-Etienne de Rennes, le 9 juin 1698. Capitaine des *Dragons de Beaucours*, il avait épousé, en la paroisse Saint-Michel de Saint-Brieuc, demoiselle Louise-Radegonde Berthelot de Saint-Ilan et mourut en ce château de Saint-Ilan près Saint-Brieuc, en 1784 (1).

De ce mariage avaient survécu :

1° *Hippolyte-Louis-Marie Loz, marquis de Beaucours*, né en Saint-Michel-Saint-Brieuc, le 25 juillet 1746, décédé à Rennes, le 27 mars 1830.

2° *Radegonde Loz de Beaucours*, mariée à René-Joseph de Bégasson du Roz, d'une vieille famille de l'évêché de Vannes portant « *D'argent à une bécasse de gueules* ».

D'abord conseiller au Parlement de Bretagne, où il fut reçu le 7 août 1775, Hippolyte de Beaucours acquit ensuite un office d'avocat général au même parlement. Sa réception, en cette qualité, eut lieu le 3 juillet 1779.

Il était encore en fonctions en 1789, quand survinrent les événements que nous raconterons plus loin et qui amenèrent la dissolution définitive du Parlement de Rennes.

Privé ainsi de sa situation et effrayé de la tournure grave que prenaient les affaires politiques, il émigra en Hollande avec sa femme et ses enfants vers 1790.

Le marquis de Beaucours s'était marié trois fois :

1° A Saint-Malo, en 1769, à demoiselle Françoise Eon de Vieux-Châtel, décédée, peu de temps après, sans enfant.

2° Le 8 novembre 1780, en l'église paroissiale de Plouneventer, évêché de Léon, il épousa demoiselle *Agathe de*

(1) Voir p. 170 la lettre ayant trait à cette mort. Nous devons une grande partie de ces notes à l'obligeance de M. F. Saulnier, conseiller honoraire à la Cour d'Appel de Rennes.

Saisy de Kerampuil, née au château de Runegoff, le 9 juin 1755, de Charles-Robert de Saisy de Kerampuil et de Charlotte de Rosmar, dame de Runegoff.

C'est la marquise de Beaucours, née de Saisy, dont nous nous occuperons ici. Elle mourut en 1795.

3° Le marquis de Beaucours se remaria une troisième fois à Mademoiselle Sainte-Claude de la Villéon, qui survécut à son mari jusqu'en 1844.

Agathe de Saisy ayant, fort jeune encore, perdu sa mère, passa son enfance et sa jeunesse au château de Brézal, en Plouneventer, sous l'égide de sa tante, la marquise de Kersauson, née de Saisy, sœur de son père. Elle fut donc élevée dans la compagnie de ses deux cousines de Kersauson, mariées plus tard à Messieurs les comte de Tinténiac et marquis de Montbourcher, et dont nous lirons les lettres prochainement.

La marquise de Beaucours quitta Brézal lors de son mariage, en 1780, pour aller habiter la capitale de la Bretagne où l'appelaient les fonctions de son mari, récemment reçu avocat-général au Parlement. C'était un homme instruit et distingué qui a laissé quelques ouvrages parmi lesquels : une édition de l'*Histoire philosophique et politique des deux Indes*, par Raynal, amendée à l'usage de la jeunesse, et une *Réfutation du compte-rendu de Necker* qui eut, en son temps, un succès de circonstance.

Il avait approfondi l'étude du latin et cette langue lui était devenue si familière qu'il lui était indifférent de causer en latin ou en français, s'exprimant, dans les deux langages, avec une éloquence et une facilité remarquables.

Agathe de Saisy, marquise de Beaucours, mourut en Hollande, à Harlem, pendant l'émigration, le 1er février 1795, et son mari lui survécut jusqu'au 27 mars 1830.

Après sa rentrée en France, il était devenu de nouveau magistrat à la cour de Rennes, ville qu'il habita jusqu'à sa mort.

Le marquis Hippolyte de Beaucours n'avait conservé d'enfants que de son second mariage, avec Agathe de Saisy. Elle lui laissait trois fils :

1° *Nicolas*, mort enfant ;

2° *Hippolyte*, décédé aussi sans alliance ;

3° *Sévère*, marquis de Beaucours, officier supérieur d'état-major, qui se maria, mais n'eut qu'une fille, décédée avant lui sans enfant (1).

L'héritage des Loz de Beaucours a passé ainsi dans la famille de Boisboissel qui possède encore aujourd'hui le château du Pélem.

LA MARQUISE DE BEAUCOURS

A SA COUSINE MADAME DU LAZ

A Rennes ce 21 janvier 1784.

Mon mari (2) reçut hier, ma chère cousine, les deux lettres de Monsieur le comte du Laz. Il eut l'attention de me donner d'abord celle qui annonce vôtre convalescence : je l'ai donc apprise avant votre maladie.

Que je suis donc touchée de l'état où vous avez été ! Je crains que ce ne soit une suite de la mélancolie que vous m'avez mandé ressentir. Mais vous qui êtes la raison et la vertu même, comment avez-vous pu vous y abandonner ! C'est une ennemie dont il faut se défendre avec soin, parce qu'elle noircit tous les moindres événements de la vie.

(1) Notes dues à l'obligeance de M. le conseiller Saulnier.

(2) *Mon mari...* Le marquis *Hippolyte Loz de Beaucours*, avocat-général au Parlement (voir ci-dessus, p. 165 et suivantes).

C'est ce qui vous donne tant d'inquiétudes pour votre cher Lilly. Ma cousine (1) m'a dit qu'elles étaient sans fondement à son sujet. Pourquoi croire d'avance qu'il ne vous donnera pas la satisfaction qu'il est fait pour vous donner et que vous méritez?

Je suis bien aise que votre petit chevalier soit déjà un amusement pour vous. Livrez-vous à la douce satisfaction de le voir bien portant et charmant : cela vous mettra du baume dans le sang et aidera à votre parfait rétablissement.

Mon mari a fait part à Monsieur le Chevalier des Haies (2) de la première lettre de mon cousin. Ménagez-vous bien, ma chère cousine, songez combien votre santé est précieuse à vos amis, car on ne vous aime point à demi.

Ma cousine de Montbourcher et moi parlons bien souvent de vous et nous regrettons de n'être, ni l'une ni l'autre, à portée de vous voir. Nous voudrions bien être près de vous dans ce moment, étant encore inquiètes et souvent bien occupées de votre santé. Nous aurions bien de l'obligation au cher cousin s'il voulait bien, non nous donner lui-même, car il a bien des affaires, mais nous faire donner de vos nouvelles.

La santé de ma cousine est assez bonne, je me porte fort bien, ainsi que mes enfants dont vous avez bien voulu vous occuper. L'aîné a près de vingt-six mois,

(1) *Ma cousine...* la marquise de Montbourcher dont nous reparlerons, née Marie Julienne-Josèphe de Kersauson.

(2) *Le chevalier des Haies...* portant comme armes : « *De gueules à trois fasces d'argent treillisées de sinople, à la bordure dentelée d'or* ».

(*Armorial général de France,* manuscrit de la Bibliothèque nationale.)

il parle de tout, il est gai et très fort pour son âge. Le second ne l'est pas moins : c'est un peloton de graisse, très facile à nourrir, puisqu'il ne m'éveille qu'une fois dans la nuit.

Nous attendons ma belle-mère (1) et ma belle-sœur (2) dans le mois prochain.

Adieu, ma chère amie, ne soyez occupée que de ce qui concerne votre santé. Ma cousine et son mari ne veulent point être oubliés auprès de vous et du cousin. Dites-lui aussi, de ma part, un million de choses. Je suis votre affectionnée cousine :

SAISY DE BEAUCOURS.

(1) *Ma belle-mère...* La comtesse de Beaucours, née *Louise-Radegonde Berthelot de Saint-Ilan*, femme de Nicolas-Claude Loz, chevalier, comte de Beaucours, (1678-1784) capitaine des *Dragons de Beaucours* (voir p. 165).

(2) *Ma belle-sœur...* Madame de Bégasson du Ros, née *Radegonde-Ursule Loz de Beaucours*, mariée à *René-Joseph de Bégasson*, lieutenant des maréchaux de France à Quimperlé, en 1775.

Les Bégasson sont originaires du manoir de ce nom qui existait, dès le XIVe siècle, en la paroisse de Pleucadeuc, évêché de Vannes. Ils portaient :

« *D'argent à la bécasse de gueules* ».

D'ancienne extraction, ils furent maintenus, avec sept générations à la réformation de 1669, et comparurent aux réformations et montres, de 1426 à 1536, en ladite paroisse de Pleucadeuc. (Cette maison est fondue dans Grignart.)

(*Nobiliaire et Armorial de Bretagne* de Courcy.)

MORT DU COMTE DE BEAUCOURS

(1698 † 1784)

Peu de jours après Madame de Beaucours écrit de nouveau à sa cousine et l'entretient des vertus de son beau-père, le comte de Beaucours (1), récemment décédé à son château de Saint-Ilan, en Langueux, près de Saint-Brieuc (2).

LA MARQUISE DE BEAUCOURS

A Madame du Laz

Rennes, le 9 février 1784.

Je suis toujours sensible, Madame et chère cousine, aux marques de votre souvenir : plus d'une raison me les rendent précieuses, et, si jamais j'étais tentée de vous soupçonner d'indifférence, je penserais qu'il faut vous savoir gré de l'intention et qu'elle vous justifie toujours. Je regrette infiniment mon beau-père : son mérite personnel et ses vertus, ses bontés pour moi, m'y avaient tendrement attachée. Je me flattais de le voir vivre encore quelques années.

(1) Voir ci-dessus la notice sur la maison de Beaucours et les lignes concernant Nicolas-Claude Loz, comte de Beaucours.

(2) Ce château, qui existait déjà au XIIIe siècle, a été réparé de nos jours et appartient à la famille du Clézieux.

La douleur de mon mari, celle où est plongée ma belle-mère, augmentent encore la mienne. C'est sans doute une douceur de voir ses sentiments partagés : nous l'éprouvons bien dans ce moment. Nous voyons qu'on rend généralement justice au mérite de ce respectable père.

Monsieur de Beaucours est à Saint-Illant, il y a plus de quinze jours, je crois qu'il ne reviendra ici qu'à la fin du mois. Vous trouverez, en lui comme en moi, le plus vif désir de vous donner des preuves, ainsi qu'à Monsieur le Comte du Laz, d'un attachement bien sincère. Puissiez-vous en être convaincue !

Vous ne me parlez point du charmant enfant que vous nourrissez, ni du grand Lilly. Vous êtes bien bonne de vous occuper de mon fils, par vengeance je ne vous en dirai rien.

Je finirai avec cérémonie, comme vous m'en donnez l'exemple, en vous disant que j'ai l'honneur d'être,

Ma chère Cousine,

Votre très humble et très obéissante servante.

SAISY DE BEAUCOURS.

LILLY A SAINT-POL-DE-LÉON

SON PREMIER DUEL

Le jeune Jean-Jérôme-Charles de Villiers de Lisle-Adam, plus souvent désigné dans notre correspondance sous le diminutif familier de Lilly, avait suivi, à Saint-Pol, son maître et ami l'abbé Henry (1).

A l'ombre du célèbre clocher du Kreisker et de l'antique cathédrale de Léon, en partie construite par un de ses ancêtres (2) qui y avait son tombeau, le jeune homme continuait ses études sous la surveillance de son pieux mentor.

Selon une coutume très suivie en ce temps-là, on avait mis Lilly, alors âgé de près de quinze ans, en pension chez un chanoine, l'abbé Niquet (3), qui remplaçait ainsi, auprès de quelques jeunes gens, la famille absente.

(1) Voir la biographie de ce saint prêtre p. 109.

(2) *Guillaume de Kersauson*, évêque de Léon au XIVe siècle, mort en 1327, construisit une partie de sa cathédrale où il fut inhumé.

(*Dict. de Bretagne* d'Ogée, art. *Saint-Pol de Léon*.)

(3) L'abbé *Hyacinthe-Joseph-Auguste Niquet*, chanoine de Léon, était alors simple clerc tonsuré. Il ne dut pas aller jusqu'aux ordres majeurs et mourut, ou quitta le clergé, pendant la Révolution, époque où les archives de l'évêché de Quimper cessent d'en faire mention.

(Note due à l'obligeance de M. le chanoine Peyron, archiviste de l'évêché de Quimper.)

Ceux-ci jouissaient, dans cette maison, d'une certaine liberté, suivant comme externes le collège de la ville, ou des cours particuliers ; ou bien, encore préparaient au petit séminaire leurs études ecclésiastiques.

Nous verrons bientôt comment notre Lilly usait et abusait de cette liberté, toute nouvelle pour lui, et la grande résolution qui fut la conséquence de ses fredaines de quinze ans.

Le port habituel de l'épée, réservé aux gentilshommes, était une prérogative dont ils n'étaient pas peu fiers ! Dès l'enfance, ils se familiarisaient avec le maniement des armes, aussi n'était-il pas rare, au cours des discussions les plus futiles, de voir de jeunes seigneurs « mettre flamberge au vent » ou, tout au moins, porter d'instinct la main à la garde de leur épée.

C'est sans doute en pareille occurrence qu'un jour Lilly, comme nous l'apprend la lettre suivante, proposa « de faire usage de ses armes ». C'était presqu'un enfant encore et il se préparait seulement à faire sa première communion.

.... « Mais aux âmes bien nées,
La valeur n'attend point le nombre des années. »

Quel était le motif de ce duel, quel fut l'adversaire de ce nouveau Rodrigue ? L'histoire ne le dit pas par la plume de l'abbé Henry. Celui-ci se contente de constater le fait qui ne fut heureusement suivi d'aucune conséquence sérieuse.

Une personne *charitable* l'avait déjà prévenu pour instruire la comtesse du Laz de ce mémorable événement. Avait-elle réellement assombri le tableau, comme le dit le théologal de Saint-Pol, ou celui-ci, plutôt, ne l'a-t-il pas atténué pour ménager la « sensibilité » de la mère de son jeune ami ? Quoi qu'il en soit, voici ce qu'il écrit à ce sujet à Madame du Laz :

L'ABBÉ MICHEL HENRY

A Madame du Laz.

Ce 5 avril 1784.

Madame,

Vous m'avez jeté dans un grand étonnement en m'apprenant que vous n'avez aucune lettre de moi depuis mon arrivée à Léon. A chacune des vôtres j'ai eu soin de faire réponse, et, en outre, je vous ai écrit une autre lettre dans laquelle je vous faisais part de l'étourderie de Monsieur votre fils. Il est heureux qu'elle n'ait pas de suite. L'affaire n'a pas été aussi conséquente qu'on vous l'a mandé.

Vous ne devez guère de remerciement à la personne qui vous a donné une instruction aussi douloureuse. Quelle qu'elle soit, je la blâme : elle s'est mêlée d'une affaire qui ne la regardait pas. Elle aurait dû épargner à votre tendresse un grand fardeau, du moins elle n'aurait pas dû charger le tableau si fortement. La sottise s'est bornée, de la part de notre jeune étourdi, à une simple proposition de faire une épreuve de ses armes : on n'en est pas venu au fait. Il se trouve puni d'avoir fait cette démarche.

Ce que j'avais prédit avant de partir de Paris s'est accompli : mes occupations sont incompatibles avec les soins que requiert l'éducation de mon ami. Cette incompatibilité m'engage à vous confirmer dans le projet que vous avez conçu. Ce projet doit être rempli entièrement. Il faut trouver une maison renfermée où l'on puisse espérer que ses mœurs et sa religion soient à l'abri. Rien n'est plus nuisible que la liberté à l'enfant. Ici celle dont il jouit est plus grande que celle dont il jouissait à Paris. Aussi ne profite-t-il pas autant : ses qualités se détériorent. Tous ces changements demandent un changement de pays.

Je le garderai ici jusqu'à la mission dans l'espoir que cette circonstance favorable pourra faire quelque impression sur lui. Alors peut-être pourra-t-il faire sa première communion. Je l'occupe à acquérir les connaissances requises. C'est la seule étude dont il soit obligé de me rendre compte.

Je suis au désespoir que le caractère de Lisle-Adam me mette dans la nécessité de me séparer de lui ! Je l'aime beaucoup, il ne manque pas de bonnes qualités. D'ailleurs la reconnaissance demandait que je m'employasse à ses intérêts et son véritable intérêt était la bonne éducation.

Permettez-moi aussi, Madame, de vous faire une observation : n'écoutez pas les propos que vous pourriez recevoir de ce pays ; souvent on y trahit la vérité. Je l'ai moi-même éprouvé, et, dans l'événement qui vous afflige, vous l'éprouvez vous-même.

J'ai annoncé à Monsieur votre fils le projet que vous avez conçu relativement à lui. Cette déclaration a eu l'effet contraire à celui que vous avez craint : l'enfant a versé des larmes. Ces larmes étaient sincères puisqu'elles sont suivies d'une plus grande docilité, d'une plus grande piété, d'une plus grande application. S'il persévère, la sottise qu'il a faite sera une sottise heureuse.

Monsieur l'abbé de Troërin (1) est aussi surpris

(1) *L'abbé de Troërin.*, de la maison noble de ce nom *Troërin* (de) sieur dudit lieu, paroisse de Plovorn; de Kerjean, de Kergounan, de Kerrannou. « *D'azur à la fasce ondée* alias : *vivrée*

que moi de ce que vous n'avez pas reçu de lettre de sa part : je suis témoin qu'il vous en a écrit une. L'enveloppe en contenait une de l'enfant. Je mets mon esprit à la torture pour découvrir la personne qui vous a annoncé le fâcheux événement arrivé à Saint-Paul : je me trouve compromis dans une telle affaire.

Monsieur l'abbé Niquet (1) a eu la bonté de garder votre fils chez lui. On ne pouvait lui choisir une meilleure pension : il y est traité avec toute sorte de considération. Monsieur l'abbé Niquet veut bien se prêter constamment à travailler de concert avec moi à l'utilité du jeune homme.

Mes assurances de respect, s'il vous plait, à M. le comte du Laz.

J'ai l'honneur etc...

HENRY.

d'argent, accompagnée de six besants de même 3, 3, rangés 2 et 1. »
Ancienne extraction, réformation de 1669 sept générations, montres de 1426 à 1534, paroisse de Plouvorn, évêché de Léon.

(*Nobiliaire et Armorial de Bretagne*, de Courcy.)

L'abbé *Jean-Corentin de Troërin* naquit, en 1741, au château de Kerjan, en Plouvorn, près de la chapelle de Notre-Dame de Lambader, pour laquelle il conserva toujours une grande dévotion. Prêtre en 1767, il devint ensuite chanoine et grand chantre de Léon, première dignité du chapitre, puis grand vicaire de Mgr de la Marche. A l'époque du Concordat, il résidait à Landerneau et, successivement, grand-vicaire de Mgr André, en 1802-1804, et de Mgr Dombideau, il fut chargé de la réorganisation du clergé dans tout le Bas-Léon. Il mourut à Landerneau le 3 mai 1808.

(Note due à l'obligeance de Monsieur le chanoine Peyron, archiviste de l'évêché de Quimper.)

(1) *L'abbé Niquet...* Voir note 3, page 172.

UNE IMPORTANTE RÉSOLUTION

La lettre qui suit ne porte pas de date, et fut écrite, vers la même époque, par l'abbé Henry au comte du Laz de Trégarantec beau-père de Lilly. Elle n'est pas complète : la fin manque, ainsi que la signature.

L'ABBÉ HENRY

A M. LE COMTE DU LAZ

MONSIEUR,

J'ai fait un voyage à Guipavas d'où je ne suis revenu que jeudi dernier. Cette circonstance m'a privé du plaisir de recevoir votre première lettre à l'époque à laquelle vous aviez lieu de croire qu'elle me serait parvenue. J'ai ramené le jeune Lisleadam à Saint-Paul. Je suis enchanté d'apprendre que Madame du Laz soit du même avis que moi sur la nécessité de mettre Monsieur son fils dans une maison d'éducation renfermée. Le trop de liberté lui est nuisible et la possession de cet avantage est ordinairement, chez lui, inséparable de l'abus. Je me suis confirmé de plus en plus dans cette pensée, depuis qu'il est ici. A comparer sa manière d'être à la Communauté de Sainte-Barbe avec sa conduite de Saint-Paul, l'enfant est méconnaissable. Il faut qu'il soit fortement changé ou qu'il ait usé à Paris d'une dissimulation constante.

Je lui ai fait part des intentions de Madame sa mère, dans la persuasion que cette communication de ce qu'on lui prépare contribuera à le contenir jusqu'à ce qu'on ait trouvé un endroit convenable.

Où le trouver ? Je ne puis vous être d'aucun secours sur cette découverte : je ne connais pas assez la province pour vous éclairer.

Je désire infiniment lui faire faire sa première communion. Ce désir m'a déterminé à engager Madame du Laz à ne pas trop se presser dans le parti... »

. . . .

La fin, qui fait défaut ici, se devine aisément.

La mission dut avoir lieu à Saint-Pol-de-Léon dans les temps de Pâques et fut, sans doute, la circonstance choisie par l'abbé Henry pour la première communion de son jeune élève, car cette grave préoccupation ne reparait plus sous sa plume dans les lettres suivantes. Nous n'avons malheureusement aucun récit de cette pieuse solennité. On peut se faire une idée de ce qu'elle était à cette époque, en relisant le beau chapitre que l'auteur du *Génie du Christianisme* a consacré au souvenir de ce mémorable jour de sa vie, dans ses intéressants *Mémoires d'Outre-Tombe* (1).

Un fragment de lettre en mauvais état, datée de Brésal le 26 mai 1784, nous apprend du moins que Lilly suivit la mission :

« ..... Les bons effets que ne peut manquer de produire la mission à votre pauvre Lilly vont le ramener dans la voie des bons principes qu'il a reçus dans son enfance, et j'espère qu'il vous donnera maintenant de la satisfaction.

« Nous avons bien pris part à votre peine à son sujet et nous sommes également fort touchés de voir que vous n'avez pu réussir dans vos projets pour son avenir. »

(1) Voir Châteaubriand, *Mémoires d'Outre-Tombe,* tome 1er.

Décidément le cas était grave et il faut croire que les frasques du jeune Lilly ne se réduisaient pas à la seule « *proposition de faire usage de ses armes* » mais qu'il donnait positivement « *du fil à retordre* », aussi fut bientôt prise la grande résolution de mettre en cage cet encombrant oiseau.

L'INSTRUCTION

ET L'ÉDUCATION PUBLIQUE EN 1784

Mais où trouver cette « *maison renfermée* » qui offrît toute sécurité, toute garantie ? Ce n'était pas, à cette époque, une question des plus faciles à résoudre. En effet, la proscription desjésuites en 1762 avait jeté dans une désorganisation complète l'enseignement secondaire en France.

L'abandon de cent vingt-quatre collèges par cette société célèbre avait laissé un vide que, jusqu'alors, rien n'avait pu combler. En vain les parlements et l'Université de Paris unirent-ils leurs efforts pour éviter à tout prix que l'héritage des Jésuites tombât aux mains des autres congrégations ; la situation des collèges, compromise par la disette et l'infériorité des maîtres et par l'affaiblissement de la discipline, ne fit que s'aggraver, d'année en année. Aussi, en 1775, l'Assemblée du Clergé, émue de cet état de choses, donna l'impulsion d'un revirement en faveur des réguliers, en obtenant du roi des lettres patentes remettant aux religieux de la Congrégation de Saint-Maur la direction du collège de Compiègne.

L'impulsion étant donnée, de nombreux collèges abandonnés par les Jésuites furent confiés à différentes congrégations.

« Sur 124 anciens collèges de Jésuites, 46 furent remis à des communautés; et, sur 562 établissements ouverts aux études classiques à la veille de la Révolution, 178 étaient dirigés par différentes congrégations » (1).

Mais les règlements de certains monastères uniquement destinés à la retraite et à la prière ne pouvaient, d'un jour à l'autre, préparer et former des éducateurs de la jeunesse. Aussi la crise de l'enseignement était-elle des plus graves en 1784 et 1785.

L'abbé Proyard, principal du collège du Puy, écrivait, en 1785 ces lignes attristantes :

« On se plaint généralement des collèges dans les provinces. Les choses en sont aujourd'hui au point que le désespoir d'un homme de bien, qui connait le prix de l'éducation, c'est de se voir père de quelques enfants en âge de la recevoir (2). De quelque côté qu'il porte ses regards, il n'aperçoit que des abus, il ne découvre que des dangers ; et, s'il est encore une maison entre mille, qu'il juge digne de sa confiance, elle est située peut-être à cent lieues du pays q'uil habite » (3).

« Depuis la fatale destruction des Jésuites, dit le clergé de Péronne, les collèges des provinces sont souvent livrés à des professeurs sans lumières, sans mœurs, et même sans religion. La plupart des parents n'osent plus élever leurs enfants dans les collèges, et ce discrédit de l'éducation publique est une des plaies les plus profondes de la religion » (4).

Les meilleurs collèges de ce temps, après l'expulsion des Jésuites, étaient tenus par les Oratoriens et les Bénédictins de Saint-Maur, puis les chanoines Réguliers et les Minimes. Les écoles militaires mêmes furent bientôt confiées à des

(1) Villemain, *Exposé des motifs de la loi de 1844.*

(2) Hélas ! ces paroles ne s'appliqueront-elles pas bientôt à notre temps ?

(3) Proyart, *De l'Education Publique.*

(4) *Archives Parlementaires.*

religieux. Un règlement du roi, du 28 mai 1776, affectant douze collèges à ces écoles militaires, en confiait une aux Minimes, une aux chanoines Réguliers de Saint-Augustin, trois aux Oratoriens et cinq aux Bénédictins (1).

C'est dans l'une de celles-ci, à l'abbaye de Beaumont, en Normandie, que nous retrouverons bientôt notre jeune converti. Mais, avant de le quitter de nouveau, reproduisons ici une lettre que lui écrit son beau-père, le comte du Laz, dans le style *tendre* et *sensible* de son époque.

LE COMTE DU LAZ A SON BEAU-FILS

« *A Monsieur le comte de Lisleadam, à l'hôtel de M. l'abbé Niquet, chanoine de la cathédrale de Léon (en Basse-Bretagne).* »

Il y a longtemps, mon cher fils, que je me proposais d'avoir le plaisir de vous écrire pour vous engager à nous donner de vos nouvelles, en vous marquant, en même temps, combien votre chère petite maman est sensible à votre silence. Elle me charge de vous faire part de toute sa sensibilité, et, en même temps de sa tendre amitié. Si vous l'aimez autant qu'elle vous aime, vous l'aimerez on ne peut plus tendrement.

Je vous aime de même, mon cher fils, aussi est-ce une tendre amitié pour vous qui m'engage à vous représenter combien vous avez tort de garder, vis-à-

(1) Voir, sur la question de l'enseignement et des congrégations religieuses au XVIIIe siècle, les intéressantes études de Monsieur l'abbé Sicard, où nous avons puisé une partie de ces renseignements.

vis de votre chère maman, un silence qui lui est on ne peut plus sensible.

Rompez-le au plus tôt je vous en prie, pour vous et pour la satisfaction de la plus tendre des mères.

Adieu, mon cher fils, soyez bien persuadé que je ne cesserai toute ma vie de vous aimer on ne peut plus tendrement.

Votre très humble serviteur :

Du Laz.

A Trégarantec, par Pontivy, le 3 juin 1784.

On ne saurait, vraiment être plus *tendre*! et, si cet écrit était bien l'expression sincère de la pensée de son auteur, Lilly dut être *sensible* à la vive *affection* de son *tendre* beau-père.

La formule d'extrême politesse qui termine cette lettre étonne un peu notre temps, où il n'est plus d'usage qu'un père de cinquante-huit ans, fut-il beau-père, se dise « *au pied de la lettre* » le « *très humble serviteur* » d'un enfant de quinze ans. Ainsi le voulaient sans doute la politesse et le bon ton de cette noble société française à son déclin.

Remarquons cependant à ce sujet que ces cérémonieuses formules commençaient déjà, en 1784, à tomber en désuétude et étaient même totalement délaissées par certaines personnes plus jeunes, ou plus au courant des usages nouveaux. C'est ainsi, par exemple, que nous voyons Madame de Beaucours terminer une lettre comme on le ferait aujourd'hui par ces simples mots :

« Je suis votre affectionnée cousine :

Saisy de Beaucours »

MAISON DE BOIS-ÉON

I

Avant de transcrire la lettre suivante, écrite à la comtesse du Laz par la châtelaine de Bois-Eon, nous dirons ce que nous savons de ce château et de ses illustres seigneurs.

Bois-Eon (de) seigneur et comte dudit lieu, en 1617, paroisse de Lanmeur ; — vicomte de la Bellière, paroisse de Pleudihan ; — seigneur de Coëtinizan paroisse de Pluzunet de Goudelin, paroisse de ce nom — baron de Kerouzéré, paroisse de Sibéril, — seigneur de Kerandraon — de Trogoff, paroisse de Plouescat, — de Coatlez, paroisse de Plounévez-Lochrist, — de Coëtsabiec, de Coatréven, de Chef-du-Bois, etc.

Ancienne extraction chevaleresque réformation de 1671, treize générations ; réformations et montres, de 1427 à 1543, paroisses de Lanmeur et de Plouagat-Guérand, évêchés de Dol et Tréguier.

« *D'azur au chevron d'argent, accompagné de trois têtes de léopards d'or.* »

Devise : « Talbia. »

...... Le comté de Bois-Eon, acquis par Guillaume Héliès, audiencier à la Cour des Aides de Bordeaux, en 1688, a été transmis par alliance, en 1701, aux Léon de Tréverret ; en 1727, aux Forestier ; et en 1790 aux du Dresnay.

(*Nobiliaire et Armorial de Bretagne*, par P. Potier de Courcy.)

II. — SON CHATEAU ET SES ILLUSTRATIONS

La très ancienne maison de Bois-Eon qui remonte à Pierre de Lanmeur, vivant en 1280. a pour berceau le vieux château de Bois-Eon, dans la paroisse de Lanmeur, évêché de Tréguier.

Aujourd'hui converti en maison de ferme, il eut jadis son temps de splendeur et appartint à d'illustres seigneurs. Il était situé au milieu de douze à quinze hectares de magnifiques bois de hautes futaies, dont la fraiche verdure encadrait, çà et là, de superbes étangs.

La seigneurie de Bois-Eon fut érigée en comté, en mars 1617, et les lettres en furent vérifiées, en juin 1619, en faveur de Pierre de Bois-Eon, seigneur de Coëtnizan, ou Coëtinizan, vicomte de Dinan, seigneur de la Bellière et autres lieux.

Cette famille, éteinte aujourd'hui, s'est alliée jadis aux premières maisons de la Bretagne parmi lesquelles : les Rohan, de la Hunaudaye, de Rosmadec, de Rieux et de Coëtquen.

Nous citerons parmi ses ancêtres :

Pierre de Lanmeur vivant en 1280 qui épousa Renée, dame de Bois-Eon.

En 1300 leur fils, *Pierre de Lanmeur* qui à cette date est qualifié de « *Monsieur* ».

Son fils *Jean* épousa, en 1321, une demoiselle de la plus grande distinction, Constance du Guermeur, de la maison du Pontou. Il avait pris le nom de Bois-Eon.

Margélie de Lanmeur, leur fille unique, épousa Hervé de Coëtrédrez. Ils vivaient l'un et l'autre en 1389 et leurs enfants prirent aussi le nom de Bois Eon.

Guillaume, chevalier, seigneur de Bois-Eon, fut chambellan d'un duc de Bretagne. Il avait plusieurs frères qui furent capitaines du ban et arrière-ban et garde-côtes de l'évêché de Saint-Pol-de-Léon.

Alain de Bois-Eon, chevalier de l'Ordre de Saint-Jean de Jérusalem en 1460, était très renommé par sa valeur. Quand il mourut en 1469, il était commandeur du Palacret, de la Feuillée, Pont-Melven, et de Saint-Jean et Sainte-Catherine de Nantes, toutes commanderies situées en Bretagne.

François chevalier, seigneur de Bois-Eon, épousa Marguerite de Rosmadec.

Pierre de Bois Eon, son fils, fut gentilhomme de la chambre du roi Henri III et se maria, en 1587, à Jeanne de Rieux. En 1594, ce Pierre, comte de Bois-Eon, seigneur de Coatinizan et de Kerouzéré, vicomte de Dinan et de la Bellière, baron de Marcé et chevalier de l'ordre du Roi, capitaine de cinquante hommes d'armes, fut fait gouverneur de la ville de Morlaix et y joignit le gouvernement du château en 1596. C'est en faveur de ce Pierre de Bois-Eon que la seigneurie de ce nom fut érigée en comté en 1617.

Son fils aîné, *Claude, comte de Bois-Eon*, lui succéda au gouvernement de la ville de Morlaix, en 1627. Il en avait obtenu la survivance en 1613. Nous dirons plus loin en quoi consistait cette survivance.

En 16[illegible], *Hercule-François, comte de Bois-Eon* et fils du précédent, capitaine de l'arrière-ban de l'évêché de Tréguier fut nommé gouverneur de Morlaix, sur la démission de son père qui conserva la survivance. Hercule-François avait épousé, en 1654, Françoise de Coëtquen.

La seigneurie de Bois-Eon tomba ensuite, par acquêt, entre les mains des Héliés, en 1688 ; puis, par alliance, en 1701, aux Léon de Tréverret ; en 1727, aux le Forestier puis, en 1790, aux du Dresnay.

En 1784, époque de la lettre que nous allons transcrire, le propriétaire du château de Bois-Eon était un *Le Forestier de Kerosven, comte de Bois-Eon*. Nous n'avons pu nous procurer de renseignements sur la comtesse que, d'après ses lettres, nous croyons être une Kerouartz.

Ils durent résider au château de Bois-Eon, et à leur maison de ville de Morlaix, jusqu'à la Révolution, époque où ils émigrèrent. Nous trouvons du moins le nom de *Forestier, comte de Bois-Eon*, dans la liste des victimes de Quiberon, inscrite sur le monument de la Chartreuse d'Auray, ce qui nous apprend qu'il fit partie de cette désastreuse expédition où il perdit la vie en 1795

Nous avons aussi dans notre collection, une lettre de sa main, signée Kerosven, qui, à la date du 24 mai 1790, annonce à la comtesse du Laz le mariage de ses deux enfants ; le fils avec sa cousine de Soulanges et la jeune fille (Mademoiselle de Kerosven dont il est question dans la lettre qui suit) avec le vicomte du Dresnay (1).

Le jeune de Kerosven mourut, pensons-nous, sans postérité et c'est ainsi que nous voyons passer la seigneurie de Bois-Eon à la maison du Dresnay.

Avant de faire part à nos lecteurs de la lettre de la comtesse de Bois-Eon, nous dirons quelque mots de la *survivance* des charges dont il est fait mention ci-dessus.

La vénalité des charges établie, en France, sous François 1er, et, en Bretagne sous Henri II, donna lieu à ces droits de *Résignation* et de *survivance*. Avant les édits de Charles IX, (juin 1568 et avril 1574) les possesseurs des charges vénales pouvaient les résigner d'eux-mêmes, comme biens héréditaires ; cependant il fallait que le résignateur vécut au moins quarante jours après la date de la quittance du trésorier des parties casuelles, faute de quoi c'était au roi d'y pourvoir.

Mais, comme le roi s'aperçut qu'il ne profitait de rien, lorsque les offices vaquaient par la mort des possesseurs, et qu'il était obligé de les accorder à l'importunité des gens de cour, on s'avisa d'un moyen qui devint une source de revenus considérables pour le trésor royal. Ce fut d'assurer ces charges aux héritiers du possesseur, moyennant

(1) Nous transcrirons cette lettre en son temps.

que ce dernier payât tous les ans la soixantième partie de la somme que coûtait le dit office, faute de quoi il retournait, par sa mort, au profit du roi, ce qu'on appelait « *tomber aux parties casuelles* ».

MADAME LE FORESTIER DE KEROSVEN, COMTESSE DE BOIS-EON

A LA COMTESSE DU LAZ.

Au Boiséon, ce 23 mai 1784.

Je suis ravie, ma chère cousine, de n'être pas tout-à-fait effacée de votre souvenir, et ne puis vous exprimer combien l'assurance de votre amitié m'a été sensible.

Je me suis plainte de vous et de votre paresse, à la vérité, à différentes personnes : et avais chargé, entre autres, Madame de Pennelé (1) de vous faire quelques reproches de ma part. Ils n'ont pas été sans

(1) *Madame de Pennelé... Marguerite-Adélaïde de Poulpiquet*, née à la Ville-Neuve le 9 janvier 1755, épousa à Saint-Pol-de-Léon, le 26 janvier 1775, *Toussaint-Marie-Jacques Le Bihan, comte de Pennelé* enseigne des vaisseaux du roi, fils de Jacques-Claude-Toussaint le Bihan, comte de Pennelé, chevalier de Saint-Louis, et de Marie-Marguerite-Thérèse de Coëtlosquet.

Les armes des Pennelé sont « *d'or au chevron de gueules issant d'une mer d'azur* », et leur devise « Vexilla florent » et « Amour de Dieu, espoir en Dieu ».

Les Poulpiquet de Coatlez portent « *d'azur à trois pallerons d'argent, becquées et membrées de gueules* » et ont pour devise ces mots : « de peu, assez » (P. Potier de Courcy, *Nobiliaire et Armorial de Bretagne*).

effet puisqu'ils m'ont procuré de vos nouvelles qui m'ont fait le plus grand plaisir.

Si Madame de Treffalégant (1) et Mademoiselle du Laz (2) vous ont dit quelque bien de nous, croyez, ma chère cousine, que c'est par rapport à notre parenté ; surtout votre belle-fille, avec laquelle nous n'avons pas fait grande connaissance, quoique nous nous soyons trouvées très souvent ensemble. Je la connais plus de relations qu'autrement.

Madame de Forsantz (3) m'a fait les plus grands éloges de ses talents et de son heureux caractère qui la fait se plaire partout et tirer parti de tout. Elle porte une figure aimable, un grand air de douceur et

(1) *Madame de Tréffalégant...* branche des *Thépault*, seigneurs de *Treffalégant*, paroisse de Lanhouarneau. (Voir ci-dessus, page 39, la notice sur les Thépault du Breignon et les armes de cette maison.) La branche de Tréffalégant s'est fondue dans Forsanz (voir ci-après).

(2) *Mademoiselle du Laz....* désigne *Mademoiselle Marie-Anne-Françoise-Charlotte-Julie Jégou du Laz*, née au château de Limoges, près de Vannes, en 1767, fille du premier mariage du comte du Laz de Trégarantec, personne fort intelligente et courageuse, dont il sera souvent question par la suite, au cours de notre travail, et notamment au sujet du beau rôle qu'elle remplit à Trégarantec, pendant la Révolution.

(3) *Madame de Forsants...* femme d'un lieutenant des maréchaux de France, en 1781, appartenant par son mari à une maison originaire de Gascogne qui porte :

« *Ecartelé aux 1 et 4 : d'argent à trois chouettes de sable, becquées et membrées de gueules*, qui est Forsanz ; *aux 2 et 3 : d'or au lion de gueules* qui est Armagnac. »

Alias : « *d'azur à neuf billettes d'or en sautoir*, qui est Nuz.

(P. de Courcy, *Nob. et Arm. de Bretagne.*)

de parfaite santé. Bien des personnes lui trouvaient de la ressemblance avec ma fille.

On les voyait souvent à la redoute (1) danser à la même contre-danse, ayant, même à mes yeux, beaucoup de rapports l'une à l'autre. Cependant, (de vous à moi), on donnait la préférence à ma fille qui, lorsqu'elle est animée, plait infiniment.

LA REDOUTE

(1) La *redoute* était une sorte de bal masqué et travesti, plaisir fort à la mode au XVIIIe siècle, témoins les mémoires du temps:

« Quelquefois il y a, à la salle de spectacle, une *redoute* ou bal « d'opéra », en d'autres termes, un bal masqué auquel la meilleure société se rend avec empressement. »

On y voyait des marquises et des comtesses déguisées en paysannes, en bergères et même travesties en *officiers*, comme le prouvent les stances adressées à « *Madame J*** qui s'offrit à nos regards déguisée en officier* », stances publiées dans les *Affiches du Maine* des 13 et 20 janvier 1783; et ces autres vers du temps :

« J'ai vu Zélie à la redoute,
Dans tout l'éclat de sa beauté ;
Mais toujours il me reste un doute :
Serait-ce une divinité?
Serait-ce une simple bergère?

On y voyait aussi, hélas! de nobles dames qui faisaient à leurs amants les plus tendres déclarations, pendant que leur mari, trop bien déguisé, s'appuyant sur leur épaule, dans le plus charmant abandon, écoutait, avec stupeur ou colère, les douces paroles qui ne lui étaient point destinées. Les scandales n'étaient pas rares dans cette société superficielle et légère, et plusieurs aventures de ce genre eurent des suites, des plus graves, qui sont demeurées historiques.

(Voir à ce sujet les *Mémoires de Tilly* et *de la Manouillère*.)

Jusqu'ici elle n'a fait que des conquêtes inutiles. C'est-à-dire qu'elle n'a pas trouvé de parti avantageux, ni même tout-à-fait sortable. Comme elle se trouve bien avec nous, nous aimons mieux attendre. Soyez sûre, ma chère cousine, que vous serez instruite de son établissement lorsqu'il aura lieu.

Je croyais qu'on vous avait fait part de celui de mes nièces (1); nous en avions parlé, le vicomte (2) et moi. C'est un oubli de sa part, qui ne diminue en rien l'attachement que la famille a pour vous et tout ce qui vous appartient. Mon frère le marin (3) me parlait encore, il n'y a pas longtemps, de l'amitié qu'il vous a vouée pour la vie.

Il est en route à présent, avec sa femme, Madame de Gouyquet (4) et ma sœur Soulan-

(1) *De l'établissement de mes nièces*..... Ces nièces de Madame de Kerosven de Bois-Eon sont deux demoiselles de Kerouartz, mariées, en 1784, comme on le verra dans les notes suivantes, l'une au comte de la Monneraye, l'autre à l'infortuné chevalier de Langle, compagnon de la Peyrouse, dont nous raconterons plus loin la fin tragique.

(2) Le *vicomte et moi*... Le *vicomte d'Hector*, devenu plus tard le *comte d'Hector*, lieutenant-général des armées navales, dont nous reparlerons. (Voir ci-après notice sur ce personnage.)

(3) *Mon frère le marin*... désigne, pensons-nous, un des beaux-frères de Madame de Bois-Eon, le *marquis de la Porte-Vézins*, intendant de la marine à Brest, marié à une demoiselle de Kerouartz, sœur de Madame de Bois-Eon, le 21 avril 1769. Nous donnerons plus loin ses états de services.

(4) *Madame de Gouyquet*... *Catherine-Emmanuelle-Marie-Josèphe-Ignace Le Grand*, veuve de *Messire Hyacinthe-Claude-Marie de Gouicquet de Bocozel*. Ainsi que nous le verrons dans une autre lettre, elle épousa le 26 septembre 1784, en second mariage, le vicomte du Breignon. (V. note sur la maison Thépault du Breignon, p. 39.)

Les armes des Gouicquet sont : « *D'argent à une croix pallée mi-*

ges (1) qui vont prendre les eaux de Forges, pour tâcher de rétablir leurs santés fort chancelantes. Ce voyage leur a été recommandé par différents médecins, ma sœur en avait un vrai besoin. Ces dames passeront par Paris, en revenant et ont conduit l'aînée des

partie de gueules et d'azur, cantonnée de quatre mâcles de gueules. » (*Armorial breton* de Guy Le Borgne.)

Alias : « *D'azur à la croix engreslée d'argent cantonnée de quatre roses de même.* »

(*Armorial général de France, 1696*, Bibliothèque Nationale.)

Nous reparlerons de Catherine Le Grand à propos de son second mariage et raconterons les épreuves par lesquelles elle passa durant la période révolutionnaire.

LE COMTE DE SOULANGES

(1) *Et ma sœur Soulanges...* Madame de Soulanges est la femme du *comte Paris de Soulanges* (*Claude-René*), chef d'escadre en 1786. Il émigra pendant la Révolution, commanda, comme lieutenant-colonel, à l'armée des Princes, et fit, en cette qualité, partie de l'expédition de Quiberon. Fait prisonnier de guerre, ainsi que ses malheureux compagnons d'armes, à la suite de la capitulation, il fut transféré avec les autres officiers dans les prisons d'Auray, en attendant la comparution devant les commissions militaires chargées de les juger, ou plutôt de les condamner. M. Alfred Nettement nous a retracé les derniers moments de ces infortunées victimes de leurs convictions politiques.

« Quand la porte s'ouvrit, les prisonniers étaient agenouillés devant la balustrade du chœur (dans la chapelle de la Congrégation des hommes à Auray), le vieux comte de Soulanges, blessé et malade, remplissait le rôle que devait remplir le lendemain le comte de Kergariou-Locmaria. Appuyé sur l'autel, il récitait les prières des agonisants. A cet aspect, les soldats,

La Porte (1) que vous avez vue chez moi, au couvent de la Trinité.

A Brest, on ne s'occupe que du mesmérisme (2); ma sœur Hector va, tous les jours, chez un nouveau médecin initié dans cet art. Elle prétend, non seulement se guérir, mais rendre la santé au vicomte.

Dans les autres villes, ce sont des ballons (3); j'en ai assez vu pour contenter ma curiosité.

Dans notre quartier c'est une mission (4) de cam-

frappés de respect, demeuraient immobiles, les femmes pleuraient :

« Mesdames, leur dit M. de Soulanges, votre charité nous suivra donc jusqu'à la mort! »

(A. Nettement, *Quiberon.*)

Les Pâris de Soulanges portaient : « *D'argent à la croix de gueules cantonnée de quatre lionceaux affrontés de même.* »

(*Nob. et Arm. de Bretagne*, P. de Courcy.)

Le fils de Madame le Forestier de Kerosven, comtesse de Bois-Eon, épousa, en 1790, sa cousine, l'aînée des filles du comte de Soulanges, dont le nom est éteint aujourd'hui.

(1) *L'aînée des la Porte.....* fille de *Paul-Jules, marquis de la Porte-Vezins*, intendant de la marine à Brest, dont il sera question plus loin. Elle épousa dans la suite son cousin-germain, *Louis-Marie-Joseph de Kerouartz*, officier de la marine royale, auquel nous consacrerons ici quelques lignes (p. 197.)

(2) *A Brest on ne s'occupe que du mesmérisme...* Voir plus loin la biographie de Mesmer et l'odyssée de ce fameux charlatan du dix-huitième siècle.

(3) *Dans les autres villes ce sont des ballons...* V. ci-après, p. 199.

(4) *C'est une mission...* L'œuvre des missions était très populaire en Bretagne, à cette époque où était encore vivant le souvenir de saint Vincent Ferrier, de Michel de Nobletz, de

pagne, c'est-à-dire bretonne, que les Capucins donnent à Lanmeur. J'y fus hier et y trouvai Mesdames de Guernellé (1), de la Barre (2), de Kerjean (3), de Lanascol (4). Ces deux-ci vont coucher au Guer-

Julien Maunoir et enfin, particulièrement, celui du bienheureux Père Grignon de Montfort.

C'est au zèle évangélique de ces saints apôtres, et des pieux continuateurs de leurs œuvres, que la Bretagne était, en grande partie, redevable de sa fidélité persévérante à la pratique et aux maximes de notre sainte Religion.

Aussi voyons-nous encore, à la fin du dix-huitième siècle, où la foi était généralement fort relâchée, les grandes dames de la région quitter châteaux, maris et enfants pour se rendre, avec un pieux empressement, à « *une mission de campagne, c'est-à-dire bretonne, que les Capucins donnent à Lanmeur* ».

(1) *Mesdames de Guernélé...* Une des branches de la maison Môl, de la même famille que les Mol de Kerjean. Les Mol sont d'ancienne extraction et portaient : « *D'argent à trois ancres de sable.* »

(De Courcy, *Nobiliaire et Armorial de Bretagne.*)

Cette famille est aujourd'hui éteinte. Elle était alliée à celle des Kersauson (Voir la notice p. 25). Le nom de Mol s'écrivait autrefois *Molf* et le château de Kerjean, en Trébabu, berceau de la famille appartenait, dès l'année 1390, à *Tanguy Molf*, seigneur de Kerjean, d'où le nom de Kerjean-Mol, ou Mol de Kerjean qui désigne la même maison, que les Mol de Guernelez.

(2) *De la Barre...* Il y a plusieurs familles de ce nom : faute d'indications plus précises nous ne pouvons savoir à laquelle appartenait la personne ici désignée.

(3) *Madame de Kerjean...* Il s'agit ici de la châtelaine de Kerjean, en Saint-Vougay (Finistère). Nous donnons plus loin, la biographie de cette dame qui, née *de Coëtanscours*, avait épousé le comte *de Kersauzon*, et la description de son beau château.

(4) *Madame de Lanascol...* de Quemper, seigneur de Keranroux,

rand (1) chaque jour, et reparaissent, à sept heures du matin, pour suivre les exercices tout le reste de la journée. Cela est d'un grand exemple.

Madame de la Monneraye (2) est allée à son ménage depuis plus d'un mois au Resmeur (3) près de Guingamp.

— châtelains de Lanascol, en 1647, — marquis du Guérand, paroisse de Plouagat ; etc....

« *D'argent au léopard de sable, accompagné en chef, de trois coquilles rangées de même.* »

Devise : « En bon repos. »

Madame de Lanascol, nommée dans cette lettre, était châtelaine du Guérand, qui, depuis 1745, appartenait aux Quemper de Lanascol (voir la note suivante sur ce château et ses seigneurs, dont il sera question dans plusieurs autres lettres).

(1) *Ces deux-ci vont coucher au Guérand...* V. ci-après.

MADAME DE LA MONNERAYE

(2) *Madame de la Monneraye... Marie-Charlotte-Reine de Kérouartz* (voir notice générale sur cette illustre maison p. 38), fille de François-Jacques, marquis de Kerouartz, conseiller au Parlement de Bretagne, et de Marie-Jeanne-Louise-Charlotte-Toussaint de Kerouartz, sa cousine, qu'il avait épousée en 1760; épousa en 1784, le comte *Jean Dimas de la Monneraye*, né à Rennes le 12 juillet 1766. « Elle fut un ange de vertu durant toute son existence », disent les biographes.

Ayant suivi, pendant la Révolution, sa famille émigrée, elle sut trouver, sur la terre étrangère, des ressources dans sa bonté et ses talents et créa une maison d'éducation, bientôt fort suivie, qui lui permit d'élever sa jeune famille composée de deux filles et de trois fils.

(Voir Levot, *Biographie bretonne.*)

LE CHATEAU DU RESMEUR

(3) *Au Resmeur près de Guingamp...* Ce château, situé près de Guingamp (Côtes-du-Nord), en la paroisse de Pommerit-le-Vi-

Madame de L'Angle (1) demeure toujours avec les Hector. Le jeune marquis (2) a été présenté et attend une place dans la gendarmerie. Boiséon se

comte, se nomme le *Restmeur* et appartenait alors à la maison de la Monneraye seigneur de la Ville Blanche, — de la Riolais, — du Restmeur et autres lieux.

« *D'or à la bande de gueules, chargée de trois têtes de lion arrachées d'argent et accostées de deux serpents volants d'azur.* »

(Potier de Courcy, *Nobiliaire et Armorial de Bretagne.)*

Le château du Restmeur fut possédé, en 1500, par Jean de la Lande. Des mains des de la Monneraye, il passa à la maison de Roquefeuille.

« En 1800 un engagement eut lieu, entre les républicains et les royalistes, près du château du Restmeur. Les premiers perdirent trois hommes et furent obligés de battre en retraite. Les royalistes vainqueurs s'établirent dans le château.

Le jardinier du Restmeur, qui était allé fêter la victoire des royalistes, rentrant gris, répondit au factionnaire qui lui criait : « Qui vive? — Républicain! » Le factionnaire lui envoya une balle qui l'étendit raide mort. »

(Ogée, *Dictionnaire de Bretagne,* notes de la deuxième édition.)

MADAME DE LANGLE

(1) *Madame de Langle demeure toujours avec les Hector..... Marie-Georgette-Françoise de Kerouartz,* sœur de Madame de la Monneraye (voir note précédente), était la nièce et pupile du comte et de la comtesse d'Hector, née de Kerouartz.

Elle épousa, au printemps 1784, le vaillant et infortuné chevalier *Paul-Antoine-Marie Fleuriot de Langle,* dont nous donnerons plus loin la biographie.

Après son mariage, étant donné les fréquentes et longues absences de son mari, Madame de Langle demeura chez le comte d'Hector, où s'était passée toute sa jeunesse. Devenue veuve, elle épousa en secondes noces le chevalier René-Augustin de la Monneraye, dont une fille née en Angleterre.

(2) *Le jeune marquis a été présenté..... Jacques-Louis-François-*

porte bien et a quitté son cantonnement pour aller à Brest.

(La signature manque, ainsi que la fin de cette lettre; nous n'avons toutefois aucun doute sur son auteur qui est bien Madame Le Forestier de Kerosven, comtesse de Bois-Éon.)

LOUIS-MARIE JOSEPH DE KEROUARTZ

Elevé sous le patronage de son oncle, le comte de Soulanges, il fut de très bonne heure un vaillant marin. C'était de plus un homme très résolu, hardi et doué d'une force herculéenne. Etant embarqué, comme officier, sur le vaisseau de M. de Girardin à Saint-Domingue, il fut un jour averti que l'équipage de ce navire, agité comme beaucoup d'équipages à l'époque de la Révolution, avait décidé sa mort.

Pour se soustraire à cette fatale sentence, de Kerouartz ne trouva d'autre expédient que de prendre la garde le jour même où elle devait être exécutée. Il fait, comme officier de quart, tous les préparatifs pour le supplice d'un patient à pendre au bout de la grande vergue. Puis, tout étant disposé, la corde passée, le nœud coulant n'attendant plus que la tête du condamné, il s'écrie d'une voix forte :

« Deux hommes de bonne volonté pour pendre M. de Kerouartz ! » Stupéfaction générale ! Deux canonniers, cependant, s'avancent hardiment. Au moment où ils portent sur l'officier leurs mains insolentes, celui-ci les terrasse et les foule aux pieds. « A deux autres ! » dit-il résolument. Peu déconcertés, parait-il, par ce qui vient d'arriver à leurs camarades, gisant pantelants aux pieds de leur chef, deux

Toussaint, marquis de Kerouartz, chef de nom et d'armes de sa maison, présenté à la cour le 9 mai 1784. Nous donnerons sur lui quelques notes biographiques (voir ci-après page 201).

autres matelots se présentent à son appel. Un instant de lutte et Kerouartz, de ses bras vigoureux, les précipite à terre à leur tour.......

Alors profitant de l'heureuse impression causée par son énergie, sa vigueur et son intrépidité, sur les spectateurs de cette étrange scène, l'officier appelle la garde et lui ordonne de mettre aux fers les quatre délinquants. Il est obéi immédiatement. Toutefois la sécurité momentanée résultant de cet acte d'audacieux courage ne pouvait être de longue durée, et la partie n'était pas égale entre un officier et tout un équipage excité contre lui. Aussi sa fuite fut-elle résolue et combinée par quelques matelots demeurés fidèles. Dans la soirée un canot, monté par un homme sûr, accosta sans bruit le navire et embarqua Kerouartz pour le conduire à bord d'un bâtiment en partance pour Nantes, où il arriva sain et sauf.

Ce pays ne lui était pas inconnu. Il l'avait fréquemment visité, avec son oncle de Soulanges, pendant leurs séjours au château de la Preuille appartenant à ce dernier, et situé sur les confins de la Bretagne et de la Vendée, paroisse de Saint-Hilaire-de-Loulay. Il prit place dans les rangs des Vendéens, et partagea leurs succès et leurs revers jusqu'à la mort de Bonchamp, dont Kerouartz était devenu l'aide-de-camp.

Fait ensuite prisonnier, il fut transféré à la prison du Temple, d'où il ne sortit que longtemps plus tard, grâce à l'intervention de la femme du premier Consul, Joséphine, qu'il avait connue dans des jours meilleurs. Après cet acte de clémence, il ne voulut pas reprendre les armes.

De son mariage avec Mademoiselle de la Porte-Vézins il eut deux enfants : Hortence et Charles. Il se remaria plus tard avec Mademoiselle Miorsec de Kerdanet qui lui donna plusieurs autres enfants.

Louis-Marie de Kerouartz mourut à Brest, capitaine de

vaisseau honoraire et chevalier de Saint-Louis, le 7 mai 1825 (1).

Louis-Marie de Kerouartz était le frère des dames de la Monneraye et de Langle et du jeune marquis de Kerouartz, dont nous donnons ci-après la biographie.

LES BALLONS EN 1784.

Les deux frères Montgolfier, Joseph-Michel (1749 † 1810) et Jacques-Etienne (1745 † 1799), étaient les propriétaires des papeteries d'Annonay (Ardèche). Le 5 juin 1783 les Etats du Vivarais, assemblés dans cette petite ville, furent invités par les deux industriels à être témoins d'une expérience de physique.

La foule se pressait sur la place. Un sac énorme formé d'une toile légère, doublée de papier, se gonflait lentement sous les regards attentifs du public. Tout-à-coup les cordes qui le retenaient furent coupées et le premier ballon s'éleva majestueusement dans les airs.

Plusieurs perfectionnements successifs apportés à l'invention originale permirent bientôt aux hardis physiciens de s'aventurer dans une nacelle attachée à l'aérostat. On vit un ballon traverser la Manche, monté par un Français, Monsieur Blanchard, et par un Anglais, le docteur Jefferies; ce dernier perdit son pavillon. Blanchard avait fait flotter le drapeau français sur les côtes d'Angleterre : l'enthousiasme public le fêta à son retour.

La Reine elle-même, qui, ce jour-là, jouait aux cartes à Versailles, dit :

« Ce que je gagnerai dans cette partie sera pour Blanchard. »

La même entreprise, tentée quelques jours plus tard par un professeur de physique, M. Pilâtre de Rozier (Jean-François 1756 † 1785), devait lui coûter la vie.

(1) Voir Levot, *Biographie Bretonne*.

Toutes les grandes villes, cependant, voulurent avoir leur ballon et l'on voit, par la lettre qui précède, que, sous ce rapport du moins, nos cités bretonnes n'étaient pas en retard, puisque dès le mois de mai 1784, une châtelaine des environs de Morlaix déclare avoir déjà assez vu de ballons *« pour contenter sa curiosité »*.

LE CHATEAU DU GUÉRAND

Situé en la paroisse de Plouagat ou Plouégat, ancien évêché de Tréguier, le château du Guérand, avec les immenses bois et les terres qui en dépendaient, formait jadis un superbe domaine. Il possédait sur ses vassaux le droit de haute justice.

Cette seigneurie, avec celle de Kergoallon, située dans la même paroisse, appartenait, au XIVe siècle, à Yves Charruel, l'un des héros du combat des Trente, qui se distingua dans le parti de Charles de Blois, fut capitaine de Morlaix et l'un des conservateurs de la trêve conclue, en 1357, entre le roi de France et le roi d'Angleterre.

Ce château s'appelait aussi Locmaria-Guérand, ayant appartenu, en 1480, à Jean du Parc, chevalier, seigneur de Locmaria, qui, au dire des historiens, fit entourer de murs l'immense parc du Guérand.

L'un de ses descendants, Vincent du Parc, ayant rendu de signalés services au roi de France, Louis XIII, celui-ci fit ériger en marquisat, en sa faveur, le 13 janvier 1639, la terre et seigneurie du Guérand. Vincent du Parc était alors enseigne dans la compagnie des gendarmes du cardinal de Richelieu, et prit part au siège de la Rochelle et aux guerres d'Allemagne. Il avait épousé Claude Névet et présida, par élection, le 20 octobre 1659, les Etats de Bretagne tenus à Fougères.

En 1680, le marquisat du Guérand appartenait à Louis-François du Parc, marquis de Locmaria, maréchal des camps et armées du Roi.

Enfin la branche des du Parc de Locmaria s'étant éteinte au dix-huitième siècle, le marquisat du Guérand fut possédé, depuis 1745, par la maison de Quemper de Lanascol.

Les armes des du Parc de Locmaria sont :

« *D'argent à trois jumelles de gueules* » (Sceau de 1371).

Devise : « Vaincre ou mourir ». (P. de Courcy.)

LE JEUNE MARQUIS DE KEROUARTZ

Jacques-Louis-François-Marie-Toussaint, chevalier, marquis de Kerouartz, comte de Penhoët, vicomte de Kermellec, châtelain de Lossulien, sous-lieutenant au régiment du *Roi-Infanterie*, puis capitaine au régiment *Dauphin-Cavalerie*, guidon dans la petite gendarmerie de Lunéville, major au régiment de *Beauce*, colonel de cavalerie dans l'armée de Condé, en 1792, et chevalier de Saint-Louis, était fils de François-Jacques de Kerouartz, conseiller au Parlement de Bretagne (nommé le 8 mai 1756), et de dame Marie-Jeanne de Kerouartz, sa cousine qu'il avait épousée en juillet 1760.

Admis aux honneurs de la Cour, le 9 mai 1784 (voir plus loin notre article sur la présentation à la Cour), le jeune marquis épousa en 1785, demoiselle Reine de Cleuz du Gage, (v. p. 77 note sur cette maison), dernière du nom et unique héritière des biens considérables de sa famille. Elle apportait en dot à son mari plus de 200 000 livres de revenu (1). La contrat de mariage passé à Versailles le 28 août 1785 fut signé du Roi, de la Reine, des princes et princesses du sang royal.

Un injuste procès, que la Révolution empêcha de faire

(1) Des chansons bretonnes de l'époque célébraient, à la fois, les richesses, la beauté et l'amabilité de la *pen-herès*, ou héritière de Cleuz du Gage. Le mot breton *pen-herès* signifie *tête d'héritage*, héritière principale ou unique.

réformer, enleva au marquis et à la marquise de Kerouartz une partie de leur immense fortune et, en particulier, le beau château de Kergroadez.

Après la mort de Reine de Cleuz du Gage, le marquis de Kerouartz épousa en second mariage demoiselle Cécile le Vicomte de la Houssaye.

Jacques-Louis-François-Marie-Toussaint de Kerouartz mourut à Guingamp (Côtes-du-Nord) vers le milieu du XIXe siècle.

Il était le frère de Louis-Marie dont nous avons donné ci-dessus la biographie, et de Mesdames de la Monneraye et de Langle. (Voir notes p. 195 et suivantes.)

Cette illustre maison est encore, de nos jours, dignement représentée par le marquis *Albert de Kerouartz*, actuellement chef de nom et d'armes, marié, en 1857, à dlle *Eugénie de Roquefeuil* et dont sont issus :

1° *Frédéric*, marié en 1887 à dlle Magdeleine d'Andigné ;

2° *Eugénie*, mariée en 1881 au comte Pierre de Rougé.

LA PRÉSENTATION A LA COUR

I

Ce n'était pas le moindre événement de la vie d'un gentilhomme que sa présentation à la Cour ! Etre mis directement en la présence de son souverain, invité à suivre la chasse du Roi, à monter dans les carrosses de Sa Majesté, en un mot « *être admis aux honneurs de la Cour* », selon l'expression consacrée, était un privilège réservé à la fine fleur de la vieille aristocratie française. En effet, à part les rares exceptions de quelques présentations *par ordre* ou *par grâce* en faveur des grands officiers de la couronne, chevaliers du Saint-Esprit, ou leurs descendants, il fallait pour être « *admis aux honneurs de la Cour* » et être présenté au Roi faire ses preuves de noblesse.

Celle-ci devait remonter, d'après une ordonnance de 1760, jusqu'à l'année 1400 au moins, sans anoblissement et sans aucune dérogeance des ancêtres du postulant ou de celui-ci.

Le Roi ne s'en rapportait pour ces preuves qu'au généalogiste de ses ordres, sans tenir compte des jugements de ses intendants, non plus que des arrêts de ses cours souveraines, pas même de ceux de son Conseil.

Les dames n'étaient pas présentées sur les preuves de leur propre famille, mais sur celles de la famille de leur mari. Le jeune gentilhomme devait, de plus, avoir à la Cour un protecteur, sorte de *parrain* jouissant d'une certaine influence auprès du Roi.

Une fois ses preuves admises, voici quelles étaient, en

général, les démarches successives du postulant pour être admis aux honneurs de la Cour, à la fin du XVIIIe siècle.

En arrivant à Versailles, du fond de son manoir paternel, il commençait par rendre visite au personnage influent auquel il était recommandé, et qui, faisant généralement partie de l'entourage immédiat du Roi, était à même de le mettre au courant de l'étiquette, des coutumes, du cérémonial en usage en pareille circonstance.

Le grand jour arrivé, le jeune seigneur se rendait de bon matin au château, et prenait place dans les rangs des courtisans qui, attendant le lever du Roi, remplissaient la salle de l'Œil-de-bœuf, antichambre des appartements de Sa Majesté.

Là s'écoulait un des moments les plus pénibles pour le *débutant*. Il devenait le point de mire des regards et des propos de tous ces grands seigneurs de la Cour qui l'examinaient, cherchant à lire sur son front juvénile les signes de sa future destinée.

« Qui est-il ? d'où vient-il ? quel est son protecteur ? »

Toutes ces questions, d'autres encore ; les réponses faites à voix basse, murmure discret et de bon ton, se faisaient entendre autour de lui.

Mais bientôt la chambre s'ouvrait et les courtisans étaient admis, selon l'usage, à ce qu'on appelait « la toilette du Roi », c'est-à-dire voyaient celui-ci prendre son chapeau des mains du premier gentilhomme de service et sortir de son appartement pour se rendre à la messe, au milieu d'une haie de nobles gens empressés sur son passage.

C'était le moment choisi pour les présentations : les *débutants* s'avançaient et étaient nommés au Roi par leur patron :

« Sire, le chevalier un tel. »

Celui-ci s'inclinait alors profondément, le Roi lui rendait son salut et quelquefois lui adressait la parole, mais souvent aussi, passait en silence.

La présentation n'en était pas moins faite : le jeune noble

faisait désormais partie de cette Cour de France, la plus brillante de l'Europe ; et, là-bas, dans la chapelle aux gothiques vitraux, les mânes de ses ancêtres devaient tressaillir d'aise au fond de leurs enfeux armoriés : leur maison, une fois de plus, pouvait inscrire dans sa glorieuse généalogie : « Un membre admis aux honneurs de la Cour ».

Les courtisans anciens et nouveaux se portaient ensuite, à la hâte, vers la galerie que devait traverser la Reine se rendant, elle aussi, à la messe : car, dans cette cour, si légère, si frivole sous Louis XIV et sous Louis XV, l'usage ne s'était pas perdu de commencer la journée par cette sainte action. La Reine s'avançait donc à son tour, radieuse de jeunesse, de beauté, de majesté, au milieu de cette foule d'admirateurs, dont les têtes s'inclinaient sur son passage comme les épis de blé sous le souffle de la brise. Comme elle portait haut et fier ce front royal que devait bientôt moissonner la faux révolutionnaire ! mais aussi avec quelle grâce elle rendait les saluts qui lui étaient adressés !

II

Le débutant pouvait, le soir, assister au jeu de la Reine. Il était alors nommé à Sa Majesté, qui lui adressait quelques mots aimables, ainsi que le Roi. Il prenait, peu à peu, contact avec le milieu qui pouvait devenir le sien, à moins qu'il ne préférât la culture des champs paternels à celle, plus épineuse peut-être, de la faveur royale, et la solitude de son antique manoir à toutes les splendeurs de la Cour.

Ce cas était fréquent chez les gentilshommes de Bretagne, dont le naturel rude et fier se pliait difficilement aux exigences serviles de cette « domesticité » (1), de haute

(1) Châteaubriand emploie cette expression dans ses *Mémoires d'Outre-Tombe* : « On respectait en lui la *domesticité* future dont il pouvait être honoré. »

(*Mémoires d'Outre-Tombe*, tome 1er.)

volée, qui était le rôle des nobles seigneurs de l'entourage du Roi.

Dédaigneux des honneurs les plus recherchés à la Cour, les Bretons qualifiaient de « *licol* » le grand cordon bleu de commandeur du Saint-Esprit, donné par le Roi au comte de Boisgeslin (1) et, à un jeune gentilhomme reçu dans les pages de Leurs Majestés, certain châtelain demandait un jour, d'un ton goguenard :

« Depuis quand, mon petit, es-tu devenu *valet* ? »

Après la présentation au Roi, le jeu de la Reine, restait la grande et importante « *journée des carrosses* ». Prévenu à l'avance du jour et du lieu où il chasserait avec le Roi, dans l'une de ses forêts, le nouveau présenté s'y rendait de bon matin, en uniforme de *débutant* : « habit gris, veste et culotte rouge, manchettes de bottes, bottes à l'écuyère, couteau de chasse au côté, petit chapeau français à galon d'or » (2).

Les chevaux de la première chasse étaient fournis des écuries de Sa Majesté, et attendaient les présentés au point de ralliement où l'on se rendait dans les carrosses du Roi.

Ecoutons ici le récit que nous a laissé Châteaubriand de sa première chasse avec le Roi, le 19 février 1787, dans la forêt de Saint-Germain :

« On bat aux champs : mouvement d'armes, voix de commandement. On crie : « Le Roi ! » Le Roi sort, monte dans son carrosse : nous roulons dans les carrosses à la suite. Nous arrivâmes au point de ralliement où de nombreux chevaux de selle, tenus en mains sous les arbres, témoignaient leur impatience. Les carrosses arrêtés dans la forêt avec les gardes ; les groupes d'hommes et de femmes ; les meutes à peine contenues par les piqueurs ; les aboiements des chiens, le hennissement des chevaux, le bruit des cors formaient une scène très animée » (3).

(1) Voir, plus loin, notice sur ce personnage.

(2) *Mémoires d'Outre-Tombe*, tome 1er.

(3) Châteaubriand, *Mémoires d'Outre-Tombe*, tome 1er.

Le duc de Coigny l'avait prévenu, ainsi que les autres *débutants*, d'éviter de couper la chasse, le Roi s'emportant facilement si l'on passait entre lui et la bête. Telle fut précisément la première aventure du chevalier de Châteaubriand, qui devait en avoir tant d'autres :

« Au descendu des carrosses je présentai mon billet aux piqueurs. On m'avait destiné une jument appelée l'*Heureuse*, bête légère, mais sans bouche, ombrageuse et pleine de caprices.....

« Le Roi mis en selle partit ; la chasse le suivit, prenant diverses routes. Je restais derrière à me débattre avec l'*Heureuse* qui ne voulait pas se laisser enfourcher par son nouveau maître. Je finis cependant par m'élancer sur son dos : la chasse était déjà loin.

« Je maîtrisais d'abord assez bien l'*Heureuse* ; forcée de raccourcir son galop, elle baissait le cou, secouait le mors blanchi d'écume, s'avançait de travers à petits bonds ; mais lorsqu'elle approcha du lieu de l'action, il n'y eut plus moyen de la retenir (1).

L'*Heureuse* fit si bien qu'elle emporta son jeune cavalier juste à l'endroit où le chevreuil venait d'être abattu, au moment même où le Roi y arrivait, mais... *avant le Roi !!*... en dépit des injonctions de M. de Coigny.

« Le Roi regarde et ne voit qu'un *débutant*, arrivé avant lui aux fins de la bête. Il avait besoin de parler ; au lieu de s'emporter, il me dit, avec un ton de bonhommie et un gros rire : « Il n'a pas tenu longtemps ! »

« C'est le seul mot que j'aie jamais obtenu de Louis XVI.
« On vint de toutes parts : on fut étonné de me trouver
« *causant avec le Roi* ».....

« Le Roi força trois autres chevreuils. Les débutants ne pouvaient courre que la première bête. J'allai attendre au Val, avec mes compagnons, le retour de la chasse ; le Roi

(1) Châteaubriand, *Mémoires d'Outre-Tombe*, tome Ier.

revint au Val : il était gai et contait les accidents de la chasse. On reprit le chemin de Versailles... » (1).

Les courtisans s'habillaient alors, au plus vite, pour se trouver de nouveau en présence du Roi « au débotté », moment de triomphe et de faveur. Châteaubriand dédaigna de s'y montrer et quitta, en toute hâte, ce milieu brillant, à peine entrevu, pour regagner ses landes de Bretagne.

Il ne remit plus les pieds à la Cour; jusqu'au jour où il en fit de nouveau partie, sous la Restauration. Le jeune marquis de Kerouartz ne fut, sans doute, pas aussi dédaigneux des pompes et des fêtes de Versailles, et sa présentation dut lui faciliter l'obtention d'un guidon de gendarmerie, comme une de nos vieilles lettres nous l'apprendra bientôt.

(1) Châteaubriand, *Mémoires d'Outre-Tombe.*

MESMER & LE « MESMÉRISME »

Mesmer et ses baquets étaient fort à la mode en 1784, non seulement à Paris, mais dans la France entière. La vogue s'en était répandue jusqu'au fond de la Basse-Bretagne, comme nous le voyons par ce passage de la lettre précédente.

« A Brest, on ne s'occupe que du *mesmérisme*. Ma sœur Hector va tous les jours chez un nouveau médecin initié à cet art. Elle prétend non seulement se guérir, mais rendre la santé au vicomte . . »

Nous dirons donc ici quelques mots de ce charlatan, fameux à la fin du dix-huitième siècle.

Mesmer (Frédéric-Antoine) naquit à Iznang (Souabe), en 1733, et fit à Vienne ses études de médecine. Il déclarait avoir découvert, dans les propriétés de l'aimant, un remède à toutes les maladies ; prétendant en obtenir la guérison par le seul fluide magnétique, qu'il avait baptisé du nom de *magnétisme animal*, dans son application aux individus, pour le distinguer du magnétisme de l'aimant, en tant que propriété naturelle que présente celui-ci, d'attirer certains corps, tels que le fer, le nickel etc.

Après avoir expérimenté son système à Vienne avec des résultats plutôt médiocres, sur des malades des hôpitaux, il vint à Paris, en février 1778. C'est là que la fortune l'attendait ! Quelques cures heureuses commencèrent sa réputation et bientôt les malades affluèrent à son hôtel, en tel nombre, que, ne pouvant plus les traiter individuellement, Mesmer dut inventer son fameux *baquet*.

Ce fut vers la fin de 1778 que Mesmer, à l'apogée de sa célébrité, imagina d'administrer collectivement à ses nombreux clients, ses passes salutaires. Il choisit donc, dans un hôtel de la Place Vendôme, une vaste salle, éclairée d'un demi-jour mystérieux, au milieu de laquelle il disposa une cuve de chêne, munie d'un couvercle troué, remplie d'eau jusqu'à une certaine hauteur, et garnie, au fond, d'une couche épaisse de verre pilé mélangé de limaille de fer, sur laquelle il avait rangé symétriquement des bouteilles pleines d'eau. Par les trous du couvercle sortaient des tiges de fer dont une extrémité plongeait dans l'eau, tandis que l'autre, recourbée et pointue, devait être saisie par les malades.

Ceux-ci entouraient le baquet, soit assis, soit debout, se touchant par les pouces, ou réunis par une corde, et appliquaient la pointe de fer sur la partie du corps qui était malade. Là ils attendaient patiemment la bienfaisante influence des passes magnétiques et les effets du magnétisme, agent mystérieux dont ils espéraient des prodiges de guérison.

La mode aidant, ce fut bientôt un véritable engouement : on ne parla plus à la Cour, à la ville et bientôt dans les châteaux, que de Mesmer et de son baquet ; des disciples ou des imitateurs, prétendus initiés à sa merveilleuse méthode, se répandirent en province, exploitant, pour leur compte, la mine productive de la crédulité publique.

La somptueuse clinique de l'hôtel Bullion, dans les quartiers de Montmartre, remplaça bientôt la salle de la Place Vendôme devenue insuffisante et, la vogue croissant toujours, Mesmer et son baquet firent bientôt courir tout Paris. Les uns venaient chez lui pour guérir, les autres pour voir appliquer le fameux traitement.

Pour ajouter à son renom de savant docteur la réputation de philanthrope et de bienfaiteur du pauvre, en mettant à la portée de tous sa précieuse invention, l'illustre Mesmer choisit et disposa, de ses propres mains, sur le boulevard, à l'extrémité de l'avenue de Bondy, un arbre qui, disait-il, pouvait tenir lieu du célèbre baquet. Et l'on vit bientôt un spectacle qui eût été risible s'il n'eût été plus triste encore : des centaines de malades, venus souvent de fort loin, se disputaient la place, s'attachant à cet arbre dont ils attendaient, avec un stupide espoir, la guérison de leurs maux !. ..

La mode des baquets devint générale et dura jusqu'en 1785. Beaucoup s'en firent faire pour leur usage personnel et chacun se fit traiter par la « méthode de Mesmer ». Celui-ci profita de cette vogue pour vendre, bien cher, à une société de souscripteurs, son soi-disant secret, après avoir refusé les 30.000 livres de rentes que lui en offrait le gouvernement, à qui il avait demandé de le lui acheter *« pour enrichir l'humanité »*.

La société s'aperçut bientôt qu'elle était dupe d'un charlatan dont la prétendue découverte n'était nouvelle que par le parti qu'il en avait su tirer. Les plaintes des souscripteurs volés provoquèrent un revirement de l'opinion et Mesmer dut bientôt quitter Paris, au milieu de l'indignation générale :

« Sic transit gloria mundi ! »

L'histoire dit qu'il oublia même d'emporter son fameux baquet, mais non l'argent qu'il en avait su tirer et, comme à Paris tout se termine par un éclat de rire, on vit un jour, au-dessus des Tuileries, s'élever dans les airs une figure aérostatique appelée *« le Vendangeur »*, et dont la tête était coiffée d'une espèce de cuvier, sur lequel se lisait en lettres couleur de feu l'inscription significative :

« Adieu *baquet*, vendanges sont faites. »

Mesmer mourut à Meersbourg en 1815.

LE CHATEAU DE KERJEAN

ET SA CHATELAINE

I

Le château de Kerjean, en Saint-Vougay, surnommé « *le Versailles de la Bretagne* », méritait bien cette pompeuse appellation, par la beauté et l'étendue de ses immenses constructions, qui ne couvraient pas moins d'un hectare soixante ares, et dont il ne reste aujourd'hui que de superbes ruines.

Entouré de bois magnifiques et de splendides jardins, il s'élevait au centre d'une enceinte carrée, close de murailles élevées garnies de mâchicoulis, comme celles d'une place forte, et d'une largeur de cinq à six mètres. Des tours en marquaient les quatre angles et l'entrée principale, avec pont-levis, où conduisaient des avenues séculaires. Les jardins occupaient, à eux seuls, une superficie de trois hectares.

Le château de Kerjean fut construit, en 1550 par Louis Le Barbier de la maison de ce nom dont les armes étaient : « *D'argent à deux fasces de sable* » et la devise : « Var va buez. » (Sur ma vie) (1). Ces seigneurs avaient acquis beaucoup de terres, et d'importants fiefs dans le pays, avec le produit de l'héritage, très considérable, de Hamon Bar-

(1) Louis Le Barbier avait épousé Jeanne de Gouzillon ; leurs armes écartelées se voient encore sur le porche d'entrée.

bier, abbé de Saint-Mathieu, et conseiller au Parlement des Grands Jours (1533).

« Cet abbé avait cumulé tant de bénéfices, qu'à son décès il y eut, dit-on, plus de quarante vacances ! et que le Pape demanda si tous les abbés de Bretagne étaient morts le même jour » (1). Uni aux châtellenies de Languen, Kerbiguet, Rodalvez et Trocurun, Kerjean fut érigé en marquisat, au mois de juillet 1618, en faveur de René Le Barbier, chevalier de l'ordre de Saint-Michel et gentilhomme ordinaire de la chambre du Roi, et relevait des seigneurs de Maillé, ducs de Rohan-Chabot, à qui le marquis de Kerjean devait un singulier hommage. Au jour marqué, chaque année, ce dernier était tenu d'amener, lui-même, à Lanhouarneau un œuf dans une charrette attelée. Arrivé en présence de son suzerain il devait faire cuire cet œuf et le lui servir, chapeau bas (2).

D'après certains auteurs, l'hommage du marquis de Kerjean comportait un autre cérémonial :

« Le seigneur de Lanhouarneau reçoit tous les ans, à jour marqué, une rente du seigneur de Kerjean, qui vient à Lanhouarneau et présente au seigneur supérieur, qui est assis dans une chaise de pierre, un morceau de pain, deux œufs durs et une bouteille de vin, qu'il lui sert le chapeau bas ; et, quand il a bu et mangé, le seigneur de Kerjean se met dans la même place et le seigneur supérieur lui en sert autant » (3).

Claude-Alain Le Barbier, comte de Lescouët, avait épousé, en 1714, Françoise-Perrine Le Borgne de Lesquiffiou. Le descendant actuel de cette maison est le marquis Le Barbier de Lescouët qui habite le château de Lesquiffiou près de Morlaix et a plusieurs enfants.

(1) Manet, *Histoire de la petite Bretagne.*

(2) Ogée, *Dictionnaire de Bretagne*, notes de la 2e édition, article *Saint-Vougay.*

(3) Ogée, *Dictionnaire de Bretagne*, art. *Lanhouarneau.*

II

Le marquisat de Kerjean tomba dans la maison de Coëtanscours (1) puis par alliance dans celle de Kersauson, à la mort d'Alexandre de Coëtanscours, vers 1769, par le mariage de sa fille *Suzanne* avec *Louis-François-Gilles, comte de Kersauson*, (fils du marquis de Kersauson de Brésale) mariage célébré, le 9 septembre 1755, dans la chapelle du château de Kerjean.

Ce comte de Kersauson de Coëtanscours fut l'un des chefs les plus ardents de l'opposition contre le duc d'Aiguillon aux Etats de Bretagne, notamment à la tenue de 1760 (2). Il mourut à Kerjean, le 4 septembre 1767.

Suzanne-Augustine de Coëtanscours, née le 25 mai 1723, dernière marquise de Kerjean (3) est restée légendaire en Basse-Bretagne, tant à cause de sa beauté remarquable, que pour sa richesse, le luxe extrême de sa maison et, surtout son orgueil invraisemblable dont on cite des traits qui ne manquent pas d'originalité.

La marquise de Kerjean tenait garnison dans son château, dont les créneaux portaient de l'artillerie et, chaque soir, les clefs de la place étaient solennellement déposées au chevet de la châtelaine.

(1) *De Coëtanscours*, sgr dudit lieu, paroisse de Plourin, de Kermorvan, de Rozalec et autres lieux, marquis de Kerjean en Saint-Vougay.

Ancienne extraction chevaleresque, réformation 1669, huit générations; réf. et montres, de 1427 à 1543, paroisse de Plourin, év. de Tréguier.

« *D'argent au chef endenché de gueules.* »

Devise : « A galon vad. « (de bon cœur).

Cette maison s'est fondue, en 1755, dans Kersauson.

(P. Potier de Courcy, *Nobiliaire et Armorial de Bretagne.*)

(2) Voir Barthelémy Pocquet, *L'opposition aux Etats de Bretagne.*

(3) C'est elle qui est désignée dans la lettre qui précède sous le nom de *Madame de Kerjean.*

« Un jour M. de la Marche (1), évêque de Saint-Pol-de-Léon, étant venu la voir, avec six curés de son diocèse, elle fit servir ceux-ci à l'office. En se mettant à table, s'apercevant de cette insolence, l'évêque prend son couvert et se lève.

« Où allez-vous ? » lui dit-elle.

« Diner avec mon clergé », répond le prélat.

Madame de Coatanscours envoya prier les prêtres de venir diner avec elle.

« Une autre fois un huissier lui apporte des papiers. Elle les lit lentement et laisse l'homme de loi debout. Au bout d'un certain temps celui-ci, impatienté, se couvre et s'assied.

« Que faites-vous? Sachez, lui dit-elle, que jamais un huissier ne s'est assis, ni couvert, en ma présence ! »

« C'est, répondit l'huissier sans se lever ni se découvrir, que ceux-là n'avaient ni c..... ni tête ! » (2).

L'histoire n'ajoute pas la description de celle (de tête ! !) que dut faire l'orgueilleuse châtelaine, en présence d'une pareille audace : il est à croire qu'elle fit..... accompagner par ses gens, jusqu'à la porte de son château, le malencontreux huissier qui se permettait de lui faire ainsi la leçon.

En 1794, Kerjean fut démantelé et son artillerie emmenée à Brest. La marquise de Coëtanscours, arrêtée et emprisonnée, se montra aussi fière et aussi arrogante devant le tribunal révolutionnaire que dans les salons de Kerjean, attitude qui lui valut une condamnation à mort. Elle fut exécutée à Brest, le 27 juin 1794, à l'âge de soixante-dix ans.

.Le château de Kerjean est actuellement habité par M. de Coëtgoureden.

(1) Voir pp. 120 et suivantes notice sur ce personnage.

(2) Ogée, *Dictionnaire de Bretagne*, art. Saint-Vougay.

MADAME LE MÉRER DE LISLE-ADAM

A Madame du Laz

Guingamp, le 23 juin 1784.

J'ai appris, ma chère nièce, par Madame de Brillac (1) que vous avez été très malade. Elle m'a dit, en même temps, que vous êtes beaucoup mieux, mais je n'en suis pas plus tranquille sur votre santé : j'en suis très inquiète.

Je profite de l'occasion de M. et Madame de Bélizal (2) pour savoir de vos nouvelles, ma chère nièce. Ils vont voir Madame de Roquefeuille (3), ils vont passer quelques jours avec elle et aller vous voir à Trégarantec. J'ambitionne le plaisir qu'ils vont avoir. Nous avions fait le même projet : les circonstances le retardent, ce dont je suis très touchée.

Vous attendez Madame la Duchesse d'Elbœuf (4), qui vous occupera pendant son séjour à Roster-

(1) *Madame de Brilhac.....* voir ci-après notice sur la *Maison de Brilhac.*

(2) *Monsieur et Madame de Bélizal* .... Voir plus loin la notice consacrée à ces personnages et à leur famille, p. 236.

(3) *Madame de Rocquefeuille....* née *Gabrielle de Kergus-Troffagant* et veuve de l'amiral comte *Aymard de Roquefeuil.* (Voir notice sur cette maison pages 82 et suivantes.)

Elle habitait le château de Kerlouët, en Plévin (Côtes-du-Nord). (Voir plus loin notice sur ce château, p. 223.)

(4) *La duchesse d'Elbœuf....* née *Innocente-Catherine de Rougé du Plessis-Bellière,* épouse de Son Altesse *Emmanuel-Maurice de Lorraine,* duc d'Elbœuf, pair de France. (Voir ci-après notice biographique.) Elle venait, de temps à autre, à son château de Rostrenen dont elle fut la dernière baronne.

nen (1). Il ne transpire pas icy qu'elle ait trouvé des acquéreurs pour la vente de ses terres : Dieu veuille qu'elle n'en trouve pas, qu'elle renonce à cette malheureuse fantaisie de vendre pour enrichir ses parents à qui elle a déjà tant donné ! Nous saurons de ses nouvelles par Mesdames de Calan (2) et de Rocquefeuille (3) qui l'auront vue souvent à Paris. Elles reviennent les premiers jours de juillet. Monsieur et

(1) à *Rostrenen*, chef-lieu de canton, arrondissement de Guingamp (Côtes-du-Nord).

(2) *Madame de Calan..... De la Lande*, sgr *de Calan*, paroisse de Pléboule, et autres lieux. Maison d'ancienne extraction, réformation 1668, sept générations ; réformations et montres de 1423 à 1535, paroisses de Saint-Potan, Pléboulle et Saint-Cast, évêché de Saint-Brieuc.

« D'azur au léopard d'argent armé et couronné d'or, accompagné de sept macles d'argent, quatre en chef et trois en pointe. »

Madame de Calan, ici désignée, est sans doute la belle-mère d'Adrien-Maurice de Roquefeuil (voir la note suivante).

(3) *Madame de Roquefeuil*... née de la Lande de Calan, épouse du vicomte *Innocent-Adrien-Maurice de Roquefeuil*, fils de Aymard-Joseph comte de Roquefeuil et de Gabrielle de Kergus de Troffagant ; baptisé, le 4 septembre 1753, par Mgr de Farcy évêque de Quimper. Il eut pour parrain Adrien-Maurice duc de Navailles pair et Maréchal de France, Ministre d'Etat etc., et pour marraine Catherine-Innocente de Rougé, duchesse d'Elbœuf, baronne de Rostrenen.

Cet acte de baptême, extrait des régistres de Plévin, porte entre autres signatures, celle de *Félicité de Lopriac de Donges marquise de Kerhoent*, dernière des Lopriac, qui mourut sur l'échafaud révolutionnaire et possédait, dans une région voisine, des biens considérables. Le duc de Navaille n'y vint pas en personne et s'y fit représenter.

Le vicomte et la vicomtesse de Roquefeuil ne laissèrent pas de postérité, Adrien-Maurice fut tué à l'armée de Condé, à la tête du régiment de Médoc dont il était colonel.

(*Notice sur le château de Kerlouët*)

Madame du Gage (1) comptent ne revenir qu'au mois d'avril prochain.

Nous comptons partir pour Kerleau (2) le mois prochain. La chute qu'a eue ma sœur nous retient ici plus longtemps que nous n'avons compté. Sa jambe est presque guérie. Elle n'a plus besoin que de quelques jours de ménagement. Elle me charge de vous assurer de ses respects et amitiés. Elle prend, comme moi un tendre intérêt à votre santé, ma chère nièce, nous désirons apprendre qu'elle soit entièrement rétablie. La mienne est bonne à présent; la belle saison m'a, je crois, fortifiée.

Avez-vous eu, ma chère nièce, des nouvelles du cher Lilly ? Je serais fort aise d'apprendre qu'il se comporte bien à Kerjean (3) et que Mademoiselle votre sœur et Monsieur le comte de Kersauson (4) en

(1) *Monsieur et Madame du Gage....* Voir note, p. 77, sur la maison de Cleuz du Gage. *Jeanne-Jacquette de Roquefeuil*, née à Kerlouët, le 10 mai 1743, épousa le 18 février 1765 messire *Jacques-Claude de Cleuz* chevalier, seigneur marquis du Gage fils majeur de défunt haut et puissant messire Claude-Hyacinthe de Cleuz, chevalier, seigneur marquis du Gage et de haute et puissante dame Marie-Marguerite du Parc, dame douairière marquise du Gage.

(V. notice sur la maison de Roquefeuille p. 82).

(2) *Nous comptons partir pour Kerleau.....* Château situé en Plourivo (Côtes-du-Nord), maison de campagne de Madame le Mérer de Lisle-Adam.

(3) *Qu'il se comporte bien à Kerjean....* Château en Trébabu appartenant alors à la famille de Kersauson, qui le tenait de la maison Mol de Kerjean, par le mariage de Françoise-Suzanne Mol de Kerjean avec Jean-François de Kersauson.

(Voir notice sur *la maison de Kersauson*, page 25;

(4) *Monsieur le comte de Kersauson et Mademoiselle votre sœur.....* *Maurice-Pierre-Joseph, comte de Kersauson*, frère aîné de Madame

soient contents. Il faut espérer que la raison ramènera ce jeune homme et qu'il vous donnera à la suite de la satisfaction.

Je suis bien touchée, ma chère nièce, de toutes les inquiétudes qu'il vous donne. Je crains qu'elles ne nuisent à votre santé, en grâce ! ménagez-vous !

Avez-vous reçu ma dernière lettre avec une quittance des six cents francs que vous m'avez envoyés ? Je vous réitère mes remerciements.

Je ne perds pas de vue le désir de vous donner une brue, ma chère nièce, j'y ferai tout ce qui dépendra de moi. Je n'ai pas reçu de réponse de Monsieur de Guébriand (1). Il ne vient pas à sa terre de Kerdaniel (2) comme il l'avait projeté. Je le crois bien malade à Paris.

Notre Guingamp ne fournit pas de nouvelles ; Monsieur et Madame de Bélizal vous en diront des personnes de votre connaissance.

La jeune Madame de Kernier (3) attend un enfant,

du Laz ; et sa sœur demoiselle *Jeanne-Renée de Kersauson*. (Voir notices, pages 25 et suivantes.)

(1) *Monsieur de Guébriand.....* voir ci-après notice sur le comte de Guébriand

(2) *Il ne vient pas à sa terre de Kerdaniel.....* Château en Plouagat-Châtel-Audren aux Guébriant. (Voir note précédente.)

(3) *La jeune Madame de Kernier.....* de la maison des *Le Cardinal sgr de Kernier*, en Plouvara, d'ancienne extraction ; réformation 1669, huit générations ; réformations et montres de 1426 à 1543, paroisses de Neuillac et Pomelin, évêché de Cornouailles ; et Plouvara, évêché de Saint-Brieuc.

Les armes de cette maison sont :

« *Coupé d'argent et de gueules au lion de l'un en l'autre*, qui est Cardinal : *Écartelé d'argent au chef endenché de gueules*, qui est Le Borgne. »

Devise : « L'âme et l'honneur. »

La jeune Madame de Kernier est la belle-fille de Messire Pierre

ce qui fait le plus grand plaisir à Madame sa belle-mère, dont la santé n'est pas bien bonne. Elle projette d'aller encore à Saint-Malo : elle s'en était bien trouvée l'année dernière. Elle me demande souvent de vos nouvelles, ma chère nièce ; elle m'a chargée, ainsi que Mlles ses filles, de vous assurer de leurs respects.

Veuillez bien faire agréer mes hommages respectueux à M. le comte du Laz. J'embrasse votre cher poupon et suis pour la vie etc....

LE MÉRER DE LISLEADAM.

Je viens d'apprendre, ma chère nièce, que Monsieur et Madame de Bélizal ont remis leur voyage à Kerlouët (1) aux premiers jours du mois prochain : je mets ma lettre à la poste. Je vous prie de me faire dire de vos nouvelles par quelqu'un pour me tirer d'inquiétude. La jeune Madame de Kernier a la fièvre depuis hier. Madame la marquise de Carné (2) est chez Madame de Coëtivy (3) à Tréguier depuis près

Le Cardinal, comte de Kernier et de la comtesse, née Renée de Bahuno de Berrien, dont il est ici question. Elle émigra à Jersey où elle mourut en 1795 ; le comte était décédé en 1784.

(1) *Monsieur et Madame de Bélizal ont remis leur voyage à Kerlouët.....* Voir ci-après, p. 223, notice sur ce château.

(2) *Madame la marquise de Carné. ... Monsieur de Carné.....* de la maison de ce nom, ancienne et illustre, remontant à Olivier, croisé en 1248, portant : « *D'or à deux fasces de gueules.* »

Devise : « Plutôt rompre que de plier. »

(P. de Courcy, *Nobiliaire et Armorial de Bretagne.*)

(3) *Madame de Coëtivy à Tréguier.....* De la maison Le Borgne, seigneur de Coëtivy, de Bois-Riou, paroisse de Cavan, à deux lieues de Tréguier.

Ancienne extraction chevaleresque. Réformation de 1668,

de deux mois. Monsieur de Carné y a aussi été : on dit qu'il veut vendre sa terre.

MAISON DE BRILHAC

Madame de Brilhac... Louise-Thérèse-Marie-Adélaïde de Roquefeuil, fille d'Aymard-Joseph comte de Roquefeuil et de la comtesse, née de Kergus-Troffagan, naquit le 21 mai 1756 au château de Kerlouët, en Plévin. Elle fut nommée en l'église Saint-Sauveur de Rennes, le 14 février 1775, et eut pour parrain et marraine : « *Monseigneur L. J. M. de Bourbon, duc de Penthièvre, gouverneur et lieutenant-général pour le Roi dans la province de Bretagne etc.;* et *très haute, très puissante et très excellente princesse Madame Thérèse-Louise de Savoie Carignan, veuve de très haut, très puissant et très excellent prince, Monseigneur L. A. J. Stanislas de Bourbon prince de Lamballe.* » Signé sur le registre : *L. J. M. de Bourbon.* Chacun connait la fin tragique de l'infortunée princesse de Lamballe qui figure ici comme marraine.

Louise-Thérèse-Marie-Adélaïde de Roquefeuil épousa, le 16 mars 1775, dans la chapelle du château de Kerlouët, messire *Charles-Dimas-Pierre de Brilhac,* chevalier, seigneur du Crévy, Villeneuve, La Chapelle, le Coin-de-Lor, etc., officier du régiment du *Roy-infanterie*, fils unique de haut et puissant Pierre-René-Eugène de Brilhac, chevalier, seigneur dudit lieu, conseiller au Parlement de Bretagne, et de défunte

huit générations ; réformations et montres de 1427 à 1543, paroisses de Lanmeur, Plougasnou et Plouezoc'h, évêchés de Dol et de Tréguier.

« *D'azur à trois huchets d'or, liés et virolés de même.* »

Devise : « Attendant mieux, » et « Tout ou rien. »

A cette maison appartint, entre autres illustrations, Guy Le Borgne, bailli de Lanmeur, auteur de l' « *Armorial Breton* » de 1667.

haute et puissante Roberte-Françoise-Sylvestre Rogier, dame comtesse du Crévy, ses père et mère. — Ce mariage est signé par l'officiant : *François Marie du Bois de Poilley*, recteur de Bothoa, et *J. Péron*, recteur de Plévin.

(*Registre de Plévin, Notice sur le château de Kerlouët en Plévin.*)

Charles-Pierre-Dymas de Brilhac vendit l'office de son père au décès de celui-ci, en 1776. La fille de Charles de Brilhac et de Louise-Thérèse de Roquefeuil épousa, en 1813, Hippolyte Jégou, vicomte du Laz, fils du comte du Laz de Trégarantec et de la comtesse, née de Kersauzon.

(*Note due à l'obligeance de M. le Conseiller Saulnier.*)

De Brilhac, originaire de Touraine, seigneur de Nouzières, — vicomte de Gençay en 1655, — seigneur des Roches-de-Choisy, du Parc, — du Crévy, paroisse de la Chapelle-sous-Ploërmel ; ancienne extraction chevaleresque, arrêt du Parlement 1779, douze générations.

« *D'azur au chevron d'or, chargé de cinq roses de gueules et accompagné de trois molettes d'or*, qui est Nouzières, *écartelé d'azur à trois fleurs de lys d'argent*, qui est Brilhac » (sceau 1351).

Jean épouse, en 1413, *Guyonne de Nouzières ;*

Pierre, ambassadeur à Venise. en 1460 ;

Charles, maître d'hôtel des rois Charles VIII et Louis XII, de 1490 à 1500.

Christophe, archevêque de Tours en 1514 † 1520.

Sept chevaliers de Malte depuis 1670 : un premier président au Parlement de Bretagne, en 1703 ; un maréchal de camp, en 1719 ; un abbé de Saint-Jean-des-Prés, en 1731. (Famille éteinte de nos jours.)

(P. de Courcy, *Nobiliaire et Armorial de Bretagne.*)

LE COMTE DE GUÉBRIAND

Monsieur de Guébriand... Le comte de Guébriand, propriétaire de Kerdaniel, en Plouagat (Côtes-du-Nord), dont il s'agit ici est ; *Jean-Louis-Baptiste Budes, comte de Guébriand*, maréchal de camp en 1781, décédé en 1786, comme nous le verrons dans une lettre du 14 mars de cette année.

Les armes de l'illustre maison des Budes sont :

« *D'argent au pin arraché de sinople* (alias : *sommé d'un épervier d'or) accosté de deux fleurs de lys de gueules.* »

La devise : « Superis victoria faustis. »

Jean-Louis-Baptiste descendait de *Julien, sgr de Blanchelande*, oncle du célèbre maréchal de Guébriand et de *Françoise de Rosmar, dame de Kerdaniel;* cette branche de la maison Budes a produit six chevaliers de Malte depuis 1608 ; un chef d'escadre en 1757 ; *Jean-Louis-Baptiste*, maréchal de camp en 1781 ; et un pair de France, au dix-neuvième siècle.

(P. de Courcy.)

LE CHATEAU DE KERLOUET (en Plévin)

ET SES SEIGNEURS

Cet antique manoir qu'il ne faut pas confondre avec celui du même nom, en Quimper-Guézennec, appartenant alors aux Fleuriot de Langle, est situé dans la paroisse de Plévin (Côtes-du-Nord). Il est plusieurs fois question de ses nobles seigneurs dans les anciennes chroniques, où ils sont aussi désignés sous les noms de *Keranlouët* et *Carlouët.* Ils portaient :

« *D'argent au greslier de sable accompagné de trois merlettes de même* ». (Sceau 1369.) Alias : « *Fretté de six pièces.* » (Sceau 1374).

Devise : « Araog ! Araog ! » (En avant ! en avant !)

Outre *Hervé de Kerlouët*, croisé en 1248, le manoir de Kerlouët eut pour possesseur l'illustre *Jehan de Kerlouët*, capitaine de la Roche-Porzay en Poitou, « *escuyer de vaillance* », digne compagnon de du Guesclin, qu'il suivit sur tous les champs de bataille, et particulièrement en Espagne, en 1367, dans la rencontre où il vainquit Pierre le Cruel, dans la personne du loyal et magnanime Chandos, le plus brave de ses chevaliers, qui y trouva la mort.

De la maison de Kerlouët, la seigneurie de ce nom passa aux Canaber, par le mariage de *Constance, dame de Kerlouët*, fille de Jehan de Kerlouët, qui épousa, en 1372, *Yvon Canaber*, de la maison des Canaber, d'ancienne extraction chevaleresque portant, après cette alliance :

« *D'argent au greslier de sable accompagné de trois merlettes de même*, qui est Kerlouët, *au chef de gueules chargé de trois quintefeuilles d'argent*, qui est Canaber. »

On trouve, en 1670, *René Canaber*, chevalier, seigneur de Kerlouët et gouverneur de Carhaix.

Sa fille aînée, héritière principale et noble, *Louise-Alexandrine de Canaber*, épousa, le 4 août 1672, messire *Anne de la Haye*, chevalier, comte dudit lieu et de Saint-Hilaire des-Landes, évêché de Rennes.

(*Registres de Plérin*, greffe de Guingamp.)

Ils n'eurent qu'un fils qui mourut sans alliance. Madame de la Haye Saint-Hilaire mourut en 1711, laissant le château de Kerlouët à sa sœur et héritière, *Mauricette-Vincente de Canaber*, qui le vendit, le 14 mai 1714, à messire *Pierre de Brilhac*, premier président au Parlement de Bretagne, des mains duquel il passa entre les mains de messire, *Jacques-Aymard*, comte *de Roquefeuil*, à qui succéda son fils *Aymard-Joseph*. (Voire notice biographique p. 85.)

Ce dernier avait épousé, le 23 octobre 1741, *Marie-Gabrielle de Kerguz de Troffagan*, née à Saint-Pol-de Léon le 30 avril 1717, fille et héritière de messire Louis de Kerguz, seigneur de Troffagan et d'Anne de Kermenguy.

René de Canaber, seigneur de Kerlouët et sa seconde femme *Anne Gourmil*, qu'il avait épousée le 27 septembre 1666, eurent l'honneur d'être liés d'amitié avec le célèbre Père Maunoir, le grand apôtre de la Basse-Bretagne. Après quarante-deux ans de missions dans nos contrées, il vint mourir au presbytère de Plévin, âgé de 77 ans, le 28 janvier 1683.

« Dès que Monsieur et Madame de Kerlouët sûrent qu'il était malade au presbytère de Plévin, ils vinrent le prier de se laisser transporter à leur château, qui n'est pas fort loin de l'église, et ils lui offrirent leur carrosse pour y aller plus commodément. Il les en remercia, et, après leur départ, il dit à M. Canant, recteur de Plévin, chez qui il logeait, qu'il ne convenait point à un pauvre religieux de mourir dans un château, et qu'après avoir passé sa vie parmi les pauvres gens et avec des missionnaires, il devait la finir chez l'un d'eux, loin de l'opulence qui règne dans les grandes maisons ».

Il mourut en effet, à huit heures du soir, et, à cette heure, le recteur de Motreff aperçut une grande lumière éclairant tout le côté de Plévin. Dès qu'il fut mort, « Monsieur le comte de Kerlouët, dont le château joint le bourg de Plévin et qui était, depuis plusieurs jours, arrêté au lit par une goutte violente, vit, par trois fois, comme une ombre passer au pied de son lit ; les cloches qu'il entendit bientôt sonner lui firent connaître que le Père Maunoir, à sa mort, était venu prendre congé de lui; le malade se recommanda à son ancien ami ; dès que l'on eut ouvert le corps du saint missionnaire pour en tirer le cœur, on porta à Madame de Kerlouët un linge trempé dans le sang du Père, elle en frotta les pieds du malade qui se sentant guéri dans le moment se leva et alla à pied au bourg. M. Callier, grand-vicaire de Quimper, prit sa déposition. Les habitants de Plévin s'étant soulevés pour empêcher que le corps du Père Maunoir fut transporté à Quimper d'après les ordres de l'évêque, M. Callier son grand-vicaire alla présenter au gouverneur de Carhaix (M. de Karlouët) une lettre du prélat par la quelle il lui demandait main forte. M. de Kerlouët, qui savait combien il est dangereux de révolter les paysans bas bretons, jugea que la voie de la persuasion était la seule qui convint en cette rencontre et, pour l'employer, il se rendit à Plévin avec le grand-vicaire. Madame de Kerlouët s'y rendit aussi et, pendant que son mari exhortait d'un côté les paysans à se soumettre aux ordres de leur évêque, cette dame, secondée secrètement du recteur de Plévin, suggérait beaucoup plus efficacement le contraire. »

Les habitants furent en vain menacés d'excommunication. Il y eut une telle opposition que M. de Kerlouët fut d'avis qu'on fit l'inhumation pour contenter le peuple sauf à enlever le corps durant la nuit pour le transporter secrètement à Quimper. Mais, la cérémonie achevée, les paysans mirent une grande pierre sur la tombe et restèrent armés pour la garder.

Le grand-vicaire n'eut plus qu'à protester de violence et à s'en retourner. On emporta seulement à Quimper le cœur du saint missionnaire. Son sépulcre ne tarda pas à devenir glorieux par le concours d'un nombre infini de pèlerins et la multitude des guérisons obtenues, dans presque toutes les paroisses de la Basse-Bretagne, par l'intercession du Père Maunoir.

(*Vie du Père Maunoir*, Dom Lobineau. — *Recueil des vertus et miracles du R. P. Julien Maunoir*, par le R. P. G. Le Roux de la Compagnie de Jésus, 1848; — *Notice sur le Château de Kerlouët en Plévin*.)

La fille de Aymard-Joseph de Roquefeuil, demoiselle *Jeanne-Jacquette de Roquefeuil*, se maria, le 17 février 1765, au château de Kerlouët en Plévin, avec *Messire Jacques-Claude de Cleuz*, chevalier, *marquis du Gage*, grand voyer de Dol, lieutenant-colonel de la capitainerie des gardes-côtes de Lannion.

(Voir notice p. 82 sur la maison de Roquefeuil, et p. 77 sur les de Cleuz du Gage.)

Marie-Gabrielle de Kergus-Troffagan, comtesse de Roquefeuil, devenue veuve dès 1782, se retira pendant la Révolution, dans son manoir de Kerlouët où elle sut tenir tête à l'émeute des domaniers, venus pour brûler ses archives qu'elle défendit, dit-on, au péril de sa vie (1).

Le château de Kerlouët, aujourd'hui abandonné et à moitié ruiné, appartient toujours aux descendants de l'amiral et de la comtesse de Roquefeuil.

(1) Voir page 86 le récit de cet événement et la notice sur la comtesse de Roquefeuil.

LA DUCHESSE D'ELBŒUF

DERNIÈRE BARONNE DE ROSTRENEN

I

Autrefois chef-lieu d'une importante baronnie qui comprenait une douzaine de paroisses, la ville de Rostrenen, située au centre de la Basse-Bretagne, se réduisait à quelques petites rues groupées à l'ombre de son antique forteresse, dominées par le haut clocher de sa belle église collégiale.

Les seigneurs barons de Rostrenen, portant « *d'hermine à trois fasces de gueules* », et, comme devise : « Oultre », ont laissé grand renom de noblesse et de vaillance, et figurent glorieusement dans les fastes de notre histoire de Bretagne. Mais, du vieux château-fort, il ne reste plus rien ! La ville, qui a gagné en étendue et en importance, en a fait, sous ses rues et ses places publiques, disparaître les derniers vestiges.

L'église, ancienne chapelle du château, a aussi perdu sa superbe flèche qui, menaçant ruine, dut être abattue en 1770. Elle a du moins conservé son célèbre pèlerinage qui attire chaque année, le 15 août, la foule des dévots de Notre-Dame de Rostrenen, dont le buste miraculeux fut découvert en l'année 1300.

Non loin de cette église, aujourd'hui paroissiale, se trouve le vaste bâtiment qui a remplacé l'ancien château et fut, jusqu'à la Révolution, la résidence des nobles seigneurs de Rostrenen quand ils séjournaient dans leurs terres.

Ce nouveau château avait été reconstruit, en partie, en 1760, par la dernière baronne de Rostrenen qui fut « *Très-haute, très-puissante et très-excellente princesse Innocente-Catherine de Rougé* (1) *du Plessis-Bellière, marquise du Fay, baronne de Rostrenen et de Vienne-le-Châtel, dame de Glomel, Paule, Mezle et Moëllou ; épouse non communière des biens de Son Altesse très haut, très puissant et très excellent prince Monseigneur Emmanuel-Maurice de Lorraine duc d'Elbœuf, Pair de France.* » Ainsi est-elle qualifiée dans les archives de la baronnie de Rostrenen (2).

Innocente-Catherine de Rougé, fille de Jean-Gilles de Rougé, marquis du Plessis-Bellière et de Florimonde-Renée de Lantivy, naquit le 28 décembre 1707. Elle passa une partie de sa jeunesse « *au monastère des Filles de Saint-Thomas, cartier de la rue Vivienne, paroisse de Saint-Eustache à Paris* (3).

C'est là qu'elle résidait encore à l'époque de son mariage avec Jean-Sébastien de Kerhoënt, seigneur marquis de Coëtanfao, qu'elle épousa à Paris le 2 mai 1729. Il mourut sans enfant le 9 avril 1744.

La marquise de Kerhoënt se remaria, le 6 juin 1747, avec Son Altesse Emmanuel-Maurice de Lorraine duc d'Elbœuf, second pair héréditaire de France, né en 1677 fils de S. A. Charles de Lorraine IIIe duc d'Elbœuf, pair héréditaire de France, gouverneur de Picardie et de Montreuil, et de la deuxième de ses trois femmes, Elisabeth de la Tour du Bouillon. Il mourut aussi sans enfant, en 1763, le 14 août (4).

Comme membre de la Maison de Lorraine, le duc d'El-

(1) De Rougé du Plessis-Bellière : « *De gueules à la croix pallée et alésée d'argent* » (sceau de 1276), aliàs « *écartelé de Derval* » (sceau de 1352). (*Généalogies Chérin.* Manuscrit. Bibliothèque Richelieu, (*vol. 179. Chérin*).

(2) *Histoire de la Baronnie de Rostrenen* (Comtesse du Laz).

(3) Registres paroissiaux de Rostrenen, *bans de mariages.*

(4) Comtesse du Laz, *Histoire de la Baronnie de Rostrenen.*

bœuf avait droit au titre de prince ; c'est pourquoi Innocente Catherine était, tour à tour, nommée *duchesse* et *princesse* d'Elbœuf.

II

C'était comme on le voit, une personnalité d'importance que Madame la Princesse d'Elbœuf, et son arrivée au château de Rostrenen faisait événement dans la contrée. Dès qu'apparaissaient à l'horizon, sur les hauteurs du Miniou, son carrosse et ceux de sa suite, précédés de gens de livrée à cheval, faisant voler la poussière du grand chemin, tout le peuple de Rostrenen se portait à sa rencontre. En tête du cortège marchaient Monsieur le Doyen de la collégiale, les procureurs, notaires, sergents de la baronnie ; Monsieur le sénéchal chargé de haranguer *Son Altesse Sérénissime* comme on disait alors, et de célébrer, en vers, ou en prose dithyrambique, son retour tant désiré dans sa bonne ville de Rostrenen (1).

La baronne y faisait une entrée triomphale, au milieu des acclamations ; descendait la rue du Bourg-Coz, entourée d'une nuée de mendiants, accourus de fort loin pour la circonstance, qui se pressaient sous les roues de son carrosse, tandis que des laquais, en livrée brillante, répandaient une pluie d'argent et de menue monnaie en criant :

« Largesses ! Largesses ! de Madame la princesse d'Elbœuf ! » (2).

Les cloches de la collégiale sonnaient à toute volée, remplissant les airs de leur joyeux carillon, jusqu'à ce que la baronne de Rostrenen fût entrée dans son château.

(1) Nous trouverons plus loin une lettre de ce sénéchal de Rostrenen, nommé Courtois.

(2) Nous tenons ce récit d'un vieillard, mort aujourd'hui, à qui sa mère, contemporaine de la duchesse d'Elbœuf, a souvent raconté son arrivée à Rostrenen.

Tout s'animait alors dans la grande demeure, où commençait bientôt le défilé de la noblesse du voisinage, venant faire sa cour à la châtelaine de Rostrenen, dont le retour devenait l'occasion des plus brillantes réunions, en cette ville et dans les environs (1).

Les seigneurs de Trégarantec (2) étaient des mieux accueillis de la duchesse, en leur qualité de parents et héritiers éventuels d'une partie de son immense fortune, qu'elle tenait des Jégou de Kervillio par son aïeule Françoise-Pétronille Jégou de Kervillio, épouse de Henri-François de Rougé, mort en 1692, père et mère de Jean-Gilles de Rougé (3).

Cet héritage manqua du reste aux Jégou du Laz par suite de la Révolution.

Le retour de la princesse d'Elbœuf, en sa baronnie de Rostrenen, dut être particulièrement fêté en 1784. On avait, en effet, désespéré de l'y revoir jamais, lorsqu'elle eût, en 1777, vendu pour 725.000 livres, au prince de Guémené, duc de Montbazon, tous ses droits sur la baronnie de Rostrenen.

Mais par suite de la célèbre catastrophe financière de son fils, Henri-Louis-Marie, prince de Rohan, dont le déficit s'éleva, dit-on, à trente-quatre millions, le nouveau baron de Rostrenen demanda l'annulation du contrat de 1777 et la duchesse d'Elbœuf rentra solennellement, le 29 avril 1783, dans la possession de son bien, selon l'annonce faite à l'audience de la juridiction de Rostrenen.

Ce ne fut que pour peu de temps, car elle trouva bientôt un nouvel acquéreur, Claude-François Gicquel, chevalier, comte du Nédo, qui en prit à son tour posses-

(1) Nous verrons dans une lettre cette allusion aux fêtes du château de Rostrenen : « *Vous voilà dans la cour jusqu'au cou par l'arrivée de votre duchesse.* »

(2) Trégarantec est situé à deux lieues et demie de Rostrenen.

(3) Comtesse du Laz, *Histoire de la Baronnie de Rostrenen.*

sion, avec toutes les formalités d'usage, au mois d'août 1785, et fut le dernier baron de Rostrenen. Le contrat est daté du 28 avril 1785 (1).

La duchesse y vint, en 1784, pour la dernière fois, croyons-nous, et son départ définitif laissa un grand vide dans le cœur de tous ceux qui avaient joui de ses relations.

Bonne et bienfaisante pour les malheureux qui l'avaient surnommée la « *mère des pauvres* », elle se plaisait à rendre service à tout le monde. Elle encouragea et soutint, au début de sa carrière artistique, le jeune Olivier-Stanislas Perrin, fils de son ancien procureur fiscal, Joseph Perrin et de Catherine Bigeon. Peintre et habile dessinateur il devint, par la suite, l'une des plus pures gloires de Rostrenen sa ville natale.

III

Les lignes suivantes, extraites de l'intéressant et savant ouvrage de Madame la Comtesse du Laz (2), sur « l'*Histoire de la baronnie de Rostrenen* », vont nous apprendre ce que devint, pendant la Révolution, la bienfaisante duchesse. Sa charité bien connue à Moreuil, comme à Rostrenen, lui sauva la vie dans ces temps de trouble, et fut sa meilleure sauve-garde durant son séjour dans ses terres de Picardie.

« Au mois de décembre 1788, la duchesse d'Elbœuf était à Paris et habitait son hôtel, place du Carrousel. Elle y passa l'affreux hiver 1788-1789.

« A la fin de juillet 1789, effrayée des horreurs qui se passaient autour d'elle, elle sollicita, de son district des Feuillants, la permission de quitter Paris pour se rendre à son château de Moreuil en Picardie. Ayant obtenu des

(1) La duchesse habitait alors à Paris, rue Saint-Nicaise, paroisse de Saint-Germain-l'Auxerrois.

(2) Descendante des seigneurs de Trégarantec, par son mari, fils de Joseph-Bonabes, comte du Laz. (V. p. 28.)

passe-ports, elle sortit de la ville, à sept heures du matin, voyageant dans son carrosse avec ses deux premières femmes et son maître d'hôtel, accompagnée d'une deuxième voiture qui contenait ses officiers, cuisiniers etc. et de deux gens de livrée à cheval.

« Malgré l'effervescence qui régnait partout et la curiosité que pouvait attirer sur elle ce train un peu considérable dans un temps si troublé, elle ne fut inquiétée dans ce voyage qu'à une dizaine de lieues de Moreuil.

« Dénoncée à l'hôtel de ville de Saint-Just, on voulait la retenir et lui faire un mauvais parti. Heureusement les gens du pays, découvrant qu'il s'agissait de la Duchesse d'Elbœuf, et qu'elle se trouvait dans le premier carrosse, s'empressèrent de la protéger et, entourant sa voiture, se mirent à crier : « Vive la mère des pauvres ! » Ces bonnes gens obtinrent qu'on la laissât partir sans l'inquiéter davantage, et l'escortèrent jusqu'à Moreuil, où elle passa tranquillement le reste de l'année 1789.

« Le samedi dix-sept décembre de cette même année, elle écrit à une amie que les impôts et les charges de toute nature la mettent, malgré sa grande fortune, dans un tel état de gêne qu'il lui serait impossible d'y suffire si elle n'y mettait la plus stricte économie.

« Mais, dit-elle, je me suis réduite à la plus exacte soli-
» tude. Je me nourris de vache, de mauvais veau, de mouton
» à six sous la livre, et de l'eau à foison. Je ne joue pas. Je
» me revêts de petit taffetas en hiver et de toile de Jouy dans
» les autres saisons. Mais si tout autre que mes ennemis ne
» peut manquer d'avoir pitié de mon changement de fortune,
» il est très vrai que le vôtre est pour moi un réel chagrin ».

« La duchesse d'Elbœuf rentra à Paris le 2[illegible] février 1790, avec le projet d'y passer le reste du Carême et de repartir immédiatement pour Moreuil, après avoir fait ses Pâques. En effet, elle y était établie le 15 avril et les premiers mois de son séjour s'y passèrent tranquillement.

« Vers le 6 ou 7 août on abattit les poteaux armoriés de

la seigneurerie de Moreuil, et une foule nombreuse et malintentionnée, se porta au château et envahit les cours, demandant, avec des cris féroces, qu'on lui livrât l'homme d'affaires pour le pendre. Elle défendit énergiquement cet homme, parlementa avec le peuple et, à force de courage et d'énergie, parvint à le sauver et à dominer l'émeute.

« Le 19 mars 1791, elle revint à Paris et y resta quelques mois, mais, effrayée de ce qui se passait, espérant, comme on faisait alors, que les puissances étrangères mettraient sous peu un terme à tant de malheurs et voulant se mettre à l'abri, en attendant un temps meilleur, elle se décida à se retirer à Tournay, où elle arriva le 28 septembre 1791.

« Cette ville était pleine d'émigrés ; elle y passa quelques mois tranquille et fort entourée. Mais au commencement de mars 1792, en apprenant le décret contre les émigrés et la confiscation de leurs biens, elle se décida à rentrer en France et arriva à Paris le 14 mars 1792.

« Il était temps : ses biens de Bretagne et de Champagne venaient d'être saisis. Elle fit une opposition, mais les mois qui s'écoulaient ne lui apportaient plus que le spectacle des malheurs publics et, pour elle, d'incalculables désastres de fortune. Elle supporta tout avec courage et résignation à la volonté de Dieu et ne quitta plus Paris jusqu'à sa mort, arrivée le 17 février 1794.

« Dans une lettre écrite les derniers jours de sa vie elle s'exprime ainsi : « Je me porte mieux que jamais. Je ne sors
» pas de mon appartement. Je me suis faite enfin à cette vie
» qui m'a d'abord coûté, car j'aimais la société. On me traite
» aussi avec bien de l'humanité. Nous ne sommes ici
» qu'une douzaine de vieillards des deux sexes, à qui on ne
» parle ni de prison ni de gardiens. C'est qu'on sait bien
» que nous n'avons sûrement pas le désir d'émigrer.
» Donnez de mes nouvelles à mes amies etc.... »

« Elle mourut dans sa 88e année à l'hôtel d'Elbœuf qu'elle n'avait cessé d'habiter. Comme on était alors en pleine

Terreur, personne de sa famille ne se trouvait à Paris et le lieu de sa sépulture est resté ignoré (1). »

(1) Ces lignes sont extraites de l'ouvrage déjà cité sur la *Baronnie de Rostrenen*, et furent fournies à l'auteur de ce livre, par le comte Armel de Rougé, arrière-petit-neveu de la duchesse d'Elbœuf. Elles sont tirées d'un écrit laissé par celle-ci, et porté, après sa mort, à la Bibliothèque des Archives, lorsque la Nation fit enlever tous ses papiers.

MAISON DE GOUZILLON

Le Vicomte et la Vicomtesse de Gouzillon de Bélizal

Cette noble et très ancienne maison a pour berceau la terre seigneuriale de Gouzillon, située en Saint-Vougay, près de Lesneven, qui a passé, en 1400, dans la maison de Kerguz. Les Gouzillon ont produit à toutes les réformations (1426-1536-1669) et ont été reconnus nobles issus d'ancienne extraction (Réformations de 1669, huit générations).

Ils comptent des alliances dans les plus nobles maisons de Bretagne et sont mentionnés dans nos chroniques depuis le début du XIIIe siècle :

Hervé, receveur pour le duc Jean II, mentionné dans son testament, en 1305, et témoin dans un accord entre Hervé de Léon et les moines du Relecq en 1310 ;

Guillaume et son porte-targe, dans une montre de 1356 ;
Un Gouzillon à la bataille d'Auray en 1364 ;

Olivier, sieur de Kernaou, vivant en 1421, père de *Guillaume*, marié à Marie Le Gluydic ;

Gabriel et *Jean*, doyens du Folgoat, en 1513 et 1544.

De Gouzillon : « *D'or à la fasce d'azur, accompagnée de trois pigeons de même, becqués et membrés de gueules* ».

Devise : « Sans fiel » (1).

(1) Notes communiquées par la famille, et de Courcy, *Nobiliaire et Armorial de Bretagne*.

LE VICOMTE ANDRÉ-MARIE DE BÉLIZAL
1739-1795
ET LA VICOMTESSE DE BÉLIZA
1750-1806

Après cette notice générale sur la maison de Gouzillon, nous consacrerons quelques instants au vicomte de Gouzillon de Bélizal et à sa femme, née Hyacinthe Gogibus de Ménimande, dont il est question dans la lettre de Madame de Lisle-Adam. La vicomtesse de Bélizal est signataire de celle que nous allons transcrire tout-à-l'heure (1).

André-Marie de Gouzillon, vicomte de Bélizal, était le deuxième fils de Charles de Gouzillon, comte de Kermeno et de Kermorvan, et de Perrine de la Jaille. Il naquit à Brest, en 1739.

Entré dans la marine royale à l'âge de quinze ans, il prit part à de nombreux combats où il reçut plus d'une glorieuse blessure. En 1778, avec la *Licorne* il tint tête, seul, à toute la flotte de l'amiral anglais Keppel et ne se rendit qu'à la dernière extrémité. Pendant un an et demi, il fut prisonnier en Angleterre.

Le 7 janvier 1791, le roi le désigna pour commander la marine du port de Brest, comme chef de division. Ce ne fut que le 10 janvier 1792 qu'il quitta la France pour rejoindre l'armée des Princes.

Parti de Guingamp, à quatre heures du matin, il s'embarqua à Tréguier, pour passer en Angleterre, d'où il gagna ensuite la Belgique et l'Allemagne. Là il supporta les souf-

(1) Voir pages 55 et 60 les deux lettres où le vicomte de Bélizal raconte les divers incidents de l'attaque de Gibraltar (1782).

frances et les privations les plus cruelles, avec ses compagnons, officiers gentilshommes de la marine royale.

« Bien qu'à la tête de la 3e compagnie composée de gentilshommes officiers de la marine royale — écrivait-il lui-même — il m'est arrivé de coucher longtemps sur la paille dans de mauvaises tentes où l'eau entrait. Nous avions de la peine à trouver des vivres, et quels vivres ! des viandes avariées et du pain amer et noir (1). »

Mais rien ne put ébranler la fidélité du gentilhomme breton à la noble cause qu'il avait embrassée. C'est ainsi que, le 17 novembre 1794, il écrit à l'un de ses amis, M. James Frémaux :

« Vous avez sans doute lu le décret de la Convention qui permet aux émigrés, qui n'ont pas porté les armes contre la république, de rentrer en France dans leurs biens ; nous sommes bien des milliers dans ce cas, vu que nous n'avons pris les armes qu'en 92, avec les Princes, et avant l'établissement de la République. Mais, mon cher ami, mon cœur est trop noble et trop grand pour rentrer dans mon ingrate patrie, quand elle ne reconnait, ni Dieu, ni roy, et ma devise : « Fidèle à Dieu et au roy » ne s'effacera jamais de ma mémoire ; j'aime mieux mourir de faim et de misère sur la paille, que de manquer à l'honneur (2). »

Revenu à Londres, le vicomte de Bélizal y retrouva le comte d'Hector, qu'il avait connu à Brest commandant de la marine, et qui était lieutenant-général dans l'armée des Princes. Il donna au vicomte le commandement d'une compagnie dans le régiment *de la Marine* dont il était colonel.

Le 26 juin 1795, M. de Bélizal débarqua sur le rivage de Quiberon avec cette compagnie du régiment d'Hector. Le 14 juillet, à l'attaque du Sillon, qui fit l'admiration des

(1) *Journal et lettres d'un Emigré*, publiés par le vicomte de Gouzillon de Bélizal. (Extrait de la *Revue de Bretagne*), 1902, Lafolye, Vannes.

(2) *Ibid.*

Républicains eux-mêmes, le vicomte, dangereusement blessé, resta sur le champ de bataille.

Recueilli par des paysannes d'Auray, il fut caché par elles et allait être sauvé quand un détachement républicain le découvrit. « Traîné dans la cour de la ferme où il avait trouvé asile, il mourut, cloué au sol français par des baïonnettes françaises (1). »

Toujours « *fidèle à Dieu et au Roy* », selon la noble devise qu'il s'était choisie, il avait payé de sa vie sa fidélité à la foi catholique et à la cause royaliste. Le vicomte de Bélizal était chevalier de Saint-Louis. Il avait épousé comme nous le disions plus haut, demoiselle *Hyacinthe Gogibus de Ménimande*. Arrêtée peu après le départ de son époux pour l'émigration, elle languit longtemps dans les prisons de Guingamp où elle resta détenue jusqu'en 1796 (2) bien qu'elle fût munie d'un certificat de résidence constatant qu'elle n'avait pas quitté le territoire français (3).

La vicomtesse de Bélizal, auteur de la lettre qui suit était fille de Louis Gogibus de Ménimande, conseiller du Roi et de Marthe Digaultray des Landes.

Les armes des Gogibus de Ménimande sont :

« *D'azur au château d'argent gironné de sable* ».

La sœur de Mme de Bélizal était mariée au marquis de Cany. Nous avons peu de documents sur la vicomtesse de Bélizal : nous transcrirons en terminant deux pièces la concernant, dont nous devons la communication à l'obligeance de son arrière petit-fils. Née en 1750 elle mourut à Guingamp en 1806.

Le vicomte André-Marie et la vicomtesse de Bélizal avaient deux enfants qui continuèrent la filiation :

1° *Louis de Gouzillon*, vicomte de Bélizal, né en 1780, décédé au château des Granges, près de Moncontour (Côtes-

(1) *Journal d'un Emigré* déjà cité. (*Introduction.*)

(2) Voir ci-après le texte de son ordre de mise en liberté.

(3) Voir le texte de ce certificat transcrit ci-après.

du-Nord), en 1853; chevalier de Saint-Louis, de Saint-Ferdinand d'Espagne et officier de la Légion d'Honneur. Il avait épousé demoiselle Célestine le Veneur de la Ville Chaperon, fille du marquis et de demoiselle de Geslin de Trémargat.

2° *Hyacinthe de Gouzillon*, qui épousa le comte de la Noue.

Le fils aîné de Louis de Gouzillon, *Louis-Adolphe*, devint chef de nom et d'armes, comte de Bélizal, par la mort de son oncle, François de Gouzillon, comte de Kermeno, qui ne laissait que deux filles : Mmes de Lesguern et de Trégomain. Il épousa demoiselle Marie Rouxel de Lescouët et fut député des Côtes-du-Nord, de 1878 à 1888, année de sa mort.

Le titre de comte de Bélizal est aujourd'hui honorablement porté par son fils, *M. Louis-Alexandre de Gouzillon*, né en 1867, qui a épousé, en 1893, Mlle *Marie Huon de Penanster* et a trois enfants :

Louis, *Marie* et *André de Gouzillon de Bélizal.*

DOCUMENTS CONCERNANT LA V^tesse^ DE BÉLIZAL

CERTIFICAT DE RÉSIDENCE

« *La Nation et la Loi* » — Nous maire et officiers municipaux de la commune de Quintin, district de Saint-Brieuc, certifions que Marie-Hyacinthe-Charlotte Gouzillon réside dans le territoire de cette municipalité, le 14 mai 1793, et qu'elle n'a point quitté le territoire de la République.

Délivré à la maison commune de Quintin, après trois jours d'affiche à la porte principale.

Le 4 décembre 1792, l'an 1er de la République.

(*Signé*) : HYACINTHE DE GOUZILLON,
PERRIO, RIDOUEC, *maire*, DEMONT, *greffier*.

ORDRE DE MISE EN LIBERTÉ DE Mme DE BÉLIZAL

Femme du vicomte André-Marie de Gouzillon

—

« Liberté — Egalité — Justice. »

« En exécution de l'arrêté du Représentant du peuple, donné à Rennes, le 26 Nivôse, ordonnant la mise en liberté définitive de la citoyenne Marie-Hyacinthe Gogibus, femme Gouzillon ;

Nous, membres du Comité Révolutionnaire du District de Guingamp, avons mis en liberté définitive la sus dénommée, aux termes dudit arrêté.

En comité révolutionnaire, le 7 Pluviôse, troisième année de la République une et indivisible.

(*Signé*) Jourdan, Rault, Le Guern, Le Fleuc,
Briant, p[t], Chateau, Le Bail.

MADAME DE BÉLIZAL

a madame du Laz

De Guingamp, le 24 juillet 1784.

Les moments que j'ay passés auprès de vous, ma chère cousine, m'ont paru trop courts pour que je ne cherche pas avec soin les moyens de suppléer à cette satisfaction, par celle que j'éprouve à m'entretenir avec vous, mon aimable petite cousine, et à vous assurer, ainsi que M. le Comte du Laz, de notre sensible reconnaissance pour toutes les honnêtetés dont vous nous avez comblés, l'un et l'autre, pendant notre séjour à Trégarantec.

Le plaisir que j'ay particulièrement éprouvé dans

ce voyage est d'un genre à ne s'effacer jamais de mon souvenir. Le bon exemple qu'on y reçoit, la tranquillité dont on y jouit, tout semble dire : « Voici le pays du bonheur ! » Celui que vous y goûtez ajoute au mien, ma chère petite cousine, je me plais à vous le répéter et à vous en désirer la continuation. Si c'est un souhait bien sincère, il parait inutile, car la félicité qui est fondée sur la vertu ne peut varier.

J'ay trouvé notre tante Lisleadam dans la meilleure santé et enchantée de la peinture que j'ay été à même de lui faire de votre sort. Elle le partage, par l'amitié qu'elle a pour vous : sa sœur y prend à peu près le même intérêt, vous aimant pareillement.

Le lendemain de notre arrivée, je fus agréablement surprise par monsieur votre frère (1) qui nous fit le plaisir de souper à la maison. Il se porte à merveille, l'on pourrait dire trop bien, car il est extrêmement engraissé. Il a laissé monsieur votre fils au mieux (2).

Sans doute vous le destinez, ma chère cousine, à servir dans la marine. Ce sera le service qui le rapprochera le plus de vous.

Comment est votre petit Joseph ? (3) Les dents le tourmentent-elles encore ? Le voilà dans le moment où il vous fera le plus souffrir, par les différentes

(1) *Monsieur votre frère.....* Le comte Maurice-Pierre-Joseph de Kersauson, frère aîné de Madame du Laz. Il avait été conduire Lilly au collège de Beaumont en Normandie.

(2) *Il a laissé Monsieur votre fils au mieux.....* Jean-Jérôme-Charles de Villiers de Lisle-Adam, dit *Lilly*.

(3) *Comment est votre petit Joseph?.....* Joseph-Bonabes Jégou, futur comte du Laz, fils aîné du second mariage du comte Jégou du Laz de Trégarantec.

misères inévitables qu'il essuiera encore pendant plusieurs mois. Mais il vous dédommagera de ces petites crises par une bonne santé et par le fruit de la bonne éducation qui lui sera donnée par votre aimable *hermite* (1).

Messieurs et dames de Kernier (2) et ma famille me procurent bien souvent, ma petit cousine, le plaisir

(1) *Votre aimable hermite*..... désigne l'aumônier du château de Trégarantec, qui était à cette époque, l'abbé *Guillaume Le Bris*, homme intelligent et distingué. Né à Plouguernevel (Côtes-du-Nord), vers 1752, prêtre en 1776, il fut envoyé comme aumônier au château, en janvier 1778. Il était en même temps précepteur ou gouverneur d'un des fils de Monsieur du Laz (Yves-Patern, mort sans alliance.)

L'abbé Le Bris resta dix ans à Trégarantec puis fut nommé curé de Saint-Michel, trève de Glomel, en avril 1787. Nous ignorons ce qu'il devint par la suite. Il passait pour un très bon sujet parmi le clergé de son diocèse.

(Note due à l'obligeance de M. le chanoine Peyron, archiviste de l'évêché de Quimper.)

(2) *Mesdames de Kernier*..... *Renée-Louise du Bahuno*, dame *comtesse de Kernier*, née le 2 février 1724 en la trève de Stival, paroisse de Malguénac, évêché de Vannes, était fille de haut et puissant seigneur, Messire Guillaume-François du Bahuno, chevalier, seigneur comte de Berrien et du Liscoët ; et de haute et puissante dame Pétronille Le Borgne d'Avaugorat.

Renée du Bahuno de Berrien avait épousé, en juillet 1750, au château du Bois de la Roche, paroisse de Coadout, évêché de Tréguier, Messire *Pierre le Cardinal*, chevalier, seigneur *comte de Kernier*, inhumé à Notre-Dame de Guingamp, le 27 mars 1784. (Voir note 3, p. 219, concernant sa belle-fille.)

La comtesse de Kernier, dont il est question dans la lettre précédente, émigra pendant la Révolution, à Jersey, où elle mourut le 20 février 1795 et fut inhumée au cimetière de Saint-Hélier.

(Registres paroissiaux catholiques de Jersey, n° 2, p. 13.)

de parler de vous par les différentes questions qu'elles me font sur votre compte et le soin qu'elle sont pris de me charger de les rappeler à votre souvenir.

Monsieur et madame du Parc (1) sont encore icy jusqu'à la semaine prochaine. J'attends, dans le même temps, mon beau-frère (2), sa femme et ma nièce. Nous partons les premiers jours d'août, où plutôt lorsqu'ils nous auront quittés, pour aller les remplacer à la Morinais (3). Votre nom sera souvent prononcé dans notre solitude, à charge de revanche, ma petite cousine. Veuillez bien aussi songer quelquefois à moy et surtout à me rendre les sentiments de

(1) *Monsieur et Madame du Parc*..... Voir notice sur cette maison, page 200 à propos du château du Guérand qui lui appartenait jadis. A défaut d'autres indications, et sans l'affirmer, nous croyons que M. du Parc, ici désigné, est *Olivier-Louis-René du Parc*, marquis de Locmaria, maréchal de camp en 1788.

(2) *J'attends mon beau-frère, sa femme et ma nièce*..... Il s'agit ici du comte *François de Gouzillon de Kermeno*, frère aîné du vicomte André-Marie de Bélizal ; de sa femme et de sa fille.

Le comte de Kermeno était fils aîné de Charles de Gouzillon, comte de Kermeno et de Kermorvan et de Perrine de la Jaille. Il fit partie de l'expédition de Quiberon, mais, plus heureux que la plupart de ses compagnons d'armes, il échappa au massacre en regagnant à la nage les frégates anglaises.

Né en 1768, il mourut en 1845

(3) *Pour aller les remplacer à la Morinais*..... La Morinais est un château situé en Iffendic, près de Montfort-sur-Mein. Il appartenait, au dix-huitième siècle, à la maison de la Monneraye dont l'un des membres, *Pierre-Ange* avait épousé *Marie-Louise de Gouzillon*, sœur de François de Gouzillon, comte de Kermeno, et d'André-Marie, vicomte de Bélizal.

Le château de la Morinais est actuellement habité par l'amiral, comte Fleuriot de Langle.

tendre attachement que je vous ai voués, et avec lesquels j'ai l'honneur etc.

MÉNIMANDE DE BÉLIZAL.

Agréez, je vous prie, les hommages de M. de Béliz al Je me joins à lui pour vous prier d'offrir les miens à Monsieur et Mademoiselle du Laz. Je ne sais si c'est chez vous que j'ay laissé un éventail de la Chine, assez beau, qui m'a été donné par Madame de Lanascole (1). Si on le trouve, je vous prie de l'envoyer chez Madame de Roquefeuil (2) d'où les occasions pour notre pays sont plus fréquentes que de Trégarantec à Guingamp.

(1) *Madame de Lanascolle*..... *Quemper de Lanascol* (voir notice sur cette maison page 191). Le berceau de cette famille est le manoir de Lanascol en Plouzelembre. Elle est une branche cadette de la maison de Quemper-Guézennec, évêché de Tréguier. Les Quemper de Lanascol possédaient, depuis 1745, la seigneurie du Guerrand en Plouagat-Guerrand.

Un descendant de cette maison, volontaire pontifical, fut tué à Castelfidardo en 1860.

(2) *Chez Madame de Roquefeuil*..... Au château de Kerlouët, en Plévin. (Voir notices sur la maison de Roquefeuil, p. 82; sur la comtesse de Roquefeuil, p. 85, et sur le château de Kerlouët, p. 223.) Il s'agit ici de la comtesse de Roquefeuil veuve de l'amiral comte Aymard-Joseph de Roquefeuil. (Voir notice biographique, p. 85, sur cet homme remarquable.)

LILLY AU COLLEGE DE BEAUMONT

L'antique prieuré de Beaumont-en-Auge, aujourd'hui en ruines, est situé dans le département du Calvados, à 6 kilomètres de Pont-l'Evêque, son chef-lieu d'arrondissement. Il fut fondé par les Bénédictins, vers l'an 1030, et devint, au XVIIIe siècle, un collège auquel le roi conféra le titre et le privilège d'Ecole Militaire et Royale, sous la direction des Bénédictins de Saint-Maur.

Cet établissement compta, parmi ses élèves, plusieurs personnages devenus célèbres : Collincourt, le général d'artillerie Evains, le savant géomètre La Place, né à Beaumont même etc...

Telle fut la « *maison renfermée* » que l'on choisit pour « *mettre à l'abri les mœurs et la religion* » du jeune de Lisle-Adam (1) ».

Donc, après la mission, au cours de laquelle il fit sa première communion, suivie d'un séjour à Kerjean (2), l'enfant fut conduit à Beaumont par son oncle, le comte de Kersauson. C'est là que nous retrouvons notre Lilly, cultivant les lettres et les mathématiques, sous la haute direction du savant bénédictin dom Durand, docteur en Sorbonne, professeur de rhétorique, à qui il semble particulièrement recommandé.

Notre jeune converti paraît avoir persévéré dans ses

(1) Voir, p. 174, lettre de l'abbé Henry à Madame du Laz.
(2) Kerjean, en Trébabu près le Conquet, aux Kersauzon.

bonnes résolutions, si nous en croyons les nouvelles suivantes que Mme de Kersauson (1) en écrit à sa belle-sœur, Mme du Laz, et la lettre amusante du collégien lui-même.

MADAME LA COMTESSE DE KERSAUSON

A Madame du Laz

A Kerjean, le 5 août 1784.

Je vous envoie, ma chère sœur,une lettre de votre fils et une du professeur de rhétorique. Vous verrez qu'il se comporte bien. J'en ai eu une du Prieur, qui en dit aussi du bien. J'ai écrit à ces messieurs pour leur recommander le jeune homme. J'ai, je vous l'avoue, de grandes espérances. J'avais toujours trouvé de la douceur dans le caractère ; si on lui peut inspirer des sentiments de religion, nous aurons tout gagné. Je ne puis croire que, s'il n'avait pas été si négligé, nous ne l'eussions trouvé tout autre.

C'est peut-être un bonheur; tout principe quelconque est bien faible à cet âge : on aurait compté sur cela, et, s'il avait entré au service, il eut pu donner dans les égarements malheureux, trop communs à présent, et, comment l'en faire revenir?

Vous voyez, ma chère sœur, qu'il y a des motifs de consolation à tout, et que Dieu fait toujours pour le mieux. Priez et vous verrez que ce qui fait votre tourment deviendra votre joie

Ma cousine est de retour du Porzic. Nous avons madame de Carné (2) depuis huit jours, elle est très

(1) Femme du frère aîné de Madame du Laz, habitant Kerjean.

(2) *Madame de Carné...* la marquise de Carné (voir note précédente sur cette maison p. 220, note 2).

aimable. Terville (1) revient cet hiver. Il me mande qu'à son arrivée, on lui a annoncé qu'il était libre de profiter d'un semestre. Je le crois en route, et du Vijac (2). Ce dernier pourrait arrêter chez vous : je crois que c'est sa route.

Vous êtes dans la Cour jusqu'au cou! Avez-vous votre Duchesse (3) pour longtemps? Je suis étonnée que les du Parc (4) vous aient quittée si tôt.

Souvenez-vous d'écrire à Gillard (5) pour envoyer de l'argent à votre fils, dans le courant de septembre. Vous devez avoir reçu la note de la dépense du voyage par ma dernière lettre (6).

On vous dit mille choses honnêtes d'ici : faites-en part à votre mari et embrassez votre petit à mon intention. Adieu, chère sœur, aujourd'hui comme par le passé, de tout mon cœur.

KERSAUSON (7)

(1) *Terville revient cet hiver.* . Monsieur de Kersauson, dit *de Terville* frère de Madame du Laz, officier de la marine royale. Il mourut sans hoirs. Ce nom de Terville est un nom de terre.

(2) *Je le crois en route et du Vijac* .. *Jean-Marc de Kersauson*. dit *du Vijac*, autre frère de Madame du Laz, signataire de quelques lettres, officier au régiment de Guyenne, mourut massacré à Versailles en 1792. Du Vijac est aussi un nom de terre.

(3) *Avez-vous votre duchesse pour longtemps ?...* Il s'agit ici de la duchesse ou princesse d'Elbœuf dont nous avons donné la biographie, page 228.

(4) Les du Parc (voir notes précédentes. page 244, note 1).

(5) *Gillard...* Avocat à Brest (voir note, p. 31) chargé des affaires du jeune de Lisle-Adam.

(6) *Vous devez avoir reçu la note des dépenses du voyage par ma dernière lettre...* Elle ne nous a malheureusement pas été conservée, cette lettre qui nous eût appris quelques détails, curieux peut-être, sur les voyages dans ce temps si différent du nôtre.

(7) Femme du comte Maurice-Pierre-Joseph (voir page 27).

LETTRE D'UN COLLÉGIEN
EN 1784

JEAN-JÉROME-CHARLES DE VILLIERS DE L'ISLE-ADAM
A SA TANTE, MADAME LA COMTESSE DE KERSAUSON

MA TRÈS CHÈRE TANTE.

Je me porte bien et de même je m'ennuye! Je vous aime et embrasse de tout mon cœur, pareillement mon oncle, Sophie et le gros pouf!

Je porte des hardes qui ne sont point à moi! Notre prieur est le roy des hommes et est notre véritable père. Peu de personnes lui ressemblent. Nous avons, de notre province, un bon et bien aimable et estimable religieux. Il a daigné jusqu'à présent me faire part de ses conseils, et jusqu'à présent j'en ai ressenti tout le bien et tâcherai par ma bonne conduite de me rendre digne de son amitié.

Je lui ai fait part de mon faible, par rapport à mes lettres, et il m'a promis qu'il me les ferait passer, et, qui plus est, qu'il se chargeait de les recevoir en son nom.

Je travaille le plus que je peux, pour deux motifs : c'est, premièrement, pour pouvoir, en quelque manière reconnaitre les services que ma famille m'a rendus, et pour pouvoir être plus tôt parti d'icy.

J'ai honte de ne pas écrire à maman et je n'ose pas lui écrire après les nouvelles sottises que je viens encore de commettre (1). Je suis assez puni d'être

(1) *Les nouvelles sotises que je viens de commettre...* Ces mots font, sans doute, allusion à l'affaire du duel de Saint-Pol.

dans un collège renfermé, après avoir eu tant de liberté et avoir dépensé tant d'argent !

Je ne sais si maman est instruite de mon arrivée icy, et si vous n'avez pas reçu une lettre pour moi ?

J'ai laissé pour tout bien à Saint-Pol quelques livres et une vieille redingote.

Je ne veux point écrire à mon oncle persuadé qu'il n'aurait point le temps de lire ma lettre, ni surtout de me répondre. Je vous prie, pendant le diner, de l'embrasser de ma part, ainsi que Sophie, Amant (1) et ainsi que la sincère amitié et le plus profond respect avec lequel j'ai l'honneur de vous être :

Votre très humble et obéissant serviteur et soumis neveu :

VILLIERS DE LISLEADAM

A l'Ecole Royale Militaire de Beaumont, en Normandie, par Caen, ce 19 juillet 1784.

Monsieur Dom Durand, professeur de rhétorique en ce collège, m'a dit qu'il vous écrirait dans cette même lettre.

(Nous lisons en effet sur la même feuille ces lignes de Dom Durand, à Madame de Kersauson.)

MADAME,

Monsieur votre neveu veut bien me donner sa confiance. J'en jouis avec le plus tendre plaisir pour le porter à la vertu et à l'amour des sciences. Il est doux et honnête, il se conduit bien. J'espère qu'il

(1) *Mon oncle ainsi que Sophie, Amand...* Lilly désigne dans cette lettre le comte Maurice de Kersauzon de Kerjean et ses enfants: Sophie et Amand.

continuera. De mon côté je continuerai de bien l'aimer, de lui donner les conseils de l'amitié, et d'être, avec le respect le plus profond,

Madame,

Votre très humble et très obéissant serviteur.

FEL. DURAND.

(1) *D. e. S. Professeur de rhétorique*

Le style de Lilly n'est guère plus soigné que son trousseau, à en juger par cette page d'un enfant qui nous semble, en effet, ainsi que le dit sa tante, avoir été un peu « négligé ». Constamment tenu loin de sa mère, sans doute par les nécessités de son éducation, le jeune orphelin n'est jamais, ou bien rarement accueilli au foyer nouveau créé à celle-ci par son second mariage. Il devait bientôt s'en éloigner encore davantage et nous le verrons quitter Beaumont et s'embarquer pour une campagne dans l'Inde.

(1) D. e. S., Docteur en Sorbonne.

LE CHEVALIER DE KERSAUZON

SON MARIAGE

Le chevalier Jean-Marie de Kersauson, frère de Madame du Laz, servit brillamment dans la marine, où il entra comme garde-marine, en 1758. Il devint enseigne, en 1760, et lieutenant de vaisseau, en 1768.

Etant encore enseigne, et embarqué sur le *Diadème*, commandé par M. Haudeneau, comte de Breugnon (1) qui devint plus tard lieutenant-général des armées navales, il prit part à un combat en sortant de la rade de Brest.

Il servit ensuite dans l'Inde, sous le Bailly de Suffren, comme commandant du *Brillant* vaisseau de 60 canons.

En 1779, il fut nommé chevalier de Saint-Louis. Il reçut le grade de capitaine de vaisseau, à prendre rang le 15 juillet 1784, en récompense de sa belle conduite dans les mers de l'Inde, au combat de Trinquemale et à celui du 20 juin 1782, dernier combat de l'amiral en cette contrée. Ce fut ce jour là que le Bailly de Suffren lui dit :

« Kersauson, ta frégate marche comme une charrette et cependant c'est elle qui arrive la première au combat (2). »

Il se maria, en 1784, à Mlle *de Tribard du Drecey*, ainsi que nous le verrons par la lettre qu'on va lire, et non après s'être retiré de la marine comme le dit, par erreur, la très

(1) V. notice sur ce personnage, p. 46, note 14.

(2) J. de Kersauson, *Histoire généalogique de la Maison de Kersauson*. (Bibliothèque de la ville de Nantes.)

intéressante « *Histoire Généalogique de la Maison de Kersauson* (1). » Nous donnerons en effet, à sa date, une lettre prouvant que, déjà marié, il commandait encore le *Brillant* en 1785.

On le dit à cette époque « *à la veille de partir pour l'Inde, commandant le vaisseau le Brillant* » (2).

Mlle de Tribard du Drecey annonce elle-même, par la lettre qui suit, à Mme du Laz son mariage avec le chevalier de Kersauson, mariage d'où naquirent plusieurs enfants.

Le chevalier rentra en France, où il se fixa, en 1788, ainsi que nous l'apprendra notre correspondance. Il émigra pendant la Révolution et sa présence est constatée à Jersey, le 7 juillet 1796, par sa signature au contrat de mariage de Mlle de Bédée avec M. Hervé de Ranville (3).

Nous ignorons l'époque de sa mort, ainsi que tout ce qui concerne la famille de Tribard du Drecey.

Notons aussi qu'aucune autre de nos lettres ne fait allusion à la nouvelle du mariage du chevalier de Kersauson.

Mme DE TRIBARD DU DRÉCEY DE KERSAUSON

A MADAME DU LAZ.

Au Port-Louis, Isle de-France, le 27 juillet 1784.

MADAME,

Je m'empresse d'avoir l'honneur de vous faire part de mon établissement avec Monsieur votre frère qui, depuis environ huit ans, m'a fait une cour assidue.

(1) *Histoire généalogique*, dans laquelle nous avons puisé ces renseignements.

(2) Voir, plus loin, lettre du chevalier de Kermellec à Mme la comtesse du Laz, datée de Pontivy, le 4 septembre 1785.

(3) Voir *Revue de Bretagne et de Vendée* de juin 1890. Si toutefois il n'existait pas alors un autre membre de cette famille signant *le chevalier de Kersauson*.

Ma sœur aînée ayant épousé Monsieur Visdelou de Bonamour (1), votre parent et le sien, a été cause de notre connaissance, et, voulant se lier plus étroitement avec eux, m'a obtenue de mon père à son retour de la guerre des Indes.

J'espère, Madame, que vous voudrez bien agréer son choix, me donner part dans votre estime et m'accorder votre amitié. J'ay tout lieu de l'espérer par celle que je vous proteste d'avoir pour vous toute ma vie, vous en assurant dès à présent, et vous priant de me faire l'honneur de me croire dans ces sentiments.

Madame,

Votre très humble et très obéissante servante,

TRIBARD DU DRÉCÉY DE KERSAUSON.

(1) *Monsieur Visdelou de Bonamour... Visdelou*, sgr de Bonamour paroisse de Trévé, et autres lieux fort nombreux. Cette famille a pour ancêtre Guillaume, sieur du Pont-à-l'Asne, croisé en 1248, et compte dans ses rangs beaucoup d'illustres personnages. Elle portait :

« *D'argent à trois têtes de loup de sable, arrachées et lampassées de gueules* » (Sceau 1276).

(P. de Courcy, *Nobiliaire et Armorial de Bretagne.*)

MAISON DE KERGUIZIAU

Kerguiziau, sgr dudit lieu, paroisse de Boharz, de Kervasdoué et de Kerscao, paroisse de Plouzané, etc.

Ancienne extraction chevaleresque, réformation 1669, neuf générations ; réformations et montres de 1427 à 1534, paroisses de Plouzané, Boharz, Lambézellec, Guiler, Plouarzel etc... évêché de Léon.

« *D'azur à trois têtes d'aigle* (aliàs : *d'épervier, arrachées d'or* » Devise : « Spes in Deo ».

Cette très ancienne maison a pour berceau le manoir de Kerguiziau, en Boharz et compte parmi ses ancêtres :

Henri de Kerguiziau, écuyer dans une montre de du Guesclin reçue au siège de Brest, en 1373 ;

Jean, vivant en 1427, épouse Adelice Le Normand ;

Alain, sieur de Kervasdoué, épouse, vers 1480, Méance de Quilbignon.

Jean, abbé de Daoulas, mort en 1581.

Jean, chevalier de Saint-Michel, marié en 1627 à Françoise de Kergroadez.

La branche ainée fondue dans du Louët.

(P. de Courcy, *Nobiliaire et Armorial de Bretagne.*)

La terre noble de Kervasdoué, domaine d'une branche cadette de cette maison, devenue aujourd'hui branche ainée, appartenait, dès 1469, à *Jean de Kerguiziau*

Un autre *Jean de Kerguiziau* fut fait chevalier en 1639.

L'auteur de la lettre que nous allons transcrire est *Charles Marie de Kerguiziau*, né à Lesneven, le 30 décembre 1749, fils de *François-Gilles de Kerguiziau*, chevalier de saint-Louis et officier de la marine royale, et de Claudine-Marie de Poulpry. Emancipé en 1773, Charles-Marie de Kerguiziau épousa demoiselle Louise-Claudine Barbier de Lescoët, née en 1747 et décédée à Lesneven en 1823. Quand vint la Révolution, Charles-Marie était capitaine au 4e régiment de chasseurs à cheval à Brest et chevalier de Saint-Louis et deux de ses frères, servant dans la marine, étaient parvenus à cette époque au grade de capitaine de vaisseau.

Charles-Marie de Kerguiziau émigra et prit du service dans l'armée royaliste. Il fut fusillé à Quiberon, le 16 thermidor 1795, laissant quatre fils : *Honoré*, *Claude*, *Charles*, né à Kervasdoué, le 17 mars 1777, *Joseph*, né en ce château en 1779. Honoré et Charles devinrent tous deux chevaliers de Saint-Louis et de la Légion d'honneur.

Honoré épousa, en 1812, demoiselle Marie de l'Etang du Rusquet, dont *Charles-Marie*, comte de Kerguiziau de Kervasdoué, né en 1829, a épousé en 1854 demoiselle Marie-Nicole-Chantal Villedieu de Torcy. De ce mariage sont issus deux fils :

Charles, né en 1858, et *Félix*, né en 1860, qui vivent encore ainsi que leur père à l'obligeance duquel nous devons ces renseignements.

L'aîné, M. Charles de Kerguiziau, habite actuellement le château de Kervasdoué dont le nom breton a la jolie étymologie suivante : *Ker-goas-Doue*, qui signifie ville, lieu, *demeure du vassal de Dieu*.

LETTRE DE MONSIEUR DE KERGUIZIAU

A MADAME DU LAZ.

Brest, ce 15 août 1784.

Ma très chère cousine, je suis pénétré de la plus vive reconnaissance de la bonté que vous avez de me donner des nouvelles de votre santé. Je remercie le Seigneur de vous avoir donné des forces pour soutenir l'évènement qui vous est arrivé, et vous supplie, ma très chère cousine, de vous bien ménager.

Vous ne me devez nulle reconnaissance pour tous les soins que je me donne et me donnerai pour mon bon ami Lily. J'ai encore vu Monsieur de la Daultière (1) qui est toujours bien disposé en sa faveur. Il faut tout attendre du temps et, après que la bombe aura crevé il faudra rétablir nos batteries comme de nouveau. Vous pouvez compter sur toute ma discrétion pour ce que vous me mandez de la Princesse (2) ; vous me connaissez, ma chère cousine, pour ne jamais vous commettre en rien.

Je suis trop flatté de la marque de confiance dont vous voulez bien m'honorer pour en abuser.

Oserai-je vous prier, ma très chère cousine, de faire mille amitiés de ma part à mon camarade Cillart (3) : C'est un ami de trois douzaines d'années, qui a de l'amitié pour moy et que j'aime bien.

(1) *M. de la Daullière...* Nous n'avons trouvé nulle part le nom même de ce personnage.

(2) *Ce que vous me mandez de la Princesse...* Il s'agit encore ici de la princesse d'Elbœuf (voir notice p. 228 et suivantes).

(3) Mon camarade Cillart.... V. notice ci-après.

Tous les habitants du Porzic sont en bonne santé. Ma femme est auprès de notre tante Terville (1) qui m'a promis de passer quelques jours chez moi, à son passage à Brest pour le Porzic.

Je l'attends tous les jours.

Mes hommages, je vous prie, à M. le comte du Laz. J'embrasse le cher poupon et vous suis, ma très chère cousine, d'une amitié inviolable pour la vie.

Votre gros cousin,

KERGUIZIAU.

MAISON DE CILLART

Mon camarade Cillart... de la maison de ce nom, descendant « comme celle de la Boissière des dues de Bellefonds à la Martinique » (Note de M. le comte de Kerguiziau).

De Cillard, sieur de la Villehélio, paroisse de Plourhan ; de la Villeneuve, de Coatarzant et de Lézérec, paroisse de Lanmodez ; de Surville paroisse de Tréméloir ; etc...

Ancienne extraction, réformation 1668, dix générations ; réformations et montres de 1423 à 1555, paroisses de Plourhan et Plérin, évêché de Saint-Brieuc, et Lanloup, évêché de Dol :

« *De gueules au greslier d'argent, enguiché de même en sautoir.* »

Devise : « Mon corps et mon sang. »

(P. de Courcy. *Nobiliaire et Armorial de Bretagne.*)

(1) *Notre tante Terville...* nom de terre porté par *Mademoiselle Mol de Kerjean,* sœur de la mère de Madame du Laz. Cette demoiselle, fort âgée, habitait le manoir du Vijac, près de Guipavas, appartenant à la maison Mol de Kerjean. Mademoiselle de Terville était la sœur de Françoise-Suzanne Mol de Kerjan, épouse de Jean-François de Kersauson, et de Mademoiselle Mol de Kerjean, dite Mademoiselle du Vijac, morte aussi sans alliances. (*Généalogie de Kersauson* précitée.)

Il doit ici s'agir de *Louis-Marie de Cillard*, comte de Villeneuve brigadier d'infanterie en 1780, mort en 1805 ; ou encore de *M. de Cillard de Surville, Armand-François-Marie*, chef d'escadre en 1786, commandeur de Saint-Louis en 1798. Nous manquons d'indication plus précise.

Tous deux servirent, croyons-nous, dans l'armée des princes et nous trouvons sur le monument de la Chartreuse d'Auray les noms de trois membres de cette famille dont les prénoms ne sont malheureusement indiqués que par des initiales sur la liste des infortunées victimes de Quiberon A.-M. Chevalier de Cillart, T.-J.-M. de Cillart, E.-J^h^-M. de Cillart.

Comme on le voit, cette maison a largement payé le tribut de la fidélité à la cause de son Dieu et de son roi.

Enfin à cette même famille, peut-être pourrait-on rattacher *Clément-Vincent Cillart de Kerampoul*, prêtre du diocèse de Vannes et curé de Noyal-Pontivy, en 1721, qui s'est fait remarquer par de savants ouvrages sur la langue bretonne.

Il fut déplacé et transféré à la cure de Grand Champ pour avoir, dit-on, refusé d'encenser la duchesse de Rohan, un jour qu'elle assistait à la messe dans l'église de Noyal-Pontivy, dont il était curé. Il devint chef des missions du diocèse de Vannes et mourut, à Locminé, en 1749. Il pourrait, selon quelques personnes, appartenir à une branche cadette des Cillart, maison bien ancienne en Bretagne, puisqu'un de ses membres, Eudon de Cillart, combattit comme écuyer de Charles de Blois et fut fait prisonnier avec lui à la bataille de la Roche-Derrien en 1346.

MAISON DE MONTBOURCHER

La maison de Montbourcher, l'une des plus anciennes de Bretagne, est originaire de la terre seigneuriale de ce nom, en la paroisse de Vignoc, évêché de Rennes.

Ses armes, qui figurent au Musée historique de Versailles, sont : « *D'or à trois chasnes* (marmites) *de gueules* » Devise : « Assez d'amis, quand elles sont pleines. »

Nous pouvons citer un ancêtre de cette maison dès le onzième siècle :

Geoffroy de Montbourcher, à qui appartenait déjà, en 1050, le manoir de Montbourcher, et qui, d'après Dom Maurice, donna à l'abbaye de Saint-Georges de Rennes (fondée en l'an 1032) les dîmes dont jouissait cette maison, pour la dot de sa fille qui avait pris le voile en ce monastère ;

Simon et Guillaume de Montbourcher, père et fils, sont témoins, en 1170, dans un accord entre le duc de Bretagne et Raoul de Fougères.

Geoffroy, fils de Guillaume, croisé en 1248, épouse Tiphaine de Tinténiac, dont :

1° *Guillaume, sire de Montbourcher*, marié à Asseline, dame de Pinel ;

2° *Renaud, seigneur du Bordage*, (paroisse d'Ercé-près-Gosné, évêché de Rennes), marié 1° à Jeanne de Saint-Brice, 2° à Catherine de Coësme ;

Jean, capitaine de Nantes et sénéchal du Limousin en 1300.

René de Montbourcher, seigneur du Bordage, en 1306, était garde des sceaux du duc de Bretagne, Arthur II, qui, par ses lettres de l'an 1309, lui donna le titre de bachelier ;

Simon de Montbourcher, en 1392, épousa Typhaine de Champaigné. Il figure dans l'état de maison du duc Jean V, dressé par le duc de Bourgogne, son tuteur, en 1403.

Bertrand de Montbourcher, grand écuyer de Bretagne en 1400 ;

En 1440, le manoir de Montbourcher appartenait à dame *Honorée de Montbourcher* ;

En 1522, nous trouvons *Renaud de Montbourcher*, seigneur du Bordage gouverneur de Brest ; et en 1532, premier Pannetier de la Reine et gouverneur de la ville de Rennes. Il épouse Julienne de la Magnanne et devient ainsi possesseur de la seigneurie de ce nom, située en la paroisse d'Andouillé, évêché de Rennes.

En 1656, la terre et seigneurie du Bordage est érigée en marquisat, en faveur de *René de Montbourcher*, maréchal des camps et armées du Roi. Ce seigneur fut tué au siège de Philisbourg, en 1668. Il avait épousé Elizabeth de Gouyon, fille de Nauri, marquis de la Moussaye et comte de Quintin, et de Henriette de la Tour d'Auvergne.

Leur fils, *René-Amaury de Montbourcher*, étant mort célibataire en 1744, le marquisat du Bordage passa à la famille Franquetot de Coigny, par le mariage d'Henriette de Montbourcher, sœur de René-Amaury, avec le duc de Coigny, maréchal de France en 1699.

René-Claude-Marie de Montbourcher, président à Mortier au Parlement de Rennes, meurt sans enfant en 1776, et son frère, *Guy-Joseph-Amador-de Montbourcher*, seigneur de la Magnanne, lieutenant-colonel du *Régiment de Marbœuf*, chevalier de Saint-Louis, épouse Jeanne-Céleste de Saint-Gilles, dont :

René-François de Montbourcher qui devint le chef de la branche de la Magnanne, marquis de Montbourcher, par suite du décès du frère aîné de son père, (René-Claude-Marie décédé sans enfant).

René François de Montbourcher, marquis de Montbourcher, baron d'Aubigné, seigneur de la Magnanne, né à Rennes, en 1757, mort en cette même ville en 1835, demeurant en son hôtel, place des Lices, paroisse de Saint-Etienne de Rennes, était encore mineur quand il épousa, le 18 janvier 1776, au château de Brésale, paroisse de Plouneventer, évêché de Léon (aujourd'hui Quimper), demoiselle *Marie-Josèphe-Julienne de Kersauson*, fille de Jean-Jacques-Claude, marquis de Kersauson de Brésale, et de dame Marie-Renée de Saisy de Kerampuil.

La marquise de Montbourcher, née de Kersauson, est signataire de plusieurs de nos lettres et non des moins intéressantes.

Au moment de son mariage René-François de Montbourcher était capitaine au Régiment *Mestre de camp Général-Dragon*. Nommé par lettres de 1786, lieutenant du Roi et gouverneur des quatre évêchés de Rennes, Vannes, Dol et Saint-Malo, il avait à ce titre, dès 1787, l'entrée du Parlement de Bretagne, avec droit d'y siéger et voix délibérative. C'est ainsi que nous le trouverons, dans une de nos lettres, mêlé aux événements de 1789 dont la marquise nous fera l'intéressant récit.

Il acquit, en 1788, pour la somme de *quatre cent cinquante mille* livres le marquisat du Bordage, sorti, comme nous l'avons dit, de sa famille par une alliance pour tomber dans celle des ducs de Coigny.

Une sœur de René de Montbourcher, *Rosalie-Céleste-Germaine-Françoise*, (1760 † 1848) épousa, en 1779, Anne-Jacques-Raoul, marquis de Caradeuc de la Chalotais, fils du célèbre procureur général, procureur général lui-même au Parlement de Bretagne.

Il mourut sur l'échafaud, en 1794, laissant une fille, Sophie-Marie-Raoulette-Pauline de Caradeuc qui épousa son cousin *René-Marie de Montbourcher*, fils aîné du marquis René-François, et de la marquise, née de Kersauson ; né à Brésale chez sa grand-mère, le 15 août 1778, décédé à la Magnanne le 26 décembre 1848.

Du mariage de Sophie de Caradeuc et de René-Marie de Montbourcher survécut une seule fille :

Demoiselle *Isidore-Marie-Françoise de Montbourcher* qui épousa Charles-Exupère Hay, comte des Nétumières, dont un fils et trois filles qui sont :

1° René Hay, comte des Nétumières, qui habite actuellement le château de la Magnanne ;

2° Madame de Guitton,

3° Madame de Menou,

4° Madame de Kernier, veuve depuis 1888.

Le nom de Montbourcher est donc éteint aujourd'hui.

Le château de la Magnanne, situé en la paroisse d'Andouillé (Ille-et-Vilaine) d'où sont datées plusieurs des lettres qne nous allons transcrire, fut reconstruit, en tout ou en partie, par René-François de Montbourcher, en 1784 ; la marquise fait allusion à ces travaux dans la lettre que nous lirons tout-à-l'heure.

Récemment incendié, cet édifice a été complètement rebâti de nos jours. Il ne reste donc plus rien de l' « *hermitage* » dont parle l'aimable marquise qui y termina ses jours en 1822.

L'aîné des enfants du marquis et de la marquise de Montbourcher, René-Marie, fut le dernier survivant mâle de son nom. Il avait eu la douleur de voir son fils unique le précéder dans la mort. ainsi que son frère, tué à la bataille de Leipzig, en 1813.

René-Marie mourut à la Magnanne, le 26 décembre 1848, digne, jusqu'à la fin, d'un nom illustre et honorable que l'on voit, à regret, disparu désormais de nos annales bretonnes où il tint une si noble place durant huit siècles.

MADAME LA MARQUISE DE MONTBOURCHER

A MADAME DU LAZ.

A Rennes. 27 août 1784.

Je ne veux point, ma chère petite amie, laisser partir Monsieur le Viller (?) sans le charger d'une lettre pour vous. Je me flatte que votre santé continue à être aussi bonne que je le désire.

Vous avez fait la conquête de Madame la Princesse d'Elbœuf, vous êtes habituée à cela, je vous en fais cependant mon compliment, ma chère amie, ainsi que je vous prie de m'en faire un si j'ai le bonheur de conserver toujours une place dans le cœur d'une amie comme vous.

N'aurons-nous pas le bonheur de nous réunir un jour ? et que de choses nous aurons à nous dire depuis notre dernière entrevue !......

......J'ai éprouvé il y a quelque temps une frayeur bien vive, étant réveillée, la nuit, par une voix lugubre qui annonçait le feu. Jugez de mon émotion : je ne savais pas où ! et j'entends dire : « Là-haut ! » Je pensais que c'était au-dessus de moi ! heureusement mon erreur ne fut pas longue.

Je criai : « Levez les enfants ! » car je pensais que ce n'était qu'un petit commencement d'incendie qui donnerait du temps pour nous sauver, quand j'appris que l'incendie était éloigné.

Je fus encore bien agitée et je voyais sur les nues une lueur rougeâtre qui était effrayante. Mon mari fut un des premiers au feu et se comporta d'une manière digne de notre Reno.

Il vous aime bien, ce Reno-là ! et si vous formiez

jamais l'heureux projet de venir dans notre hermitage, il volerait, avec bien du plaisir, vous chercher, au cas que M. le Comte du Laz ne vint pas avec vous, il doit être persuadé que je serais flattée de le posséder.

Mon mari est obligé d'être à la Magnanne, à cause de ses ouvriers, car le bâtiment va son train (1). Il ne vient ici que pour des instants. J'espère aller, le mois prochain, chez moi d'où je ne sortirai de tout l'hiver. Ma manie contre la ville, et mon goût pour la campagne sont vifs, et j'ai bien hâte d'être dans mon hermitage, malgré que j'aie ici une société bien agréable.

Agathe (2) réunit depuis quelque temps sa belle-mère (3) et sa belle-sœur de la Bégassière (4) qui est fort aimable. Son papa (5), son frère

(1) *Car le bâtiment va son train...* Allusion à la reconstruction du château de la Magnanne, dont nous avons parlé ci-dessus.

(2) *Agathe réunit...* Madame de Beaucours, née *Agathe de Saisy*, épouse du marquis Loz de Beaucours (voir notice sur cette maison et ces personnages p. 164).

(3) *Sa belle-mère...* La comtesse de Beaucours, née *Berthelot de Saint-Illan*. (Voir notice sur la famille de Beaucours, p. 164).

(4) *Et sa belle-sœur de la Bégassière...* Nous ne connaissons à la marquise de Beaucours qu'une belle-sœur du côté de son mari : *Radegonde Loz de Beaucours*, sœur de celui-ci, qui avait épousé *René-Joseph de Bégasson* du Roz. (Voir notice sur les de Beaucours.) Madame de Bégasson habitait-elle un manoir ou château du nom de *la Bégassière* ? Nous manquons de documents pour trancher cette question. L'écriture de Madame de Montbourcher est très laborieuse à déchiffrer, ce qui rend les noms cités par elle, particulièrement difficiles à identifier ; elle écrit par exemple dans plusieurs lettres successives le nom de Corollère de différentes manières, comme on le verra.

(5) *Son papa...* Le comte *Charles-Robert de Saisy de Kerampuil*, veuf de Charlotte de Rosmar, dame de Runegoff. Nous le retrouverons dans la suite.

aîné (1) et le dernier arrivent ces jours-ci. On va nommer (2) le petit chevalier Baucour un enfant charmant, mais charmant ! gras, blanc, gracieux à faire plaisir à regarder ! Il est bien mieux que l'aîné qui est aussi joli enfant.

Ceux de ma sœur (3) ont la coqueluche, du reste on se porte bien à Brésale (4) et on y réunit un joli régiment de demoiselles.

Adieu, ma chère et aimable petite dame, aimez-moi toujours. Je vous embrasse bien tendrement et vous prie d'embrasser pour moi le joli choton (5) chéri. Bien des choses à M. le Comte du Laz.

(1) *Son frère aîné...* fils du précédent, capitaine aux *Dragons d'Artois*, admis aux honneurs de la cour en 1789 la Révolution l'empêcha de monter « dans les carrosses de Sa Majesté ». Nous reparlerons plus loin des cinq frères de Madame de Beaucours, les jeunes de *Saisy de Kerampuil*, tous pages du Roi de 1769 à 1777. Nous en indiquerons les noms dans notre notice sur cette noble maison.

(2) *On va nommer.* . *Nommer* signifie ici donner le supplément des cérémonies du baptême à l'enfant ondoyé à sa naissance. On attendait souvent plusieurs années pour cela et ce n'est qu'à ce moment que le nom était imposé à l'enfant. Nous verrons plus loin que *Mademoiselle d'Orléans*, fille de Louis-Philippe-Joseph, duc d'Orléans, n'était désigné que sous ce nom de « Mlle d'Orléans » jusqu'à son baptême, en 1789, bien qu'elle fût née en 1777. Il en était ainsi du petit « Chevalier de Beaucours » qui n'avait sans doute pas été *nommé* dès sa naissance.

(3) *Ceux de ma sœur...* Les enfants du comte et de la comtesse *de Tinténiac*, née Marie-Jeanne-Guillemette de Kersauson de Brésale, sœur de Mme de Montbourcher.

(4) *On se porte bien à Brésale... Brésale* château en Plounéventer à la marquise de Kersauson, mère des dames de Montbourcher et de Tinténiac.

(5) *Embrassez pour moi le joli Choton*. . Le jeune *Joseph du Laz* aussi appelé *Joson*, fils du comte et de la comtesse du Laz.

Recevez les amitiés de tout ce qui m'entoure. Mademoiselle de Corelère (1) a toujours la santé assez mauvaise et surtout depuis quelques jours. Il faut espérer que les conseils de la médecine lui seront salutaires.

Quenaveso va mignones ques
O mignones ag o poupon ques

MONTBOURCHER.

Cette phrase d'adieu, en langue bretonne, peut se traduire ainsi : « A vous revoir, mon amie chérie, mon amie et votre enfant (poupon) chéri ».

Dans ce temps la langue bretonne avait cours entre grandes dames, même dans la correspondance et dans les salons. C'était pour la marquise un ressouvenir de Brésale et du Léon, où s'était écoulée son enfance.

UN MOT SUR L'INCENDIE DE RENNES EN 1720.

On comprend aisément la crainte provoquée à Rennes par tout commencement d'incendie, si l'on songe que le souvenir était encore vivant des terribles ravages accomplis dans cette ville par celui de 1720.

Dans la nuit du 21 au 22 décembre 1720, le feu éclata vers le milieu de la rue Tristan, les uns l'attribuent à l'imprudence d'un menuisier ivre, d'autres prétendent qu'il fut mis en dix endroits, à la fois, par la vengeance d'un régiment qui s'était trouvé mal accueilli par les habitants de Rennes.

(1) *Mademoiselle de Corelère*... lire le *Corollère*. Elle appartenait, pensons-nous, à la maison *le Corollère*, sgr de Kerdannet, de Kervescontou, paroisse de Plougaznou etc ..

« *De sable au cerf passant d'or, accompagné de trois besants de même* ». (*Nob. et Arm. de Bretagne*, P. de Courcy.)

Ceci est la tradition populaire, motivée par la rapidité extraordinaire avec laquelle le fléau se développant, crût en étendue et en intensité. En un instant, les deux côtés de la rue Neuve furent embrasés et l'incendie devint bientôt général. Cette rapidité d'extension du terrible fléau s'explique, du reste, de la façon la plus naturelle. En effet, à cette époque, la plupart des maisons de Rennes étaient construites en bois, et les rues extrêmement étroites facilitaient leur embrasement.

« La charpente de l'horloge, située sur la tour, derrière Saint-James, fut brûlée. La cloche qui pesait près de cinquante milliers, tomba avec toute sa charpente, le 23, vers deux heures du matin, faisant un bruit terrible.

« Le feu dura sept jours puisqu'il ne s'éteignit que le 29. Il y eut huit cent cinquante maisons consumées, dans une étendue de 14 cordes carrées (1) ce qui faisait à peu près le cinquième de la ville...

« Les titres de la plus grande partie de la province, qui se trouvaient chez les juges, avocats, procureurs et notaires, furent brûlés, presque sans exception (2). »

Aux malheurs et aux pertes considérables, causés à la ville par cet affreux désastre, il y eut du moins quelques compensations. C'est, en effet, à l'incendie de 1720, que la ville de Rennes, réédifiée sur les plans de l'ingénieur Robinet, doit d'être aujourd'hui plus agréable et plus saine, offrant un coup d'œil de régularité et de beauté digne de son titre de capitale de la Bretagne.

« *A quelque chose*, dit-on, *malheur est bon.* »

(1) C'est-à-dire une surface de 7 à 8 hectares.

(2) Ogée, *Dictionnaire de Bretagne*.

LES « COUSINS DE MI-AOUT »

La lettre qui suit nous ramène en Basse-Bretagne, au château de Rostrenen, où séjourne, à la date du 19 août 1784, la jeune châtelaine de Trégarantec, la comtesse Jégou du Laz.

Le pardon solennel de N. D. de Rostrenen (1) a lieu le 15 août de chaque année, et attire, en cette petite ville, un grand nombre d'étrangers. Chacun des habitants tient à honneur d'inviter à y faire séjour pour la circonstance des parents et amis, nommés alors « *les cousins de Mi-Août* ».

Il est à croire que, se conformant à cette antique tradition, la dernière baronne de Rostrenen réunit en 1784 en son château de nombreux « *cousins de Mi-Août* » parmi lesquels les châtelains de Trégarantec. C'est ce que nous fait supposer la lettre suivante adressée

A Madame

Madame la Comtesse du Laz,

Actuellement au Château de Rostrenen

à Rostrenen.

(1) Voir ce nom et la notice sur la duchesse ou princesse d'Elbœuf, pp. 228 et suivantes.

MONSIEUR DE GOURIO A MADAME DU LAZ

Carhaix (1), *19 août 1784.*

MADAME LA COMTESSE,

J'ay eu l'honneur et le plaisir de posséder icy Monsieur le Comte du Laz qui est arrivé à Carhaix environ les cinq heures en très bonne santé et très content du postillon et de ses chevaux.

J'ay eu le plaisir de le conduire hors la ville. Il est monté dans sa voiture pour aller coucher au Goasvennou (2). S'il avait eu le temps de vous écrire lui-même, il l'aurait fait, avec bien du plaisir, comme vous n'en doutez pas.

Je luy ai proposé de faire le fait valable pour lui et il me l'a permis ; j'en profite, avec autant d'empressement que de satisfaction. Je suis enchanté de trouver une bonne occasion de vous réitérer l'assurance du respect infini avec lequel j'ay l'honneur d'être, Madame la Comtesse, etc...

DE GOURIO (3).

Madame de Gourio vous prie d'agréer mille sincères et respectueux compliments. Sa fièvre parait céder aux remèdes qu'on y employe.

Mille choses de notre part à Mademoiselle du Laz, s'il vous plaît.

(1) *Carhaix*, chef-lieu de canton, petite ville du Finistère à environ 20 kilomètres de Rostrenen.

(2) *Goasvennou*... château situé en Plounévezel.

MAISON DE GOURIO

(3) *De Gourio*... de la maison de ce nom :

De Gourio sieur de Lannoster, du Rouasle, de la Salle, de Coëtanguy, de Cornangazel etc...

Ancienne extraction. Réformation de 1669, six générations

MAISON DE PENNELE

Le Bihan, seigneur de Pennelé et du Rondour, paroisse de Saint-Martin des-Champs (Morlaix) de Tréouret, paroisse de Cast, — de Kerscao, — de Keralou, — de la Haye, — d Clos, — de Kerouzlac, paroisse de Plouvorn, — de Kersaint, paroisse de Plougaznou.

Extraction, réformation 1669, cinq générations. réformations et montres, de 1534 à 1543, paroisse de Saint-Martin-des-Champs, évêché de Léon.

Armes des le Bihan de Pennelé :

« *D'or au chevron de gueules, issant d'une mer d'azur.* » Devises : « Amour de Dieu, espoir en Dieu » et « Vexilla florent. » (P. de Courcy, *Nobiliaire et Armorial de Bretagne.*)

réformations et montres de 1481 à 1534, paroisse de Lannilis, évêché de Léon.

« *D'argent à trois chevrons d'azur* ».

Devise : « Dieu me tue ».

Alain, écuyer en 1378 ;

Galhol, un des capitaines envoyés en Poitou contre les Penthièvre en 1420.

Guillaume, vivant en 1481, père de *Christophe*, marié à Jeanne de Kersulguen.

Lannoster, en Ploabennec, appartenait en l'année 1500, à *Christophe Gourio*, sieur de Lannoster.

(Ogée, *Dict. de Bretagne* et *Nobiliaire et Arm. de Bretagne*, de Courcy.)

Nous ignorons absolument de quel membre de la maison de Gourio il est question ici.

L'auteur de la lettre qui suit et de plusieurs autres faisant partie de cet ouvrage est :

Toussaint-Marie-Jacques-Joseph le Bihan, comte de Pennelé, enseigne des vaisseaux du Roi, fils de Jacques-Claude-Toussaint le Bihan, comte de Pennelé, chevalier de Saint-Louis, et de Marie-Marguerite-Thérèse de Coëtlosquet.

Le comte Toussaint-Marie de Pennelé avait épousé à Saint-Pol-de-Léon, le 26 janvier 1775, Mlle Marguerite-Adélaïde de Poulpiquet, née au château de la Ville-Neuve, le 9 janvier 1755.

Le comte de Pennelé est le petit-fils de Charlotte de Sévigné. La branche de Chemeray, appartenant à la maison de Sévigné, s'est fondue, par une alliance, en 1706, dans Le Bihan de Pennelé.

PLUSIEURS MARIAGES A MORLAIX

EN 1784

LE COMTE LE BIHAN DE PENNELÉ

A MADAME DU LAZ.

Morlaix, le 26 octobre 1784.

MA TRÈS CHÈRE COUSINE,

Je ne laisserai jamais échapper les occasions qui me seront offertes de faire parvenir au Château de Trégarantec les respectueux hommages, les amitiés du petit ménage et les vœux qu'il forme sans cesse pour votre bonne santé et celles de Monsieur et Mademoiselle du Laz.

Vous voudrez bien être mon interprète auprès de

tout ce qui vous environne. Je n'oublie pas votre cher élève (1) qui doit vous donner aujourd'hui beaucoup de satisfaction en tous points. Embrassez-le de notre part, ma chère cousine, et ne doutez pas qu'il nous soit aussi cher que sa maman.

Son éducation vous occupe sans relâche et ne vous permet pas de donner quelques moments à vos connaissances. Vos amis se reposent sur la bonté de votre cœur et vous pardonneront aisément votre silence, en faveur d'un motif aussi intéressant que celui que je vous suppose. Je renonce à tout le plaisir que nous procurent vos lettres pour ne m'occuper que de celui que vous goûtez.

Dans votre dernière vous aviez la bonté de donner le détail des belles fêtes que procurait, dans votre quartier le séjour de Madame la Duchesse (2). Notre ville n'a pas vu de grandeurs, mais tout le mois dernier s'est écoulé en plaisirs.

La noce de Mademoiselle de la Chaume (3) a été des plus brillantes. Le bal, l'assemblée, grand souper, auquel toute la ville était invitée, annonçaient l'opulence déjà reconnue qui règne dans la maison de Lannux (4).

Aujourd'hui, tous les parents et les amis s'em-

(1) *Votre cher élève...* Joseph du Laz, né à Trégarantec en 1783 du second mariage du comte et de la comtesse du Laz.

(2) *Le séjour de Madame la Duchesse...* la duchesse d'Elbœuf à Rostrenen (voir notice biographique pp. 228 et suivantes).

(3) *Les noces de Mlle de la Chaume...* Mademoiselle de la Chaume est la fille d'un membre de la maison de *Lannux, sr de Kermabon de la Chaume*, — du Rascoët, etc... évêché de Tréguier.

Cette maison a produit trois maires de Morlaix de 1753 à 1776.

(4) *Annonçaient l'opulence déjà reconnue qui règne dans la maison de Lannux...* (Voir la note précédente.)

pressent de traiter cette belle dame qui doit partir pour Cadix le 3 du mois prochain. Son mari est très aimable, autant que son frère, mais beaucoup plus riche. Vous conviendrez que Mademoiselle Margoton n'a pas perdu pour attendre.

Mademoiselle de Tromelin, aujourd'hui Madame de Saint-Maurice (1) ne doit pas se plaindre de sa destinée, puisqu'elle a en partage une fortune considérable, un mari qui l'adore. Elle ne se possède pas de joie et la société applaudit à son bonheur.

Le ménage du Breignou (2) est moins bruyant, mais très heureux. Ils se connaissaient de loin moyennant quoy il semble qu'il soit formé depuis longtemps.

Notre cousine de Kerouartz-Bleuf (3) a eu récemment le malheur de faire une fausse couche, motivée, à ce que l'on prétend, par la fatigue de son voyage et les embarras de la noce de Mademoiselle sa sœur. Elle est rétablie, mais d'une extrême faiblesse.

(1) *Mademoiselle de Tromelin aujourd'hui Mme de Saint-Maurice...* (V. notice ci-après) appartient à la maison Boudin.

Boudin, sr de Launay, paroisse de Ploujean, — de Lannuguy, paroisse de Saint-Martin-des-Champs, — de Longpré et de *Tromelin*, paroisse de Plougasnou.

De sable à l'épée d'argent en pal, la pointe en haut surmontée de deux étoiles d'or ».

Devise : « Ad sidera tentat. »

(P. Pautier de Courcy, *Nob. et Arm. de Bretagne.*)

(2) *Le ménage du Breignou...* Voir ci-après.

(3) *Notre cousine de Kerouartz-Bleuf...* Nous ne savons quels membres de la famille de Kerouartz sont désignés sous le nom de *Kerouartz-Bleuf*, voir p. 33, notice généalogique et biographique sur cette maison.

Madame de Kerozeven (1) est de retour depuis la foire Haute et s'est ressentie du changement de séjour. Je l'ai vue enveloppée de ses fourrures, tourmentée d'une fluxion à la tête. Heureusement cette incommodité n'aura pas de suites fâcheuses.

A la suite de tous ces détails, relatifs à nos parents, vous vous retournerez vers mon ménage auquel vous voulez bien prendre intérêt. Dans ce moment il est parfaitement bien.

Votre cousine me charge d'ajouter à l'assurance de sa bonne santé et de celle de ses enfants, qu'elle vous aime et embrasse de tout son cœur.

Votre.... etc.

PENNELÉ.

J'attends votre frère qui n'a pas paru à notre foire. J'imagine qu'au retour de la Saint-Hubert que Monsieur d'Hector (2) célèbre dans ce moment à Lézérazien (3) il viendra visiter ses amis et parents de Morlaix.

Nous le voyons toujours avec un nouveau plaisir.

(1) *Madame de Kerozeven...* Madame *de Kerosven* comtesse de Bois-Eon, qui revenait à sa maison de ville de Morlaix. (Voir sa lettre, page 188, datée du Bois-Eon.)

(2) *La Saint-Hubert que M. d'Hector...* (V. ci-après.)

(3) *En ce moment à Lézerazien...* Château ou rendez-vous de chasse appartenant à la famille de Kerouartz, dont faisait partie la comtesse d'Hector. Cette terre est située dans la paroisse de Guiclan (Finistère).

Elle avait passé dans la maison de Kerouartz par une alliance avec celle des Le Sénéchal, seigneurs de Lézérazien, branche fondue dans Kerouartz.

MADAME GATIEN DE SAINT-MAURICE (PUIS ROCHON)

Mademoiselle de Tromelin, dont on parle dans la lettre qui précède, est la sœur du général Jacques-Jean-Marie Boudin, écuyer puis comte de Tromelin, né en 1771, décédé en 1842. Mlle de Tromelin épousa, en 1784, M. Gatien de Saint-Maurice, dont elle devint veuve avant la Révolution. Son frère, ayant émigré, prit du service dans l'armée des princes et Madame de Saint-Maurice, demeurée à Morlaix, fut arrêtée vers 1792, sous l'unique inculpation d'être « sœur d'un émigré ». Incarcérée dans la prison des Carmélites de Morlaix, elle y retrouva, détenus de même, son beau-frère et sa belle-sœur, Monsieur et Madame de Lannuguy. Ceux-ci avaient été arrêtés sur la dénonciation d'un prêtre constitutionnel de la commune de Guerlesquin, procureur-syndic de cette localité en même temps que curé.

En vertu de ses pouvoirs civils, ce prêtre *jureur* faisait arrêter et emprisonner les paroissiens rebelles qui refusaient d'assister à ses prônes et offices.

En ce moment, le savant Rochon, homme remarquable par sa vaillance et son courage comme officier de la marine royale, ainsi que par ses aptitudes scientifiques, avait acquis, à cause de ses importants services, une certaine influence sur l'esprit des puissants du jour. Il en profitait pour arracher le plus grand nombre possible d'innocents à la prison et à l'échafaud.

Rochon était proche parent de Madame Gatien de Saint-Maurice. Il usa donc de tout son crédit près de Jean Bon-Saint-André, alors tout-puissant à Morlaix, pour sauver sa cousine et obtenir aussi la mise en liberté de M. et Mme de Lannuguy.

Devenue libre par les soins de Rochon, la veuve de M. Gatien de Saint-Maurice récompensa le dévouement de son sauveur en lui accordant sa main.

« C'était une femme aussi distinguée par le caractère que par l'esprit et le cœur, — dit un de ces biographes — elle seconda, personnellement, son nouveau mari dans la direction d'une manufacture de toiles de cuivre et de fer qu'il obtint d'organiser près de Morlaix, au manoir de Coatserho, propriété séquestrée de M. de Tromelin, où il occupait un grand nombre de tisserands sans emploi » (1). Nous parlerons plus loin du général le Boudin de Tromelin.

LE VICOMTE ET LA VICOMTESSE DU BREIGNOU

Joseph-Florian-Célestin Thépault, chevalier, vicomte du Breignou, né au château du Breignou et ondoyé à l'église tréviale du Bourblanc, près de Brest, le 25 août 1746, entra dans la marine et était arrivé au grade de lieutenant de vaisseau lorsqu'il épousa à Morlaix, par contrat du 26 septembre 1784, demoiselle *Catherine-Emanuelle-Marie-Josèphe-Ignace le Grand*, veuve de messire Hyacinthe-Claude-Marie de Gouyquet de Bocozel (2). Elle était née au Mexique, en 1757. Le ménage du Breignou se fixa à Morlaix et avait deux filles en 1787. Le vicomte fit ses preuves de noblesse, en 1788, pour être admis à monter dans les carrosses du Roi (3).

Nous ignorons la date du décès du vicomte du Breignou, mais ce fut avant 1794, époque où la « *veuve Thépault Dubregnon* » (sic) fut arrêtée et traduite devant le tribunal révolutionnaire de Brest, avec douze autres femmes, coupables d'avoir donné asile à un capucin, Yves Mével, connu sous le nom de *Père Joseph de Roscoff*.

Cinq de ces pauvres victimes furent exécutées avec le Père Joseph et les huit autres, dont Madame du Breignou, furent gardées en prison durant de longues années (4).

(1) Levot, *Biographie Bretonne*, art. Rochon.

(2) Voir p. 191, note 4 sur Madame de Gouyquet.

(3) D'après les *papiers de Chérin*. Bibliothèque nationale, n° 113.

(4) Téphany, *Histoire de la persécution religieuse dans les diocèses de Quimper et du Léon*.

LE COMTE D'HECTOR

Jean-Charles vicomte, puis comte d'Hector, né en 1729 marin distingué, lieutenant général des armées navales, en 1782 ; commandant de la marine à Brest, commandeur de Saint-Louis, avait épousé, le 11 mars 1772, demoiselle Jacquette de Kerouartz veuve d'Alain-François le Borgne de Keruzoret.

Nous n'avons pu nous procurer la liste des campagnes du comte d'Hector qui dut, pense-t-on, faire disparaître, des bureaux de la marine à Brest, tout ce qui le concernait avant de partir pour l'émigration. Il résista au débarquement des aumôniers de la flotte considérés comme inciviques (1) et dut mourir avant 1816, car on n'en trouve non plus aucune trace dans le relevé des services, fait à cette époque pour remédier au désordre causé dans la marine par la Révolution. La seule mention qui soit faite du comte d'Hector se trouve aux registres des soldes de 1790 :

« Le comte d'Hector, lieutenant-général, commandant de la marine, au supplément de 1500 livres par mois et à 250 livres pour frais de bureau (2) ».

En 1792, le comte d'Hector émigra et devint colonel du régiment royaliste, dite de *la Marine* ou d'*Hector*, dont tous les officiers appartenaient à l'ancienne marine royale, ainsi que nous l'apprend l'un d'eux, le vicomte de Bélizal :

« J'oubliais de vous dire une fois pour toutes, notre régiment n'étant composé que d'officiers de la marine royale, quand je vous parlerai de notre régiment vous saurez que notre colonel était vice-amiral; notre lieutenant-colonel contre-amiral; les capitaines de compagnie, chef de divi-

(1) Levot, *Brest sous la Terreur*.

(2) Notes communiquées par M. P. André, lieutenant de vaisseau.

sion ; commodore ou capitaine de vaisseau ; les lieutenants et sous-lieutenants, lieutenants de vaisseaux (1) ».

« Notre général colonel, comte d'Hector qui a 74 ans, est indisposé et traîne une santé bien chancelante s'il venait à mourir, ce serait pour nous une bien grande perte (2).

D'après ces lignes d'un de ses compagnons d'émigration, il est à supposer que le comte d'Hector ne survécut pas longtemps au désastre de Quiberon, qui décima les soldats d'élite composant le régiment de *la Marine* dont il était le chef.

Le comte d'Hector avait élevé chez lui une de ses nièces, demoiselle Marie-Georgette-Françoise de Kerouartz (3) qui épousa, en 1784 l'infortuné chevalier de Langle. Celui-ci étant mort en 1787, massacré par les sauvages de l'île Maouna, le comte et la comtesse d'Hector conservèrent près d'eux la jeune veuve et le petit orphelin qui commença sur le sol étranger le rude apprentissage de l'existence.

Hector (originaire du Quercy) maintenu en Poitou en 1666, seigneur de Tirpoil — de Versigny, — de Marle, — de Beaubourg, — de Closemont.

« *D'azur à trois tours d'or*, qui est Hector, *écartelé d'argent à la bande de sable chargée de trois molettes d'argent.*

(*Dictionnaire généalogique* de la Chesnaye des Bois.)

(1) *Journal et lettres d'un émigré* publiés par le vicomte de Bélizal.

(2) Ibid. *Lettre du vicomte de Bélizal à James Frémaux*, 17 nov. 1794.

(3) Voir p. 196, note 1.

MAISON DE MAUDUIT

De Mauduit, (Originaire de Touraine), sieur du Plessix, — de Tuomelin, — du Crosco, — de Kervern, — de Kerlivio, — de Chef-du-Bois.

Maintenue à l'intendance, en 1715. Ressort de Concarneau et Hennebont.

« *D'or au chevron d'azur, accompagné de trois étoiles* (alias *molettes*) *de gueules.* »

Armorial de 1696.

Antoine, intéressé aux fermes de Bretagne, anobli en 1696, secrétaire du Roi près la Grande Chancellerie, en 1724, payeur des gages des officiers de la chancellerie de Bretagne, en 1727.

(De Courcy, *Nob. et Armorial de Bretagne.*)

Madame de Mauduit, signataire de la lettre qui suit, datée de son château du Crosco, était née demoiselle *Cabon de Kerandraon*, et épousa *Casimir de Mauduit*, officier de la marine royale, cadet de sa maison, d'où, sans doute, la signature *Mauduit de Mauduit* pour se distinguer de la branche aînée, nommée de *Mauduit du Plessix* (1).

(1) Voir, plus loin, notice sur le frère aîné de Casimir, le chevalier de Mauduit du Plessix, et sur un autre de ses frères, l'abbé de Mauduit.

Etant encore aspirant de marine, Casimir de Mauduit fut fait prisonnier des Anglais, après un combat sur les côtes de Bretagne, et demeura cinq ans à bord d'un ponton (1).

Casimir de Mauduit était fils d'*Hippolyte de Mauduit* et de demoiselle de *Talhouët du Crosco*, et c'est ainsi que nous le trouvons propriétaire du château de ce nom. Il descendait donc par sa mère de la maison des Lantivy seigneurs de Talhouët, paroisse de Stival ; — de Kerveno, paroisse de Languidic ; — du Crosco, paroisse de Lignol ; et autres lieux, portant :

« *De gueules à l'épée d'argent en pal la pointe en bas* » et comme devise :

« Qui désire n'a repos. »

(*Armorial Breton de Guy le Borgne.*)

Hippolyte de Mauduit s'étant remarié à demoiselle Mahé de Berdouaré, veuve de M. de Kerjégu, Casimir construisit, non loin de Kerjégu, en Moëlan, qu'habitait son père, le château de Plaçamen, où il vint demeurer avec sa jeune femme, durant les rares périodes libres que lui laissait sa rude carrière de marin.

Nous parlerons de ces deux châteaux et de leurs châtelains d'après Cambry (2) qui fut leur hôte lors de son voyage dans le Finistère, en 1795, et dont le livre (3) nous a conservé sur eux d'intéressants détails.

(1) Notes dues à l'obligeance de M. H. de Mauduit, de Quimperlé.

(2) *Cambry* (1749 † 1807), membre du conseil du département, fut chargé par le gouvernement de constater, à cette époque, l'état politique, moral et statistique du Finistère. Il fut ensuite préfet de l'Oise, et mourut à Paris, le 30 décembre 1809, d'une attaque d'apoplexie.

(3) *Voyage dans le Finistère*, par Cambry.

« K. (de Kerjégu) se retira dans la commune de Moëlan, il y forma une terre qui conserve son nom, la planta, l'embellit ; sa veuve épousa M. (*de Mauduit*) (1) l'un des sages de la Révolution. On fit auprès de lui vingt tentatives inutiles : il ne quitta pas sa patrie, prévit le sort des émigrés, les plaignit sans les imiter, régla ses métairies, sut féconder des terrains infertiles et fit du bien à tout le monde.

« Dans les mesures générales qu'on prit contre tous les nobles il eut pour défenseurs, pour répondants, tout le district et sa prudence. On essaya vingt fois de le troubler, mais on trouva toujours le même obstacle.

« M a servi, s'est distingué dans les guerres de Corse. Blessé, décoré de l'ordre militaire, il quitta son état avant la Révolution. C'est un de ces guerriers qui n'ont point dédaigné les Muses ; son esprit est orné des plus jolis vers de nos poëtes ; il lit avec facilité le Tasse, l'Arioste, Pétrarque, et une multitude de poëtes italiens, qui parent sa jolie bibliothèque, près de Tibulle, de Juvénal, de Martial et de Virgile.

« P. et K. (*Plaçamen et Kerjégu*) sont les deux plus agréables demeures du ressort de Moëlan. La première de ces terres contient vingt-deux métairies, entourées des eaux de la mer et de landes sauvages.

« On traverse ces landes, semées de noirs rochers, couverts de mousse, la mer s'aperçoit dans le lointain, vous croyez ne plus trouver de terre végétale ; tout-à-coup des fossés, des champs, des vergers fleuris, la plus riche nature et des prairies artificielles se développent sous vos yeux. Des allées d'arbres, plantées avec symétrie, servent de promenades ombragées, jusqu'aux points variés du rivage. Toute espèce de fleurs embellissent un parterre, les légumes les plus savoureux, les meilleurs fruits, des milliers de melons, nés en pleine terre ou sur des couches ; la chair la plus délicate, les vins les plus recherchés, l'hospitalité la

(1) Père de Casimir de Mauduit.

plus aimable, vous attendent. Vous vivez sous un toit fort simple, aucune espèce de luxe ne règne dans cette retraite; elle n'est parée que de bassins de fleurs et des grâces d'une espèce d'enchanteresse dont les Renaud, les Roger, les Médor de Bretagne ont souvent essayé de triompher... »

Cambry, fut bien accueilli à Plaçamen, s'il faut en croire la description lyrique qu'il fait du château et des charmes de la châtelaine dont nous présenterons bientôt les lettres à nos lecteurs. Il nous donne ensuite cette description de Kerjégu :

« Je veux donner une idée de ce qu'est une terre en Bretagne, et je choisis celle de K. Je ne décris point un palais, mais une simple gentilhommière. La maison principale est de la plus grande simplicité. La chapelle, à droite en entrant, est placée dans une tourelle antique, dont les murs sont couverts de lierre. La cour est grande et contient deux bâtiments, sur les côtés, les écuries et la demeure des ouvriers. Une claire-voie laisse règner la vue sur le jardin vaste, gâté par quelques ifs taillés pourtant avec recherche. On l'aperçoit de la salle basse, on en distingue toutes les parties des appartements supérieurs. Le jardin, formé de grands carrés entourés d'arbres fruitiers en éventail, est du meilleur rapport, les fruits y sont délicieux... Une charmille, des bancs de gazon, un bosquet de lauriers, les fleurs des plates-bandes, une corbeille sont les seuls ornements de ce jardin fécond (1). »

Monsieur de Mauduit possédait, en outre, le château du Crosco (aussi appelé *Coscro*) en Lignol, autrefois sergentise féodée de Guémené-le-Prince, (aujourd'hui Guémené-sur-Scorff, Morbihan (2).

(1) Cambry, *Voyage dans le Finistère.*

(2) *Guemené-sur-Scorff,* autrefois successivement nommé Guémené-Guégan, Guémené-Guingamp et Guémené-le-Prince, chef-lieu de la principauté de Guémené appartenant à la maison de Rohan.

Le château du Coscro, d'où est datée la lettre que nous allons lire, est agréablement situé sur les bords du Scorff, on y remarque un fort bel escalier.

Madame de Mauduit habitait le plus souvent ce château, et *la campagne*, dont elle parle dans quelques-unes de ses lettres, désigne Plaçamen, où elle séjournait aussi parfois, particulièrement pendant que son mari résidait en France, dans l'intervalle de ses longues campagnes.

Le château de Plaçamen appartient aujourd'hui au comte de la Boninière de Beaumont.

Près de là, sur le bord de l'Océan, se trouvent « *les Bains de Diane* ». On appelle ainsi, dans le pays, une sorte de bassin naturel, creusé dans le roc, ayant environ 1m33 de profondeur, sur 10 à 12 de diamètre. Cette piscine naturelle est ronde et régulière; chaque marée la remplit et, dans cette eau réchauffée par les rayons du soleil, on prend en été des bains délicieux.

Le château de Kerjégu est, de nos jours, complètement abandonné.

« UNE AFFAIRE D'IMPORTANCE »

MADAME DE MAUDUIT A MADAME DU LAZ

Au Coscro, le 27 août 1785.

Mon premier soin, Madame et chère amie, a été de m'informer de votre santé, à laquelle je prends le plus vif intérêt, et c'est avec satisfaction que j'apprends que cette chère santé est un peu meilleure. J'espère qu'actuellement vous êtes quitte de toutes ces misères et que la bonne santé et les forces vont reprendre. C'est, je vous assure, Madame, le vœu le plus tendre de mon cœur.

J'ai une belle querelle à faire à Monsieur du Laz qui ne répond pas aux lettres qu'on lui écrit pour savoir de vos nouvelles. Heureusement que mes sœurs m'en ont donné! Que d'injures ne mérite-t-il pas? Je vous prie, Madame et chère amie de l'en accabler : si j'étais plus près, je ferais moi-même ma commission. Cependant veuillez bien lui faire mille compliments de ma part.

Comme je connais l'intérêt que vous prenez à moi, et à mon mari, je vous dirai donc qu'il revient cette année, et que, selon toute apparence, il sera ici à la fin du mois prochain ou au commencement de l'autre. Vous ne pouvez douter de ma joie : dans toutes ses lettres il me charge de vous offrir son hommage.

J'espère que nous aurons le plaisir de vous aller voir ensemble et de vous assurer, de vive voix, Madame, des sentiments très sincères de la plus parfaite amitié que vous a vouée pour toujours.

Votre très humble servante.

MAUDUIT DE MAUDUIT.

La maison de Guémené, vient d'essuyer un fier échec ! Le jour de l'Assomption, le Roy fit dire au Cardinal de Strasbourg de lui venir parler dans son cabinet. A la sortie le Roy l'a fait arrêter et on a mis les scellées sur tous ses papiers et dans toutes ses terres (1).

L'on prétend qu'il est de la conspiration d'Alsace; d'autres disent que, comme Prince de l'Eglise, il est chargé des hôpitaux et qu'il a abusé des revenus. Mais, ce qu'il y a de sûr, c'est une affaire de grande importance et qui donne matière à plusieurs réflexions.

Madame de Robien (2) est beaucoup mieux mais d'une faiblesse affreuse, mais je l'ai laissée en parfaite convalescence. Faites de ma part à Madame Ruppe mille compliments.

(1) Voir ci-après l'historique de « l'Affaire du Collier ».

(2) *Madame de Robien*... est, croyons-nous, la femme du comte Paul de Robien qui fut présenté à la cour en 1784. Nous donnons, ci-après, une notice sur cette ancienne maison dont plusieurs membres unirent à la distinction de la naissance celle de la science et de l'esprit.

Madame de Mauduit nous donne, dans ce *post-scriptum* de sa lettre, la première nouvelle parvenue en Bretagne de l'arrestation du prince cardinal de Rohan, à l'occasion de la fameuse « *affaire du Collier de la Reine* ». Cet événement eut, dans toute la France, un tel retentissement que nous croyons intéressant d'en rappeler à nos lecteurs les principales circonstances.

L'AFFAIRE DU « COLLIER DE LA REINE »

1785-1786

I

Pour bien comprendre le retentissant scandale causé en France et à l'étranger, en 1785-1786, par le trop célèbre procès du « *Collier de la Reine* », il suffit de le rapprocher de celui qui, tout récemment encore, passionnait à si haut point l'opinion publique, dans les camps les plus opposés, dans les milieux les plus divers, sur les continents les plus lointains du monde civilisé. Si l' « *Affaire Dreyfus* » eut un retentissement plus universel que le fameux « *Procès du Collier* », cela tient uniquement à la presse qui, plus répandue de nos jours qu'à la fin du XVIIIe siècle, exerce, par suite, une action plus puissante et surtout plus étendue.

Mais ces deux procès, également célèbres dans les pages de nos annales politiques et judiciaires, ont ce point de contact que tous deux furent le signal d'explosion de terribles luttes de parti, de violentes haines politiques et religieuses ; et le point de départ d'incidents scandaleux dont la fange jaillit, alors, jusque sur les marches du trône, comme elle atteignit, de nos jours, les sommets les plus élevés de la hiérarchie gouvernementale.

Ces deux « *Affaires* », essentiellement différentes dans leur objet, sont de celles qui ébranlent, profondément et pour longtemps, les esprits et la sécurité politique, intérieure et extérieure, d'un Etat.

Les péripéties de l' « *Affaire du Collier* », émouvantes comme un drame, passionnantes comme un roman, eurent, pour théâtre, ce magnifique palais de Versailles, sur lequel l'Europe entière avait gardé les yeux fixés, et dont les splendeurs, pendant un demi-siècle, reflétèrent les rayons de la gloire du « Roi-Soleil ».

Voilà quel fut le théâtre, quels furent les spectateurs; nous verrons, tout-à-l'heure, quels furent les acteurs de ce drame.

Il n'a été, d'après les écrivains contemporains, que le prélude de la sanglante tragédie qui devait, quelques années plus tard, épouvanter le monde : la Révolution de 93 (1).

II

L'illustre, haute et puissante maison de Rohan se prétend, à tort ou à raison, issue des anciens rois de Bretagne et explique, par cette royale origine, le titre de *princes* attribué à ses membres, en leur qualité de descendants d'une famille souveraine. Leurs biens, les vicomtés de Porhoët et de Rohan, qu'ils possédaient depuis le XIe siècle, étaient jadis tellement considérables que quelques historiens leur donnent le nom de *royaume*.

Ils étaient régis par des *coutumes* particulières qu'on nom-

(1) « C'est dans les méchancetés et les mensonges, répandus, de 1785 à 1788, contre la reine par la Cour, dit le comte de la Marck, qu'il faut aller chercher le prétexte des accusations du tribunal révolutionnaire, en 1793, contre Marie-Antoinette ». (*Correspondance entre le comte de Mirabeau et le comte de la Marck pendant les années 1790 et 1791*, publiée par le marquis de Beaucourt, Paris 1851).

« Le procès du Collier, dit Mirabeau, a été le prélude de la Révolution. » (*Ibid.*)

mait *usance de Rohan* et la juridiction de la seule vicomté de ce nom s'étendait à cent douze paroisses !

Leurs armes figurant au Musée de Versailles sont « *de gueules à sept macles d'or* » (depuis *neuf macles*) et ils ont adopté comme devise :

« *Roi ne puis, duc ne daigne, Rohan suis* », phrase plus significative que « *Plaisance* » et « *A plus* » que l'on rencontre dans les ornements du château de Josselin, et qui n'étaient, peut-être, que des cris de guerre.

Le prince *Louis-René-Edouard de Rohan* naquit à Paris, le 25 septembre 1734. Voué, comme cadet, à l'état ecclésiastique, il fut d'abord nommé coadjuteur de son oncle, Louis-Constantin, évêque de Strasbourg, puis la même année, (1760) sacré évêque *in partibus* de Canope (1).

On ajouta ensuite, à ses titres et à ses revenus, ceux d'abbé de Saint-Waast, rapportant 300.000 livres et de la Chaise-Dieu en Auvergne.

Nommé à l'ambassade de Vienne, en 1772, il emprunta, dit-on, 600 000 livres sur ses bénéfices et s'endetta de plus d'un million, pour aller prendre possession de son nouveau poste. Il possédait cependant à cette époque 1 200.000 livres de revenus ecclésiastiques mais disait que cela ne suffisait pas pour vivre à un galant homme.

Ce fut en 1779, à la mort de son oncle, que Louis-René de Rohan lui succéda sur le siège épiscopal de Strasbourg, le plus riche évêché de France, ce qui ajouta encore 400.000 livres aux revenus annuels du jeune prélat. Cardinal, depuis 1778, Prince-Etat d'empire, landgrave d'Alsace, proviseur de Sorbonne, membre de l'Académie, il joignait encore à ces titres, en 1784, celui de Commandeur de l'Ordre du Saint-Esprit et les fonctions de Grand Aumônier de France, la plus haute dignité de la Cour, à laquelle il avait été nommé en 1777.

Tel est le personnage de marque, dont le nom fut un jour

(1) Autrement nommé Bochir en Egypte.

couvert de honte et de boue, par tout ce que Paris et la Cour comptaient alors de pamphlétaires, de libellistes, de gazettiers, de caricaturistes etc... et l'opprobre fut à son comble quand, au nom de ce prince de l'Eglise, on unit bientôt, dans l'insulte et la suspicion, l'auguste nom de la Reine elle-même ! C'étaient les premiers lambeaux du Trône et de l'Autel qu'on jetait ainsi, en pâture, à la meute révolutionnaire. Elle ne devait pas s'en contenter longtemps : l'heure de la curée était proche.

III

Le prince cardinal de Rohan, quand il ne résidait pas dans le somptueux château de Saverne, luxueux palais qu'il s'était fait construire, habitait à Paris, rue Vieille-du-Temple, l'admirable hôtel de Rohan, qui a pris le nom de maison de Strasbourg, et que l'on peut visiter encore (1).

Avide de se concilier les bonnes grâces de la jeune Reine de France, qui lui avait toujours témoigné un certain éloignement, Rohan ne songeait qu'au moyen de les conquérir. Il crut un jour l'avoir trouvé, lorsqu'apparut dans sa vie une femme, la comtesse de la Motte, qui semblait incarner le génie du mal. Elle joua, dans la destinée du cardinal, un rôle aussi important que néfaste.

Née Jeanne de Saint-Rémy de Valois, cette intrigante descendait, par la ligne illégitime, de Henri II de Valois. Après une enfance misérable, elle était enfin parvenue à s'approcher une ou deux fois de la Reine et en avait obtenu une pension de la Cour. Elle avait épousé le soi-disant *comte* de la Motte, personnage insignifiant et d'une honnêteté relative, incapable d'entraver, en quoi que ce fût, les intrigues de sa peu scrupuleuse compagne. Jeanne de la Motte « à qui, dit Bette d'Etienville, la nature avait pro-

(1) Aujourd'hui Imprimerie Nationale.

digué le dangereux don de persuader », s'insinua promptement dans l'esprit du Cardinal, de telle sorte qu'elle fut bientôt au courant de ses plus intimes préoccupations. Elle se promit d'en tirer bon parti à la prochaine occasion.

Celle-ci ne tarda guère à se présenter.

Le juif saxon, Charles-Auguste Bohmer (1) et son associé Bassenge, joailliers de la Couronne, avaient fabriqué, sous le règne précédent, un magnifique collier de diamants, d'une valeur de 1. 600 000 livres, dans l'espoir de le faire acheter à Louis XV pour la Du Barry. Le Roi étant mort sur les entrefaites, les joailliers, à l'avènement de Louis XVI, lui présentèrent le collier à plusieurs reprises, le suppliant de l'acheter pour la Reine. Le Roi en parla à Marie Antoinette qui lui fit la réponse célèbre :

« Nous avons plus besoin d'un vaisseau que d'un bijou ».

Et l'affaire en resta là.

La comtesse de la Motte, mise au courant de ces faits, imagina de persuader le cardinal que la Reine était fort désireuse de posséder cette parure, mais qu'elle voulait en faire l'acquisition, à l'insu du Roi, et à crédit, n'ayant pas en mains l'argent nécessaire ; qu'elle en paierait le prix, par échéances de trois mois, mais ne voulait pas traiter elle-même cette affaire. L'intrigante fit de plus entendre au Cardinal que, servir d'intermédiaire dans ce marché, était pour lui, un moyen prompt et assuré de conquérir enfin les faveurs de sa souveraine.

On croit aisément ce que l'on désire ; aussi n'en fallait-il pas davantage pour convaincre l'infortuné Rohan, et le faire entrer, de plain-pied, dans l'intrigue où il allait se trouver si honteusement compromis.

Celle-ci était d'ailleurs préparée de longue main, et rien ne devait manquer à l'organisation géniale de cette immense duperie.

Rohan favorisait alors de sa confiance le fameux char-

(1) Bohmer se prononce Boëmer et on l'écrit souvent ainsi.

latan italien, Cagliostro, devenu célèbre à Paris, qui lui prédit un jour une prépondérante influence dans l'Etat. Jeanne, de son côté, lui faisait croire que, jouissant, près de la Reine, de la plus grande intimité, elle en profitait pour attirer sur Rohan la bienveillance et la faveur dé sa royale « *Cousine* » qui n'avait plus, pour elle, aucune pensée cachée.

Pour preuve du succès de ses bons offices auprès de la Reine, la comtesse fit bientôt passer au Cardinal de fausses lettres de Sa Majesté, signées « *Marie Antoinette de France* », fabriquées, sous la dictée de Jeanne, par son amant Rétaux de Villette. Ceci se passait au mois de mai 1784.

L'esprit du Cardinal ainsi préparé, et jugeant le moment venu de frapper le coup décisif, Jeanne imagina et combina la fameuse entrevue nocturne du Bosquet de Vénus, dans le parc de Versailles où, la nuit du 11 août 1784, Rohan crut avoir un entretien particulier avec la Reine Marie-Antoinette, représentée, en la circonstance, par une jeune fille complice de Jeanne de la Motte, habilement déguisée par celle-ci qui lui avait enseigné son rôle. Elle devait simplement remettre au Cardinal une rose et un billet et lui donner sa main à baiser. Cette personne possédait, dit-on, avec la Reine, une ressemblance extraordinaire, circonstance qui servit admirablement les projets de Jeanne de la Motte.

A dater de ce moment, le Cardinal n'hésite plus à accomplir ce qu'il croit la volonté de la Reine et, le 29 janvier 1785, il achète le fatal collier, pour la somme de 1.600 000 livres, payables en deux ans, par quartiers de six mois. Le premier versement, de 400.000 livres, devait être effectuée par la Reine, le 1er août 1784, et la livraison du bijou était fixée au 1er février, entre les mains du Cardinal. Telles étaient les instructions transmises par la comtesse, au nom de la Reine, qui, disait-elle, demandait que cette affaire fût traitée avec la plus grande discrétion.

La suite se devine aisément : une fois le collier remis au prince de Rohan, Jeanne en fit prendre livraison, chez lui, par un prétendu messager de la Reine qui n'était autre que son amant et complice Rétaux de Villette. Celui-ci le remit, le soir même, aux mains de la comtesse de la Motte.

A dater de ce jour les trois associés, le comte, la comtesse et le sieur de Villette, après avoir démonté la magnifique parure, ne s'occupèrent que d'en écouler les diamants, en les vendant en Angleterre, en Hollande, en Belgique et à Paris même, où la comtesse osa s'en servir, comme de monnaie courante, pour se payer un luxe en rapport avec sa nouvelle fortune.

IV

Mais quand vint l'époque fixée pour la première échéance, ne la voyant payer, ni par la Reine, ni par le Cardinal ; les joailliers, pris d'une inquiétude trop fondée, se décidèrent à une démarche auprès de Marie-Antoinette elle-même. Celle-ci, mise au courant par Bohmer et Bassenge de ce qui s'était passé, de l'achat du collier, en son nom, par le cardinal de Strasbourg, ne peut contenir son indignation et court, en toute hâte, en informer le Roi.

Ce fut alors un véritable coup de foudre !

Le 15 août 1785, jour de l'Assomption, fête de la Reine, toute la Cour était réunie à Versailles. Au moment où le Cardinal de Strasbourg, grand Aumônier de France, en habits pontificaux, se dirigeait vers la chapelle du château pour y célébrer l'office divin ; le Roi le fit appeler dans son cabinet où se trouvait Marie-Antoinette, ainsi que le comte de Breteuil et M. de Miromesnil.

« Mon cousin, dit le Roi, qu'est-ce que cette acquisition d'un collier de diamants que vous auriez faite au nom de la Reine ? »

A ces mots, Rohan était devenu blême ! Il comprit, en un clin d'œil, la duperie dont il avait été victime. Il fut un instant muet et immobile. Enfin, après un moment de silence :

« Sire, dit-il, je le vois, j'ai été trompé, mais je n'ai pas trompé ! »

« S'il en est ainsi, mon cousin, vous ne devez avoir aucune inquiétude ; mais expliquez-vous...

Le Roi, se retirant alors avec la Reine et les ministres, le laissa seul dans son cabinet en lui disant :

« Ecrivez ce dont vous avez à me rendre compte. »

Quelques instants mortels s'écoulent, et Rohan remet au Roi sa déclaration, relatant les diverses phases de l'intrigue. Après un court interrogatoire en présence de la Reine, dont l'émotion et l'indignation ne connaissaient plus de bornes, et de MM. de Breteuil et de Miromesnil, Rohan supplie qu'on lui évite l'éclat à cause de sa famille :

« Monsieur, dit le Roi, je tâcherai de consoler vos parents. Je désire que vous puissiez vous justifier. Je fais ce que je dois, comme roi et comme mari... le nom de la reine m'est précieux, il est compromis, je ne dois rien négliger. »

« Cependant la foule brillante qui emplissait les appartements du Roi, l'Œil-de-Bœuf, la Chambre, le Cabinet du conseil, le cabinet de la Pendule, était devenue nerveuse ! L'heure de la messe était écoulée depuis longtemps...

« Que se passait-il derrière la lourde porte de glace du Cabinet intérieur ? Et les rumeurs de circuler, des bruits vagues, des propos. Un remous. La porte de glace s'est ouverte. Rohan paraît, droit, pâle. Breteuil est derrière lui. Celui-ci ne se tient pas de joie. Son visage est empourpré. D'une voix éclatante, il crie au duc de Villeroi, capitaine des gardes du corps :

« Arrêtez Monsieur le Cardinal !

« Quel hourvari ! Les courtisans se bousculent. Ceux du second rang se haussent pour mieux voir ! Il en est sur les banquettes ! Et ils sont tous là, les « *entrés de la Chambre* », les « *entrés du Cabinet.* » Sous les yeux qui le dévisagent, le front moite, le regard fixe, talonné par Breteuil qui se rengorge, le prince Louis traverse l'enfilade des salles, le cabinet de la Pendule, le cabinet du Conseil, la Chambre, l'Œil-de-Bœuf : le long calvaire ! Il est enfin appréhendé au moment où sortant des « appartements » il passe de l'Œil-de-Bœuf dans la grande galerie. Une lumière éblouissante ! Le soleil tombe à plein par les larges fenêtres, reflété par les glaces. Et, ici, c'est la foule, le peuple même qui s'entasse.

Dans sa parure pontificale, s'apprêtant au service divin, le prince cardinal, grand aumônier de la France est arrêté comme un voleur ! (1) »

Après cette scène tristement mémorable, l'infortuné cardinal fut incarcéré à la Bastille, les scellés furent mis sur tous ses biens et l'affaire portée devant le Parlement de Paris.

Dès lors elle devient presque exclusivement politique : les partis se forment et s'agitent, qui pour la Reine, qui pour le cardinal ; les magistrats eux-mêmes se partagent en deux camps : les uns dévoués, les autres hostiles au pouvoir royal.

Une plume contemporaine va nous redire à son tour les péripéties du jugement que dut subir l'infortuné Cardinal de Rohan. Il ne partagea point le sort des escrocs dont il avait été la victime, mais quoique déchargé du fait d'escroquerie, le cardinal n'en fut pas moins exilé, comme nous le verrons tout-à-l'heure.

V

Ce 1er juin 1786 (2).

« Le Cardinal est sorti de la Bastille à six heures du matin pour se rendre au palais. Sa maison l'attendait au bas de l'escalier et toute sa famille, excepté la comtesse de

(1) Nous avons puisé le récit de cette scène émouvante, ainsi que quelques-uns des détails qui la précèdent dans l'intéressant ouvrage de Frantz Funck-Brentano : *L'Affaire du Collier* (Paris, Hachette, 1901).

(2) *Correspondance inédite de la comtesse de Sabran et du Chevalier de Boufflers*, publiée par E. de Magnieu et Henri Prat (Paris, Plon, 1875).

Rochefort-Breteuil qui avait fait dire le matin qu'elle avait la colique, était à la porte de la grand chambre en attendant les juges. Dès qu'ils parurent, Madame de Marsan leur dit : « Messieurs, vous allez tous nous juger », en montrant les Rohan. Ils étaient dans la plus grande frayeur, parce que le bruit courait que le cardinal « *serait blâmé* ».

« Le cardinal a été interrogé jusqu'à neuf heures du matin. On lui a fait grâce de la sellette. On s'est levé quand il a paru et il s'est assis, par l'ordre de ces messieurs, sur le banc des avocats. Toute sa famille s'était retirée et la pauvre Madame de Marsan était allée prier Dieu à Notre-Dame.

La séance finie, le cardinal est sorti fort triste et fort abattu : il venait d'apprendre que les conclusions du procureur général allaient à la flétrissure. Il était plus qu'à demi-mort ; il faut avouer que c'est un horrible moment. On l'a déposé au greffe, pendant qu'on interrogeait ses coaccusés : Madame de la Motte, Vilette, Mademoiselle Oliva, etc.

A onze heures il s'est élevé une grande dispute au sujet des conseillers-clercs que le Parlement voulait faire sortir et qui s'y refusaient opiniâtrement. Ils ont été jusqu'à deux heures après-midi à s'y déterminer ; à la fin ils ont pris leur parti et ont levé le siège, heureusement pour le cardinal, car, sur douze, il y en avait neuf contre lui. Il y a eu de grands débats ensuite au sujet des conclusions du procureur général qui allaient à la flétrissure et à la rétractation au sujet de la scène des jardins, si ridicule, et si choquante pour la majesté royale. Le premier président, Monsieur Titon, le rapporteur et cinq autres seulement ont été de son avis.

Au moment qu'elles ont été prononcées, il s'est élevé un cri d'indignation dans toute l'assemblée. M. Séguier a élevé la voix, plus haut que les autres, et adressant la parole à M. de Fleury ;

« Ah ! fi donc, Monsieur, a-t-il dit, ces conclusions sont celles d'un ministre et non d'un procureur général.

— Monsieur, est-ce au pluriel ou au singulier que vous l'entendez ?

— « Monsieur, c'est au singulier ».

Et dans ce moment le nom de Brete(1) a passé de bouche en bouche et occasionné un murmure général. Monsieur de Fleury, piqué au vif, a dit mille injures personnelles à M. Séguier. L'autre lui a répondu et l'on a vu, au milieu de ces graves magistrats, une scène à peu près semblable à celle des deux procureurs dans le *Mercure Galant* : excepté de se prendre aux cheveux, ils se sont tenus les mêmes propos.

Monsieur de Fleury a reproché à Monsieur Séguier sa vie galante et désordonnée, ses promenades nocturnes au Palais-Royal et l'argent qu'il lui en coûtait etc...

« Cela peut-être, a repris l'autre : hors de chez moi, je fais ce que je veux, mais on ne m'a jamais vu vendre bassement mon opinion à la fortune. » A cela point de réponse, le procureur général est resté interdit et la bouche ouverte.

Ce 2 juin 1786.

Le Cardinal est déchargé d'accusation pure et simple ; Madame de la Motte condamnée à être fouettée et marquée, la corde au col et enfermée, pour la vie à la Salpétrière ; son cher époux fouetté et marqué pareillement et envoyé aux galères à perpétuité. Cagliostro déchargé d'accusation. Mlle Oliva, hors de cause et ce malheureux Vilette qui ne s'était déclaré, en Suisse que pour éviter d'être pendu, banni seulement.

Je ne sais ce qui lui a valu tant de commisération, car il me paraissait le plus coupable, puisque c'est lui qui avait fait toutes les signatures au nom de la Reine.

Excepté cet article, il paraît que le public est assez con-

(1) *Breteuil*; M. de Breteuil était l'ennemi personnel du cardinal de Rohan.

tent du jugement. On attend à présent que le Roi prononce sur le sort du cardinal qui a intéressé tout Paris je ne sais pourquoi, ni comment, jusqu'à la folie.

Le jour de son jugement tout le Palais était rempli, non seulement par la populace, mais par un nombre prodigieux de gens distingués qui ont eu le courage d'y rester depuis sept heures du matin jusqu'à dix heures du soir.

Au moment où le cardinal est sorti, non pas blanc comme neige, mais enfin déchargé d'accusation sur le fait *d'escroquerie*, il y a eu des battements de main, des « Vive Monsieur le Cardinal » ; Monsieur de Launay, qui le conduisait pour le ramener à la Bastille malgré son *innocence*, a été obligé de dire : « A l'hôtel ! » simplement pour donner le change au peuple qui se préparait à couper les rênes des chevaux et à trainer sa voiture en pompe jusqu'à l'hôtel de Soubise.

Ce 4 juin 1786.

Le baron (1) a été hier à la Bastille demander au cardinal la démission de sa place de grand Aumônier de France ; il l'avait prévenu. M. de Soubise était déjà parti pour Versailles la porter au Roi de sa part. Le baron apportait en même temps une lettre de cachet pour l'exiler à la Chaise-Dieu, une abbaye qu'il a en Auvergne dans la plus affreuse situation, entourée de volcans éteints et de sables arides : on veut en faire un père du désert. Le baron était sorti de son lit tout exprès pour cette belle ambassade, car il avait pensé mourir la surveille de la goutte dans l'estomac. Les gens malintentionnés disent que c'est le plaisir d'annoncer cette bonne nouvelle qui l'a fait ressusciter. Quoi qu'il en soit, le cardinal, en recevant cet ordre de sa main, lui a répondu sans se troubler qu'il était le plus soumis de tous les sujets du Roi, qu'il accomplirait ses volontés quelque

(1) De Breteuil.

rigoureuses qu'elles fussent, mais qu'il le priait de lui représenter que, dans l'état où il était, avec une jambe et un genou fort enflés (et il disait vrai), il lui était impossible de supporter la voiture, avant quelques jours au moins, car il ne lui donnait que trois jours pour faire ses paquets et partir ; que d'ailleurs les médecins jugeaient indispensable qu'il allât aux eaux de Barèges et qu'il comptait trop sur la bonté du Roi pour croire qu'il voulût l'exposer à perdre la jambe comme il en était menacé s'il n'y apportait pas la plus grande attention et les plus grands ménagements.

« Cela peut être, a répondu notre inexorable, mais voilà mes ordres et je dois les faire exécuter. — Monsieur, je vous remercie, mais j'ai prouvé avant hier (c'était le jour de son jugement) que je n'avais pas besoin *d'exécuteur.* »

Malgré les bonnes raisons et cette excellente réponse, le cardinal partira au jour nommé, au risque de perdre bras et jambes, et le baron n'en est que plus radieux et plus satisfait.

Ce 12 juin 1786.

..... Le cardinal est parti pour son exil au milieu des cris de « vive M. le cardinal ! » et des battements de mains. Le jour qu'il est sorti de la Bastille, on avait illuminé tout autour de son hôtel, et le cardinal a été si embarrassé de cet éclat qui mettait si bien sa honte dans tout son jour qu'il a fait répandre beaucoup d'argent pour faire cesser les clameurs et éteindre les lumières.

(*Journal de la comtesse de Sabran.*)

VI

Ce fut le 5 juin 1786 que Rohan se mit en route pour son exil, dans une berline à six chevaux, accompagné de son frère l'archevêque de Cambray et de son secrétaire. Il était suivi d'une autre berline, aussi à six chevaux, et de cinq voitures portant ses bagages et un nombreux domestique. Et, en le voyant partir pour son abbaye, les Parisiens faisaient ce grossier calembour : « Le Parlement l'a purgé, le Roi l'envoie à la Chaise » (1).

Le cardinal mena du reste une vie fort paisible dans cette abbaye « où, dit la *Gazette d'Utrecht*, quarante bénédictins, servis par une quarantaine de valets, attendent, dans la plus douce aisance, dans la sécurité la plus parfaite, dans le bonheur le plus inaltérable, que la mort vienne les surprendre » (2).

Louis de Rohan, après quelque temps de cette douce pénitence, ne persista pas dans la vocation de « Père du désert ». Il avait repris l'administration de son diocèse de Strasbourg avant 1789. Nommé alors député du bailliage de Haguenau, il prêta d'abord le serment à la Constitution civile du clergé, mais il se rétracta bientôt et refusa même, avec beaucoup d'énergie, de l'appliquer dans son diocèse. Il déploya en cette circonstance un zèle et une activité qui lui valurent les félicitations du pape Pie VI lui-même, par un bref spécial, du 16 août 1791.

Il leva ensuite des troupes à ses frais, pour grossir le corps de Condé et procura à l'armée des Princes de nombreux secours de toute espèce.

Enfin, privé à son tour de ses immenses revenus, le prince cardinal mena désormais une vie frugale et modeste qui

(1) *L'Affaire du Collier*, par Frantz Funck-Brentano.

(2) *Gazette d'Utrecht*, 23 juin 1786.

contrastait profondément avec ses anciennes splendeurs. Quand fut proclamé le Concordat, il se démit de lui-même de son évêché et se retira à Ettennheim, où il mourut le 16 février 1803.

Il avait été protégé pendant la Révolution, par la considération que lui avaient value, auprès des ennemis de la Royauté, les maux soufferts par « *celui qui avait si longtemps gémi sous le joug du despotisme* ». Rohan eut la grandeur d'âme de se refuser, au moment où éclata la Révolution, à servir, par esprit de vengeance, le parti opposé à la Cour, bien qu'il en fût vivement sollicité.

On eût voulu en faire le porte-étendard de l'opposition ; mais, malgré ses erreurs et ses fautes, il ne fit pas mentir le vieux sang breton qui coulait dans ses veines. Se souvenant du mot d'un de ses nobles aïeux, Rohan sut répondre par sa manière d'agir « *Jamais Breton ne fit trahison* (1) ».

(1) « Le 20 août 1548, Marie Stuart, reine d'Ecosse, arriva par « mer à Morlaix où elle fut reçue par le seigneur de Rohan et « une grande quantité de noblesse. Elle logea au couvent des « dominicains et assista au *Te Deum* qui fut chanté dans l'église « Notre-Dame.

« Comme elle s'en retournait au couvent de Saint-Dominique, « le pont de la prison était si chargé qu'il se rompit et tomba « dans la rivière. Il n'arriva point d'accident, parce que les eaux « étaient basses.

« Ceux de la suite de la princesse crurent que c'était un fait « exprès et se mirent à crier « *trahison* ! » Le seigneur de Rohan, « qui était à côté de la reine, répondit avec vivacité aux Ecossais « en criant, de toutes ses forces « *Jamais Breton ne fit trahison* ! »

« Il donna ensuite des ordres pour faire démonter toutes les « portes de la ville et rompre toutes les chaînes qui étaient à « l'entrée des ponts.

« La reine passa deux jours à Morlaix pour se délasser des « fatigues du voyage d'Ecosse en France. »

(Ogée, *Dictionnaire de Bretagne.*)

Marie Stuart, reine d'Ecosse, venait en France pour épouser le Dauphin François, depuis roi sous le nom de François II.

VII

Le cardinal de Rohan n'avait pas négligé de prendre les mesures nécessaires pour désintéresser les bijoutiers Bohmer et Bassenge du prix du fameux collier.

Le 15 décembre 1785, par devant notaire, à Paris fut passé un acte en vertu duquel Rohan se reconnaissait débiteur des joailliers, pour une valeur de 1.919.892 livres, montant du collier et des intérêts de la somme primitivement fixée.

Il fut stipulé que cette créance serait payable sur les revenus de l'abbaye de Saint-Vaast, de trimestre en trimestre, à partir du 1er avril 1786, par les soins de Joseph Liger, fermier du cardinal pour les revenus de cet abbaye, à raison de 225,000 livres par an. (On se souvient qu'elle en rapportait 300.000.) Le dernier versement que stipulait ce contrat devait être effectué le 1er janvier 1794 ; et, par faveur particulière, Louis XVI accorda au cardinal que les versements continueraient à se faire, jusqu'à extinction de la créance, même en cas de décès du titulaire, sur les revenus de l'abbaye de Saint-Vaast.

C'était, semblait-il, la complète sécurité pour les joailliers qui devaient, en vertu de ce contrat, être entièrement remboursés de leur créance. Mais personne n'avait pu prévoir les événements qui anéantirent bientôt cette dernière espérance, et ruinèrent du même coup le commerce des deux joailliers : la confiscation des biens du clergé et la crise révolutionnaire. Ils ne devaient jamais recevoir le prix du fatal collier de diamants donc les feux étincelants furent l'occasion de tant de larmes, de ruines et de déshonneur.

DES NOUVELLES... PAS NOUVELLES

Le chevalier de Kermellec (1), par cette lettre du 4 septembre 1785, transmet à la comtesse du Laz des nouvelles du chevalier de Kersauson et de sa femme. Ces *dernières*

(1) *De Kermellec* (ramage de Penhoët), sieur dudit lieu, paroisse de Guiclan, — de Kerilly et de Castellenec, paroisse de Taulé de Kerménaouët etc.

Ancienne extraction, réformation 1669, sept générations réformations et montres, de 1427 à 1534, paroisses de Taulé et de Plouénan, évêché de Léon.

« *D'or à la fasce de gueules*, qui est Penhoët, *accompagnée de trois molettes de même* », (sceau 1363).

Devise : « Bella minatur ».

Nous citerons, parmi les personnages remarquables de cette maison : *Hervé*, archer dans une montre de 1356 ;

Hervé, connétable de Brissac en Anjou, donne quittance de ses gages en 1363 ;

Eon, procureur général du duc en 1395 ;

Jean, prisonnier de Penthièvre en 1420, partage à Châteauceaux, la captivité de Jean V ;

Philippe, vivant en 1481, marié à Amice Rolland dont :

1° *François*, époux de Catherine Sylvestre, auteurs de la branche de Kerilly ;

2° *Laurent*, époux, en 1506, de Françoise Thomas, auteurs de la branche de Keroulaouën ;

Hervé, chef de la branche de Kermenaouët, vivant en 1481, avait épousé Isabeau de Kerlec'h.

(De Courcy, *Nobiliaire et Armorial de Bretagne*.)

nouvelles datent du commencement de mars, c'est-à-dire de six mois. Il fallait longtemps à cette époque pour correspondre avec l'Ile-de-France !

LE CHEVALIER DE KERMELLEC

A Madame du Laz

J'ai reçu, le premier de ce mois, par un bâtiment arrivé à Conc.... (illisible) de l'Isle de France, une lettre de M. le Chevalier de Kersauson (1). Je m'empresse de vous donner de ses nouvelles. Il jouissait, au commencement de mars, d'une bonne santé. Il était à la veille de partir pour l'Inde, commandant le vaisseau « *le Brillant* ». Son aimable moitié était grosse à cette époque.

Dans le courant de ce mois, Madame la Comtesse, il partira de Lorient plusieurs bateaux destinés pour l'Isle de France. Si vous avez quelque chose à mander à M. le Chevalier de Kersauson, faites-moi l'honneur de m'adresser vos lettres à Pontivy, et je me chargerai de les faire partir sur ces vaisseaux.

Je suis, Madame la Comtesse..... etc.

Le Chevalier de Kermellec.

A Pontivy, le 4 septembre 1785.

(1) *Une lettre de M. le chevalier de Kersauson.....*

Le chevalier *Jean-Marie de Kersauson*, frère de Madame du Laz, avait épousé Mlle *de Tribard du Drécey* (voir lettre de cette dernière p. 253 et notice sur le Chevalier de Kersauson p. 252).

UNE PERSONNE DE CONFIANCE

La jeune veuve de Villiers de Lisle-Adam, devenue comtesse du Laz par son second mariage, avait su, durant son séjour à Morlaix, s'attacher, par son amabilité, non seulement les beaux gentilshommes et nobles dames qui fréquentaient les salons de son père, mais encore les serviteurs de sa maison, les fournisseurs de sa famille, ainsi que toutes les personnes avec qui elle avait eu quelques rapports à Morlaix.

Un certain nombre de nos lettres, signées *Suzanne Richard*, ayant trait à des emplettes et commissions à faire à Morlaix, proviennent d'une ancienne couturière ou femme de chambre de Madame du Laz, que celle-ci paraît aimer beaucoup et qui, de son côté, lui semble très dévouée. C'était la personne de confiance de Madame du Laz à Morlaix.

MADEMOISELLE SUZANNE RICHARD

A MADAME DU LAZ

A Morlaix, ce 16 septembre 1785.

MADAME,

Sans doute vous m'accuserez de grande négligence d'être si longtemps à répondre à votre lettre que je reçus dans son temps, et je trouvai tout de suite une occasion pour vous faire passer celle de Mademoiselle de Terville (1). Je suis on ne peut plus reconnaissante de votre attention de me donner vous-mêmes de vos nouvelles. Je ne puis vous exprimer le plaisir que cela m'a fait, car j'étais depuis longtemps bien inquiète de votre santé. Je suis enchantée qu'elle commence à se rétablir. Je souhaite qu'elle aille de mieux en mieux.

M. de Saint-Martin (2) est arrivé depuis longtemps, je vous l'avais écrit dans le temps ; il faut croire que cette lettre ne s'est pas rendue. Je lui ai fait vos compliments et il a été bien aise d'apprendre de vos nouvelles. Il me dit qu'il avait eu le projet d'aller vous voir, en revenant de son voyage, mais il a appris que vous étiez en couches, et il avait compagnie, ce qui l'a retenu. Il m'a chargée de vous assurer de ses respects, ainsi que Mme de Campanolle (3) qui s'intéresse toujours beaucoup à vous.

(1) *Mademoiselle de Terville..* . Voir les notes précédentes sur Mademoiselle de Kerjean Mol de Terville, tante de Madame du Laz.

(2) *Monsieur de Saint-Martin* ... appartient à la maison de ce nom, sieur de Kerpond'armes. Réformations et montres de 1427 à 1481, évêchés de Nantes et de Vannes.

« *D'azur au château sommé de trois tours d'or* » (de Courcy).

Un membre de cette maison, Jacques de Saint-Martin, fut l'un des hommes d'armes de la retenue de Jean de Kerlouët (voir note sur Kerlouët p. 223) à la rencontre où fut tué, en 1369, Jean Chandos, le vaillant chevalier espagnol.

(3) *Ainsi que Madame de Campanolle....* Au sujet de ce nom, nous trouvons dans d'Hozier l'indication suivante :

Louis-Anne-Roger de Campagnolle, écuyer seigneur de la Reauté, de Kerdeozer, etc. Fils de Louis-Roger de Campagnolle qui fut commandeur pour Sa Majesté des ville et château de Brest, en 1689.

(D'Hozier, *Armorial général.*)

Il s'agit sans doute ici de la même famille. Madame de Campa-

Elle a été aussi, pendant quelque temps, incommodée, mais elle commence à être mieux.

Au sujet de nos affaires, dont vous avez la bonté de vous intéresser, il n'y a encore rien de décidé. Nous ne savons pas encore quel sera notre sort. On espère cependant que cela se décidera dans le cours de l'hiver. Vous savez sans doute qu'il y a la moitié des Acadiens qui étaient ici qui sont partis pour la Louisiane (1). Quand nous aurons quelque chose de nouveau, je prendrai la liberté de vous en faire part.

Mademoiselle du Laz et Mademoiselle Boulet m'ont

nolle, ou Campagnolle doit être la femme ou la veuve de Louis-Anne de Campagnolle, ou d'un de ses frères. L'orthographe des noms propres est généralement très défigurée dans nos vieilles lettres.

Les armes de cette maison sont d'après d'Hozier :

« *D'argent à trois léopards de sable rampans, posés deux et un et un chef aussi de sable, chargé de trois roses d'argent.* »

(D'Hozier, *Armorial général.*)

(1) *Les Acadiens sont partis pour la Louisiane....* L'Acadie, ou Nouvelle-Ecosse, est une grande presqu'île de l'Amérique du Nord, située entre le golfe Saint-Laurent et l'Atlantique, montagneuse et boisée. L'Acadie fut au XVIIe siècle et jusqu'en 1713, une colonie française où s'établirent beaucoup de nos compatriotes qui formèrent une population française, dont les descendants subsistent encore.

Quand le traité d'Utrecht eut assuré aux Anglais, en 1713, la définitive possession de cette colonie, bon nombre des familles françaises qui y étaient établies, ne voulant pas perdre leur qualité de Français, quittèrent l'Acadie pour revenir dans la mère-patrie, ou se répandirent dans d'autres colonies appartenant à la France, telles que la Louisiane. Celle-ci était encore, à la fin du XVIIIe siècle, une possession française ; ce n'est qu'en 1803 que le gouvernement français la céda aux Etats-Unis, au prix de cinquante millions de francs.

fait l'honneur avant-hier de venir me voir ; elles se portent bien. Elles partaient pour Léon, avec Monsieur et Madame du Laz (1) et leur petite qui est charmante.

Je désirerais bien être ainsi dans le cas de vous voir comme cela et vos chers enfants ; j[illegible]ois qu'alors ils ne courraient pas aussi vite que moi.

Mes parents sont bien sensibles à votre bon souvenir et vous prient d'agréer leurs respects. J'ose aussi vous prier de les faire agréer de notre part à M. le Comte du Laz et à Mademoiselle.

Je suis avec tout le respect et l'attachement, Madame votre etc....

SUZANNE RICHARD.

(1) *Monsieur et Madame du Laz....* Le vicomte Alexandre du Laz et sa femme, née de Kermenguy de Saint-Laurent (V. p. 45 n. 12) et leur petite fille Reine Jégou du Laz.

MAISON DE LA MONNERAYE

L'auteur de la lettre qui suit est : Madame *Marie-Louise de Gouzillon*, fille de messire Charles-Yves de Gouzillon, chevalier, seigneur de Kermeno et de Kermorvan, et de dame Marie-Perrine de la Jaille.

Marie-Louise de Gouzillon avait épousé messire *François-Pierre-Ange de la Monneraye*, seigneur de la Morinais (1) en Iffendic, où il était né, le 6 mars 1736, fils de François-Ange de la Monneraye et de Jeanne de Kerret. Marie-Louise de Gouzillon était la sœur du vicomte André Marie de Bélizal et de François de Gouzillon, comte de Kermeno.

François-Pierre-Ange de la Monneraye vivait encore en 1796. Il appartenait à la maison des la Monneraye, seigneurs de la Villeblanche, paroisse de Miniac, — de la Riolais, — du Plessis, — de Mézières, — du Breil, — de la Vairie, — de Bourgneuf, — du Restmeur, et autres lieux.

Extraction, réformation 1669, O génération, et maintenu à l'Intendance en 1701. Réformations et montres de 1478 à 1514, paroisses de Miniac-Morvan, Lanvallay et Montdol, évêché de Dol.

« *D'or à la bande de gueules, chargée de trois têtes de lion arrachées d'argent et accostées de deux serpents volants d'azur.* »

Macé, lieutenant de Dinan, épouse Marie Guiton, veuve en 1478, dont *Pierre*, sieur de la Riolais, marié à Jeanne

(1) Ce château est actuellement la propriété de l'amiral comte Fleuriot de Langle, par sa femme née de la Monneraye.

Courget, mort en 1557 ; cette famille a produit : six secrétaires du Roi depuis 1617 ; un greffier en chef civil au parlement, en 1657 ;

René, s^r de la Meslée, substitut du procureur général, anobli par lettres de 1663 ; un prévôt général de la connétablie et maréchaussée de Bretagne, en 1695 ;

Gabriel de la Monneraye, conseiller au Parlement en 1695.

(P. de Courcy, *Nob. et Arm. de Bretagne.)*

Mme DE GOUZILLON DE LA MONNERAYE

A Madame la comtesse du Laz

De la Morinais, par Rennes, le 9 octobre 1785.

Voulez-vous bien, ma chère cousine, que je vous demande de vos nouvelles, et que je vous prie, en même temps, de vouloir bien me rendre un service essentiel.

Ayant, mes neupveux et moi, un crédit sur Monsieur l'abbé Poilley (1), et ce dernier ayant vendu la

(1) *Monsieur l'abbé Poilley....* de la maison de ce nom :

De Poilley, comte dudit lieu, en 1636, paroisse de ce nom ; sieur de Chalonge — de la Chaussée, paroisse de Parthenay etc...

Ancienne extraction chevaleresque, réformation de 1668, dix générations, réformations et montres de 1427 à 1513, dites paroisses, évêché de Rennes.

« *Parti d'argent et d'azur au lion léopardé de gueules armé, lampassé et couronné d'or, brochant sur le tout.* »

Méen, témoin de la donation de la collégiale de Fougères à l'abbaye de Noirmoutier, en 1096.

Pierre, prisonnier en Angleterre, en 1390, épouse Gauline du Hallay, dont :

dite terre de Poilley, en Normandie, à M. de Saint-Quentin, son neupveu, qu'il a ajourné à nous payer, par le contrat qui a été passé par M. de Launay (1), notaire roïal à Rostrenen, je vous serai bien obligée, ma chère cousine, de lui en demander, en mon nom, une copie, et de vouloir bien lui en payer les frais.

Faites-moi le plaisir, en m'envoyant la copie du contrat, de me mander ce que vous aurez déboursé, que je vous ferai passer par la voie que vous m'indiquerez. Ce sera une obligation réelle que je vous aurai.

M. de la Monneraye est de retour de la Basse-Bretagne, depuis dix à douze jours. Il est comblé, ma chère cousine, des honnêtetés de M. votre frère et de Mlle votre sœur (2). Je partage vivement sa reconnaissance et je voudrais être à même de la leur témoi-

1° *Payen*, marié à Gervaise de la Feuillée ;

2° *Geoffroi*, échanson de la Reine Anne en 1498 ;

La branche aînée fondue dans du Bourgblanc : la branche du Chalonge fondue dans Princey.

(P. de Courcy, *Nob. et Arm. de Bretagne.*)

Le personnage ici désigné est *François-Marie du Bois de Poilley* prêtre, recteur de Bothoa.

(1) *M. de Launay notaire royal à Rostrenen....* Nous ignorons à laquelle des nombreuses maisons de ce nom appartenait le notaire royal de Rostrenen. Nous citerons, comme la plus probable :

De Launay, sieur du Cosquer, paroisse de Corlay — du Plessix, de Kerven — de la Salle paroisse de Moëlan et autres lieux.

Extraction 1669, sept générations, évêché de Cornouailles.

« *D'argent à l'aigle éployé d'azur membré et becqué de gueules.* »

(P. Potier de Courcy, *Nob. et Arm. de Bretagne.*)

(2) *Monsieur votre frère et Mademoiselle votre sœur....* Le comte de Kersauson habitant Kerjean en Trébabu près de Brest et sa sœur Mademoiselle Jeanne-Renée de Kersauson. (Voir notes précédentes.)

gner, mais, ma chère cousine, en perdant tout ce que j'avais de plus cher (1) dans ce pays, j'y ai renoncé pour jamais : Dieu l'a voulu !

Toute ma famille, ainsi que mon mari, vous offrent leurs hommages et amitiés. Recevez l'assurance de celle avec laquelle j'ai l'honneur d'être etc...

GOUZILLON DE LA MONNERAYE.

(1) *En perdant tout ce que j'avais de plus cher dans ce pays....* Madame de la Monneraye fait sans doute allusion par ces mots à la mort de ses parents qui habitaient la Basse-Bretagne. Voir notice sur la maison de Gouzillon seigneur de Kermorvan paroisse de Trébabu, de Bélizal paroisse de Saint-Mathieu de Morlaix etc... p. 236.

Nous donnerons, en son temps, une intéressante lettre de Madame de Gouzillon de la Monneraye après le pillage de son château de la Morinais, lettre dont nous devons l'obligeante communication à son arrière petit-neveu M. le comte de Bélizal.

UN MÉDECIN-POÈTE

Nous parlerons plus loin des maladies, des remèdes et des médecins en Basse-Bretagne, à la fin du XVIIIe siècle. Contentons-nous, pour l'instant, de présenter à nos lecteurs, Monsieur Tailland, *chirurgien-major sans appointements* qui exerçait, en 1785, l'art de guérir, à Rostrenen et dans les campagnes environnantes. C'était aussi le médecin des châteaux. Faut-il en conclure qu'il était fort habile ? cette déduction serait peut être un peu hasardée : aucun document ne nous a été conservé pour établir une certitude à ce sujet. La lettre qui suit prouve du moins qu'il était bon et bienfaisant et que, tout en soignant de son mieux les seigneurs du pays, il savait, en chrétien, donner ses soins aux malheureux et trouvait, auprès de la châtelaine de Trégarantec, aide et assistance dans l'accomplissement de sa charitable mission.

Le *bouquet de fête*, joint à la lettre que nous allons transcrire, nous apprend, en outre, que Tailland ne dédaignait pas de cultiver les Muses. Entre deux visites de malades il produisait même d'assez jolis vers, dans le style de son époque, et célébrait, en termes fort corrects, la charité et les vertus des seigneurs de Trégarantec.

Que devint Tailland par la suite? Il nous a été impossible de nous renseigner à ce sujet. Nos lettres nous le font voir exerçant encore en 1790 Nous savons vaguement aussi qu'une demoiselle Taillant initia la jeunesse, durant les premières années du XIXe siècle, à l'art ingrat de lire et écrire les caractères de l'alphabet, dans la bonne ville de Rostrenen. Est-ce la fille du chirurgien-major à qui son père avait donné plus d'instruction que de dot ? Mystère !

TAILLAND, CHIRURGIEN-MAJOR A ROSTRENEN,

à MADAME DU LAZ.

Rostrenen, le 29 septembre 1785.

MADAME LA COMTESSE,

Le pauvre affligé pour lequel vous vous intéressez et qui, par cette raison, m'est doublement recommandable, a besoin de vieux linges pour continuer ses pansements. Je le recommande à votre charité pour cet objet jusqu'à ce que sa situation améliorée lui permette de recevoir de vos mains bienfaisantes le parfait recouvrement de sa santé.

Je prie le ciel de veiller à la conservation de la vôtre et de celle de M. le comte du Laz, en étendant de plus en plus, sur vous et sur votre famille, ses plus amples bénédictions.

Tel est de mes vœux le plus ardent, ainsi que celui de vous convaincre du profond respect avec lequel je suis,

MADAME LA COMTESSE,

Votre très humble et très obéissant serviteur.

TAILLAND.

A cette lettre du médecin était jointe la pièce de vers suivante à l'occasion de la fête de saint Michel, 29 septembre, qui était celle du comte Michel-Marie du Laz.

BOUQUET A MONSIEUR LE COMTE DU LAZ

PRÉSENTÉ, EN SON ABSENCE, A MADAME LA COMTESSE.

Nec sibi, sed toti genitum se credere mundo. ..

LUCINE

Se dévouer pour tous....., sans penser à soi-même,
Mettre tout son bonheur à faire des heureux.
On reconnaît d'abord à ce brillant emblème
Le Comte, la Comtesse..... ainsi que leur ayeux.
Mais pour rendre parfait un si charmant tableau,
Comtesse, permettez deux vers à mon pinceau :
Rappelant des vertus l'adorable assemblage,
En mon esprit, si tôt, j'aperçois votre image.....

Rostrenen, le 29 septembre 1785.

— TND. — (1)

A L'ÉVÊCHÉ DE QUIMPER

EN 1785.

Le château de Trégarantec fut souvent honoré de visites épiscopales et plusieurs chambres y portent encore aujourd'hui le nom de « *chambres de l'évêque* » (2).

Au nombre de ces illustres hôtes il faut citer l'évêque de Tréguier, Mgr Jégou de Kervillio, membre de la famille des châtelains, et celui de Quimper, Mgr de Saint-Luc, l'un de leurs meilleurs amis, à qui ils rendaient aussi visite, par-

(1) Tailland.

(2) L'une d'elles fut, de nos jours encore, occupée à plusieurs reprises par Monseigneur Bouché, de pieuse mémoire, évêque de Saint-Brieuc de 1882 à 1888.

fois, à Quimper, comme en témoigne la lettre de Madame (ou Mademoiselle) du Brieux ainsi adressée, en date du 19 novembre 1785 :

A Madame,

MADAME LA COMTESSE DU LAZ,

AU PALAIS ÉPISCOPAL A QUIMPER.

Dimanche, 19 novembre 1785.

MADAME,

Je viens d'apprendre dans l'instant votre arrivée dans notre ville. La satisfaction que cette nouvelle m'a causée a été bien modérée : on m'a assuré que vous partiez demain matin.

Puis-je espérer que vous voudrez bien me permettre de profiter de quelqu'un de vos moments. Vous en consacrez beaucoup à l'amitié : à ce titre-là, j'ai le droit de me flatter du plaisir de vous témoigner bientôt de vive voix la reconnaissance et le très respectueux attachement avec lequel j'ai l'honneur d'être, Madame,

Votre très humble et très obéissante servante,

DU BRIEUX (1).

(1) *Du Brieux*, sgr dudit lieu, paroisse de — Kerfeunteun — de Kerescar, — de Tréota, paroisse de Poullan — de Kervent.

Extraction, réformation 1669 sept générations ; réformations et montres de 1481 à 1536, paroisses de Kerfeunteun et Cuzon, évêché de Cornouailles.

« *D'azur à trois fasces ondées d'argent une croix de gueules sur le tout* ».

(Famille éteinte de nos jours.)

(P. Potier de Courcy, *Nobiliaire et Armorial de Bretagne.*)

M. de Courcy ne donne pas la devise de cette famille. Le cachet de cire de la lettre précédente porte celle-ci :

« *Aime Dieu* », accompagnant l'écusson aux armes des du Brieux.

Je prie Monsieur le comte du Laz d'agréer les hommages de sa chère commère. Voulez-vous bien, Madame, me faire dire l'heure où je pourrai, aujourd'hui ou demain, avoir l'honneur de vous faire ma cour et d'embrasser votre joli fanfan (1) qu'on m'a dit être du voyage.

(1) *Votre joli fanfan...* ces mots désignent la fille de Madame du Laz, Suzanne ou Suzette, deuxième enfant du second mariage du comte et de la comtesse du Laz, ainsi que nous l'apprendra la lettre suivante (Voir page 326.)

MONSEIGNEUR CONNEN DE SAINT-LUC

ÉVÊQUE DE QUIMPER

1724 ✝ 1790

Le siège épiscopal de Quimper était alors occupé par un prélat de sainte et vénérée mémoire, Monseigneur *Toussaint-François-Joseph Connen de Saint-Luc,* qui, durant les dix-sept années que dura son épiscopat, donna l'exemple de toutes les vertus.

Né à Rennes, le 17 juillet 1724, il appartenait à une illustre et ancienne maison dont nous avons déjà parlé plus haut (1). Suivant l'usage de ce temps, où les familles nobles destinaient par avance un ou plusieurs de leurs cadets à l'état ecclésiastique, Toussaint reçut la tonsure, dès l'âge de sept ans, et fut mis au collège de Saint-Thomas, tenu à Rennes par les Jésuites. La régularité de sa conduite, sa piété et ses vertus en firent bientôt le modèle de ses condisciples. Il fut ensuite envoyé au séminaire de Saint-Sulpice, à Paris, pour y terminer ses études, mais bientôt sa santé s'altéra notablement et, sur l'avis des médecins, il dut regagner le pays natal.

Il n'était alors que bachelier en théologie et ne prit que plus tard ses autres grades, après être devenu prêtre.

A l'âge de vingt-huit ans, il fut pourvu d'un canonicat, dans l'église cathédrale de Rennes, et l'occupa pendant

(1) Voir notice, p. 51, sur la maison Connen de Saint-Luc.

quinze ans, dans l'exercice parfait des devoirs de son état, prêchant, catéchisant, visitant les malades des hôpitaux et assistant les malheureux de tout son pouvoir.

Nommé, en 1767, abbé commendataire de Langonnet, Toussaint de Saint-Luc, animé du véritable esprit ecclésiastique, s'empressa de se démettre de son canonicat, malgré les instances que l'on fit pour le décider à le conserver. Monseigneur Desnos, alors évêque de Rennes, lui accorda, en échange, le titre de chanoine honoraire de sa cathédrale, et le jeune abbé continua, comme par le passé, à se livrer aux travaux du saint ministère.

Ce fut à cette époque qu'il devint l'hôte assez fréquent de Trégarantec, ce château étant très proche voisin de l'abbaye de Langonnet qu'il visitait souvent.

Le 1er mai 1773, l'abbé de Saint-Luc fut appelé à occuper le siège épiscopal de Quimper, en remplacement de Monseigneur de Flamarens, transféré à Périgueux. Il fallut toutes les instances de ses supérieurs ecclésiastiques pour décider Toussaint à accepter ce poste élevé qui répugnait à son humilité.

« En effet, raconte son secrétaire, l'abbé Boissière (1), dès la première visite qu'il fit à Son Eminence le Cardinal de la Roche-Aymond (2) il le supplia de faire agréer au Roi ses excuses et son refus. Le Cardinal, sans lui donner le temps de s'expliquer, lui répondit, avec un ton et un air qui manifestaient clairement combien il s'applaudissait de son choix, qu'il fallait obéir et que tel était l'ordre de Dieu, comme celui du Roi. « Au moins, répli-
« qua M. l'abbé de Saint-Luc, Votre Eminence voudra
« bien accepter ma démission de l'abbaye de Langonnet. »

(1) L'abbé Dominique-Henri-Alexandre Boissière, né à Rennes, en 1745, décédé chanoine titulaire de Quimper, le 21 février 1805. Il a laissé un manuscrit relatant les principaux faits de la vie de Mgr Connen de Saint-Luc.

(2) Ministre de la feuille des bénéfices.

« Pas davantage, reprit Son Eminence ; j'ai été trompé « sur la valeur du siège de Quimper, qui est grevé d'une « pension de mille écus quitte. Si vous n'aviez une abbaye, « le Roi vous en donnerait une ».

Monseigneur de Saint-Luc dut s'incliner, malgré son désintéressement et le respect qu'il professait pour les intentions de la sainte Eglise qui, à différentes reprises, avait protesté contre l'attribution abusive et arbitraire des titres et bénéfices ecclésiastiques.

En effet, malgré cette désapprobation et le blâme formel du Concile de Trente, les rois, abusant de leurs concordats, donnaient à leur gré, à des clercs en faveur à la Cour, le quart, le tiers, et quelquefois la moitié des revenus d'un monastère, en leur confiant un titre d'abbé dont ils n'exerçaient pas les fonctions. Les canonicats étaient attribués, d'une façon aussi fantaisiste, à des clercs qui, parfois, se contentant de la simple cléricature, n'entraient jamais dans les ordres.

Les titulaires de ces bénéfices de faveur étaient généralement des cadets de noblesse, n'ayant d'ecclésiastique que l'habit. Ces abbés de cour, qui ont parfois scandalisé les fidèles et affligé l'Eglise, peuvent être considérés comme l'une des causes des maux dont le clergé français fut accablé pendant la Révolution, bien que, dans son ensemble, il fût généralement très régulier.

Parfois aussi, les *commendes*, bénéfices avec revenus, exempts de l'obligation de résidence, servaient de traitement à des fonctions ecclésiastiques ; par exemple à des prélats ayant un service à la Cour, ou encore étaient attribuées, en supplément de ressources, à des évêques pauvres, chargés d'un petit diocèse.

Tel était, précisément, le cas de Monseigneur de Saint-Luc lors de son avènement au siège épiscopal de Quimper. Les charges de cet évêché étaient si lourdes, et les ressources si réduites, que le nouveau prélat, malgré son désintéressement, dut solliciter la réunion à sa mense épiscopale de la mense abbatiale de Landévennec, près de Landerneau. Il l'obtint, en 1781, du ministère de M. de Marbœuf, ainsi qu'un secours pour reconstruire une partie du palais épiscopal de Quimper et pourvoir aux besoins les plus urgents de son diocèse.

Fidèle observateur de la loi de résidence, il s'appliqua constamment à vivre au milieu des âmes dont le soin lui était confié, à étudier leurs besoins et à y remédier de tout son pouvoir. Il faisait, chaque année, la visite de son diocèse et lorsque, en 1789, la maladie l'empêcha de remplir par lui-même ce devoir pastoral, il se fit remplacer par un vicaire général.

Très généreux pour les différentes œuvres de son diocèse, Monseigneur de Saint-Luc prenait un soin particulier du recrutement et de la formation du clergé, ayant à cœur, comme il le disait de « *perpétuer la race sacerdotale* » et entretenait à ses frais, dans les collèges et séminaires, les enfants qui annonçaient de bonnes dispositions pour l'étude et des germes de vocation ecclésiastique jugés dignes d'être cultivés.

Il agissait de même pour favoriser les vocations religieuses et facilitait l'entrée des monastères aux jeunes filles qui en étaient écartées par suite de leur pauvreté.

Connen de Saint-Luc, large et généreux envers tous, avait écarté de lui-même tout ce qui sentait le luxe et l'opulence. Ses meubles, son habillement et le train de sa maison étaient de la plus grande simplicité, il n'avait, ni carrosse, ni chevaux et se servait pour ses visites d'une litière et de chevaux de louage.

Mais cette économie et cette mortification toutes personnelles n'empêchaient pas l'évêque de Quimper, dans les occasions où les devoirs de sa position l'exigeaient, de se montrer hôte magnifique et distingué et de recevoir dignement les personnages de marque qui passaient par Quimper. « Il disait qu'un évêque doit donner l'hospitalité et se « régler en la donnant, sur le rang de ceux auxquels il

« l'offre. Quimper se trouvant sur la route de Loriènt à « Brest, les plus grands seigneurs de la cour et des pro« vinces avaient l'occasion d'y passer fort souvent. Mon« seigneur le Comte d'Artois témoigna la plus grande sa« tisfaction de la réception que lui fit Monseigneur l'Evêque. « Les commandants, les intendants de la province, les ins« pecteurs généraux des troupes etc. tous lui ont cons« tamment rendu le même témoignage (1). »

La franc-maçonnerie exerçait déjà à cette époque une influence désastreuse dans certaines classes de la société et les principaux chefs de cette secte occupaient à Quimper des postes importants. Monseigneur de Saint-Luc, dans une mission donnée en cette ville en 1776 par environ quarante ecclésiastiques du diocèse, choisis parmi les plus distingués, monta un jour en chaire et, dans un discours véhément, n'hésita pas à attaquer lui-même en face cette secte dangereuse dans ses principes et dans ses conséquences.

Ce sermon, qui fit sensation, valut à son auteur d'être traduit devant le Présidial de Quimper, où il présenta lui-même sa défense avec beaucoup de succès. Les magistrats de Quimper, particulièrement le lieutenant criminel et le procureur du roi, mandés à Paris, furent blâmés et suspendus pendant plusieurs mois, par ordre du ministre de la justice pour leur manière d'agir à l'égard de leur évêque.

On proposa alors à celui-ci d'être transféré de l'évêché de Quimper à celui de Saint-Flour. Mais, malgré tous les avantages qui pouvaient résulter pour lui de cette translation, Connen de Saint-Luc refusa de quitter l'église qu'on lui avait d'abord confiée et qu'il considérait, disait-il, comme « sa première épouse ». Le roi agréant son refus décida de reporter sur l'évêché de Saint Flour les 3000 livres de pension dont était grevé le siège de Quimper.

Monseigneur Toussaint de Saint-Luc ne quittait son

(1) Manuscrit de M l'abbé Boissière.

diocèse que pour assister, tous les deux ans, aux Etats de la province et, au cours de ces voyages, en allant ou en revenant, il s'arrêtait à la Chartreuse d'Auray, où il passait quelques jours dans la retraite et le recueillement, uniquement occupé de son salut, au milieu des saints religieux qu'il édifiait par sa piété et ses vertus sacerdotales.

Au moment où éclata la Révolution, Monseigneur de Saint-Luc fut l'un des premiers à en prévoir les conséquences désastreuses pour la monarchie et pour la Religion en France ; aussi se montra-t-il tout de suite opposé à toutes les innovations qui en furent le prélude. Lors des assemblées primaires, au mois de mars 1789, les ecclésiastiques et bénéficiers séculiers et réguliers du diocèse, réunis pour former les cahiers des représentations et nommer des électeurs, envoyèrent à l'évêque de Quimper une députation afin de l'inviter à venir présider l'assemblée. Il répondit très nettement qu'il ne pouvait ni ne voulait s'y rendre et refusa de même toute participation aux cérémonies et manifestations politiques du moment, prestation du serment civique, bénédiction de bannière etc .. Le chapitre de Quimper suivit en tous points l'exemple de son évêque.

Le 23 septembre 1790, Toussaint Connen de Saint-Luc tomba gravement malade, au moment même où le département du Finistère lui faisait signifier les décrets de la *Constitution Civile du Clergé*. Le saint prélat, malgré la fièvre qui le minait ,eut le courage de composer et de dicter à son secrétaire l'écrit intitulé :

« *Déclaration adressée à Monsieur le Procureur-général-syndic du département du Finistère, par Monseigneur l'Evêque de Quimper, en lui accusant la réception des décrets de la Constitution civile du Clergé.* » Cette déclaration était une énergique protestation contre la nouvelle organisation votée par l'Assemblée et l'exemple du prélat mourant fut bientôt suivi par la majorité des évêques de France.

Celui de Quimper mourut cinq jours après et le clergé de son diocèse, assemblé presqu'en entier, le 5 octobre 1790, à l'occasion des obsèques de Monseigneur Connen de Saint-Luc, jura, sur le cercueil de son pasteur, de rester fidèle à ses enseignements, serment qui fut dignement tenu par la suite.

Monseigneur Toussaint Connen de Saint-Luc fut inhumé dans son église cathédrale, à l'entrée de la porte principale, avec cette épitaphe qu'il s'était lui-même composée :

« *Hic jacet Tussanus-Franciscus-Josephus, peccator, natus die 17 Julii 1724, consecratus die 29 Augusti 1773, obiit die 30 Septembris 1790* (1). »

Le Chapitre de Quimper ajouta à cette inscription, qui témoignait de la sainte humilité de son évêque, d'autres paroles marquant la vénération et l'admiration de tous pour ce prélat que son grand mérite et ses vertus faisaient qualifier de *saint* même de son vivant.

« *Justus prior est accusator sui* (2). »

(1) « *Ci-gît Toussaint-François-Joseph, pécheur, né le 17 juillet 1721, sacré le 26 août 1773 ; mort le 30 septembre 1790.* »

(2) « *Le juste est le premier à s'accuser lui-même.* » (Proverbes chap. 18, v. 17). (Pour plus de détails sur Mgr de Saint-Luc, voir l'intéressant ouvrage de M l'abbé Téphany, *Histoire de la Persécution Religieuse dans les diocèses de Quimper et de Léon* qui nous a fourni quelques indications.

LA DERNIÈRE MALADIE

DE L'ABBÉ DE BOISBILLY

MADAME DE MAUDUIT

A MADAME LA COMTESSE DU LAZ

Au Coscro, le 26 novembre 1785.

Je vous crois de retour à votre château, ma belle dame, et, j'espère, en bonne santé, mais, sûrement, ce n'est pas sans avoir eu peur pendant la route, car, à vous dire vrai, vous avez peur de votre ombre !

Votre cher mari et ma jolie petite fillette, comment ont-ils soutenu la route (1)?

(1) *Comment ont-ils soutenu la route ?...* Le voyage entrepris par M. et Mme du Laz devait avoir pour but une visite à leurs parents de Kerjean, le Porzic et Guipavas dans le Léon, avec halte à Quimper, ville qui se trouvait située sur la grande route de Brest à Lorient que durent suivre nos châtelains. Le chemin menant de Trégarantec à Quimper est, encore de nos jours, particulièrement désert et accidenté, traversant des landes arides ou des marais incultes, franchissant çà et là les sommets abrupts des Montagnes Noires ; à peine rencontre-t-on, de loin en loin un village ou une simple chaumière isolée dans ce désert sauvage. On peut déduire de là quel était l'aspect de ce pays en 1785 et l'on excuse sans peine la frayeur que put éprouver la châtelaine de Trégarantec, si elle le parcourut la nuit, à cette époque où les grands chemins étaient parfois peuplés de bandits qui détroussaient les voyageurs et les assassinaient à l'occasion.

Donnez-moi de vos nouvelles lundi sans faute, ou, si vous ne le pouvez, adressez-moi mes lettres à Madame de Mauduit de Kervern, à l'hôtel de Mauduit à Quimperlé, car, ma bonne amie, je pars sans faute pour être un mois à ma campagne où mon mari a des travaux à faire (1). A mon retour nous irons vous faire enrager et bien gagner votre argent (2).

Avez-vous été à Quimper ? Comment avez-vous trouvé le Seigneur évêque (3) ? Je ne sais pas si votre mari luy aura fait ma commission : je ne veux pas trop approfondir, car peut-être je serais obligée de faire tapage.

Nous sommes inquiets de la santé de M. l'abbé de Boisbilly (4) : il a fait venir un médecin de Vannes et un de Guingamp pour consulter ; je crains bien que cela tourne mal. Depuis longtemps et à la suite d'une plaie à la jambe, il a la fièvre. Il est fort inquiet de son état.

Nous avons dans notre voisinage, chez nos voisins, M. de Tronjoly père (5). Jeudi il dîna icy et demain nous dînons tous à Ponvenan (?) avec lui.

(1) *A ma campagne où mon mari a des travaux à faire....* la campagne ainsi désignée est le château de Plaçamen en Moëlan (voir détails sur cette habitation, p. 282.)

(2) *Nous irons vous faire enrager et bien gagner votre argent.* Voir ci-après la note sur le jeu à la fin du XVIIIe siècle.

(3) *Comment avez-vous trouvé le seigneur Evêque ?...* Ces mots désignent Mgr Connen de Saint-Luc, évêque de Quimper, dont nous avons (ci-dessus p. 319) donné une biographie.

(4) *Nous sommes inquiets de la santé de M. l'abbé de Boisbilly...* (Voir p. 151 notice sur l'abbé de Boisbilly). Les craintes exprimées par Madame de Mauduit n'étaient que trop fondées, et, comme nous le verrons prochainement, cette maladie devait terminer les jours de l'homme distingué que fut M. de Boisbilly.

(5) *M. de Tronjoly père....* Il s'agit dans cette lettre de *François-*

A propos, je vous dirai des nouvelles de votre oiseau : le commissionnaire (1) est icy depuis trois semaines. Il est aimable et fort gai et m'a conté la triste aventure de cette bête. Il faut vous dire son nom car je vois que vous avez de l'impatience : hé bien ! c'est un cacatois qui était fort doux et beau. Mais, quinze jours avant d'arriver, cet oiseau a trouvé la porte de sa cage ouverte et a tombé à la mer qui l'a englouti. Voilà la fin tragique de cet animal. Le chevalier (2) l'a beaucoup regretté. Il m'a dit aussi que votre pièce de mousseline est de la plus grande beauté et d'une finesse extrême.

Voilà ma bonne amie, les détails que je vous avais promis. Je vous envoie aussi votre soie noire toute dévidée ; je désire que vous la trouviez bonne.

Je m'attendais que la Guérin m'eût envoyé ma boîte par quelqu'un de vos fermiers qui viennent au marché (3). Le premier qui viendra, voulez-vous

Jean-Baptiste l'Olivier de Tronjoly, chef d'escadre en 1783, seigneur de Tronjoly, paroisse de Gourin, — de Lochrist, paroisse de Trébrivan. — de la Villeneuve, paroisse de Guerlesquin et autres lieux.

Extraction réformation 1669, six générations, réformation et montres de 1481 à 1536, paroisses de Guerlesquin, évêché de de Tréguier, Bannalec et Scaër, évêché de Cornouailles.

« D'argent à la fasce de gueules grillée d'or, accompagnée de trois quintefeuilles de gueules. »

Devise : « Nobili pace victor. »

(P. Potier de Courcy, *Nobiliaire et Armorial de Bretagne.*)

(1) *Le commissionnaire est ici...* L'officier de la marine désigné plus loin sous le titre de chevalier (voir ci-après).

(2) *Le chevalier l'a beaucoup regretté...* Voir notice biographique sur le chevalier de Mauduit, à la suite de cette lettre.

(3) *Vos fermiers qui viennent au marché...* au marché du Gué-

bien la faire passer chez le Cloarec fils, à mon adresse. Mes sœurs la recevront pour moi.

Mon frère et ma sœur ne sont pas encore de retour et ne parlent pas encore de revenir ; ils sont à Saint-Brieuc.

La santé de mon père est bonne depuis qu'il a repris son exercice ordinaire ; l'enfle a disparu. Il me charge, ainsi que mon mari et mes deux sœurs, de vous offrir leurs respecteux hommages, ainsi qu'à votre cher mari.

Adieu, ma bien bonne amie, donnez-moi de vos nouvelles lundi et je les recevrai mardi, avant mon départ. Ne doutez jamais de l'amitié bien sincère qu'aura toute la vie pour vous, ma belle dame, votre servante.

MAUDUIT DE MAUDUIT (1).

Rien de nouveau en fait de politique (2).

mené petite ville située non loin du château du Coscro ou Crosco, et également assez proche de Trégarantec.

(1) Voir notice p. 280.

(2) *Rien de nouveau en fait de politique...* C'est la première fois que nous voyons poindre, chez nos correspondants quelque préoccupation de la politique du jour. Les préparatifs de la tenue des Etats de Bretagne de 1785 agitaient sans doute un peu les esprits de nos châtelains bas-bretons.

LE JEU A LA COUR

ET DANS LES CHATEAUX

On jouait ferme en France, à la fin du XVIIIe siècle Piquet, trictrac, échec, billard même occupaient les loisirs que laissaient aux gentilshommes, châtelains ou citadins, les chasses bruyantes, les bals et redoutes, les plaisirs littéraires, comédie ou déclamation, à la mode à cette époque. La cour donnait l'exemple d'un jeu effréné :

« Je n'avais jamais vu la Cour à Marly, écrivait alors un jeune officier des Gardes françaises, c'est vraiment un tableau charmant ! La cour y est sans nulle étiquette, le soir il règne une liberté parfaite : vous jouez à tel jeu qu'il vous plait. Il y a huit ou dix tables de trictrac, quiconque veut y jouer y joue. Vous sentez quelqu'un qui vous frappe sur l'épaule et qui vous dit que vous avez joué tout de travers. Vous vous retournez ? Excusez ! c'est le Roi. tout simplement. Vous êtes saisi, surpris, confondu, vous voulez vous lever, vous ne savez que faire. Il vous dit de jouer et s'en va de son côté jouer au billard ou au trictrac »...

« Mon frère est à faire sa cour à Sa Majesté à Marly, où la Cour est en ce moment. On y joue, comme à l'ordinaire, un jeu d'enfer, et les événements du pharaon et du lansquenet de salon intriguent beaucoup plus que les événements d'Amérique. »

A Marly les coups montaient un jour jusqu'à trente mille

louis : « Ils joueraient tout, ajoute le jeune officier, sauf leur tête, pour l'unique raison qu'ils n'en ont pas... »

« Il y a deux jours le Roi gagna huit cents louis. Il dit qu'il avait fait une bonne journée ! Ce n'est pas là le mot de Titus, mais il n'est pas piquant de se répéter... » (1).

Comme nous le voyons par nos lettres, les châteaux suivaient en petit l'exemple de la Cour.

(1) Extrait d'une correspondance inédite publiée par E. de Broglie (*Correspondant* du 10 octobre 1878).

LE CHEVALIER DE MAUDUIT DU PLESSIS

1753 † 1791

Le *chevalier* dont il est question dans la lettre précédente est *Thomas-Antoine chevalier de Mauduit du Plessis*, né à Hennebont, le 12 septembre 1753, massacré à Port-au-Prince (Saint-Domingue), le 4 mars 1791.

Exalté par la lecture des hauts faits des grands capitaines grecs et romains, il quitta furtivement le collège, avec deux de ses camarades, à l'âge de douze ans, se rendit à Marseille à pied, et s'embarqua avec eux, comme mousse, sur un bâtiment armé pour le Levant.

Arrivés à Alexandrie, nos jeunes aventuriers se trouvèrent bientôt à bout de forces et de ressources, et réduits à entrer dans un hôpital, où deux d'entre eux moururent de la peste. Resté seul, Mauduit s'embarqua pour Constantinople, se présenta devant l'ambassadeur de France, et en obtint les moyens de rentrer dans sa famille.

A la vue des plans des lieux les plus remarquables de l'Orient, dessinés par le jeune homme au cours de son aventureux voyage, son père, cédant enfin à ses instances, lui permit d'entrer dans l'artillerie, service auquel la nature de son esprit et ses aptitudes semblaient le rendre propre. Le chevalier servit donc durant la guerre d'Amérique, sous les ordres de Rochambeau, et bientôt ses talents militaires et son courage lui valurent le grade de major et la décoration de Cincinnatus, ainsi que des marques toutes particulières d'estime de Washington, bien justifiées par l'intrépidité dont Mauduit avait fait preuve lors de la prise de New-York.

A son retour en France, il reçut du gouvernement, avec le brevet de chevalier de Saint-Louis celui de major du régiment des chasseurs des Vosges.

Il prit ensuite, comme colonel, le commandement du régiment de Port-au-Prince, dont il fit bientôt un modèle d'instruction, de discipline et de fidélité au devoir. Mauduit qui, de son côté, ne transigeait jamais avec le sien, ne devait pas tarder à en être la victime.

L'Assemblée Nationale, par son décret du 8 mars 1790, avait créé, dans les colonies, des assemblées particulières, autorisées à faire connaître leurs vœux sur la constitution et la législation projetées. A la réception de ce décret, et des observations qui l'accompagnaient, Saint-Domingue entra en fermentation. L'Assemblée de l'Ouest, ou de Saint-Marc, repoussa avec mépris le décret du 8 mars, lança l'anathème sur la Métropole et déclara qu'à ses membres seuls appartenait le droit de donner des lois à la colonie. L'Assemblée du Nord, ou du Cap, n'ayant pas voulu s'associer à cette usurpation de pouvoir, la guerre éclata entre la province du Nord, le Cap, et celle de l'Ouest, Saint-Marc.

D'accord avec le gouverneur, M. de Peynier, Mauduit fit marcher ses troupes contre l'armée insurrectionnelle et dispersa l'Assemblée factieuse, dont il prit les drapeaux, ce qui lui valut les éloges de l'Assemblée Nationale du 10 octobre 1790.

Mais les ennemis de Mauduit ne se tinrent pas pour battus. A l'aide du mensonge et de la calomnie, ils semèrent la discorde et la division jusque dans le régiment du chevalier, et parmi les troupes faisant partie des régiments d'Artois et de Normandie, envoyés de France à son secours, le 2 mars 1791.

Sourd aux conseils de ses amis, qui le conjuraient de se soustraire par la fuite aux effets imminents des haines accumulées contre lui, Mauduit engagea le successeur de M. de Peynier, M. de Blanchelande, à se retirer et demeura seul, avec son régiment, pour faire face à l'insurrection. Mais bientôt les prisons sont ouvertes par les factieux et une foule de misérables, voleurs et assassins, se précipitent à l'assaut de la caserne où Mauduit s'est enfermé avec ses officiers et ses soldats. Ce dernier asile est envahi par les forcenés qui, faisant cercle autour du colonel, lui crient que son heure est arrivée, qu'il doit se mettre à genoux et faire amende honorable. Un regard de mépris est sa seule réponse.

Se voyant vaincus par les factieux, et craignant pour leur vie quelques-uns des grenadiers de Mauduit passent dans les rangs des ennemis, ainsi que des soldats nouveaux arrivés, abusés par les calomnies répandues sur le vaillant officier.

Un grenadier s'approche du chevalier et lui fait une large blessure en plein visage.

« Tu donnes bien mal ton coup de sabre pour un grenadier ! lui dit Mauduit, c'est ici qu'il fallait frapper », ajoute-t-il en découvrant sa poitrine.

Il tombe aussitôt sous les coups de vingt baïonnettes, sans proférer une plainte, un sourire de dédain errant encore sur ses lèvres.

Sa tête est alors coupée et portée en triomphe au bout d'une pique, pendant que les canibales s'acharnent sur son cadavre avec une sauvage férocité.

Mais, à ces scènes hideuses, digne prélude de celles qui se dérouleront bientôt dans la capitale de la mère-patrie, succède, quelques heures plus tard, un touchant acte de dévouement.

Un pauvre nègre nommé Pierre, qui avait longtemps servi le chevalier de Mauduit, guettait le moment propice pour lui donner un dernier témoignage de son attachement.

S'approchant enfin, à la faveur de la nuit, il recueille avec respect les débris épars du corps de son malheureux maître. Il les dépose dans une tombe qu'il avait creusé de ses mains, et les recouvre d'un tertre de gazon sur lequel il s'agenouille, l'arrosant de ses larmes.

Puis ne voulant pas survivre à son maître bien aimé, il se donne lui-même la mort, sur cette tombe qu'il vient de fermer...

Un ancien compagnon d'armes de Mauduit a laissé un récit émouvant de ses derniers moment, et lui attribue les titres de *maréchal général des Armées françaises à Saint-Domingue, colonel de Port-au-Prince,* etc ..

Thomas-Antoine, chevalier de Mauduit du Plessis, appartenait à la branche aînée de sa maison, sur laquelle nous avons donné une notice ci-dessus. C'est sans doute à son retour d'Amérique qu'il séjourne quelque temps chez ses parents du Crosco.

UNE LETTRE DANS LE GOUT DU JOUR

La lettre que nous allons transcrire porte comme cachet une lampe antique avec la devise « *Jusqu'à la fin* ».

La marquise de Montbourcher, qui en est l'auteur, exprime, dans le style un peu ampoulé de son époque, ses regrets de ne pas voir plus fréquemment une amie à laquelle elle semble fort attachée. Mais, après une envolée au pays du sentiment, que l'on ne retrouve pas dans ses autres lettres, elle termine celle-ci dans le terre-à-terre de la vie ordinaire, dans lequel demeurent généralement toutes nos correspondantes,. On ne rencontre chez elles que peu de traces de la préciosité de leur temps.

MADAME DE MONTBOURCHER

A MADAME DU LAZ.

Brésale (1), *le 17 janvier 1786.*

Il y a quelque temps, ma chère amie, je vous écrivis ici une longue lettre ; mais vous n'en avez pas été plus avancée, car elle n'a pas été envoyée. J'avais compté vous la faire remettre par mon frère à Quim-

(1) Madame de Montbourcher date cette lettre du château de Brésale, en Plouneventer, où elle était chez sa mère, la marquise de Kersauson.

per, lorsque j'appris que vous n'y étiez plus. Je retirai ma lettre, dans laquelle je vous exprimais le désir que vous eussiez poussé la route jusqu'à Brésale.

Je ne sais quand nous nous verrons! C'est une chose insupportable qu'une telle pensée! Il faut tâcher de se voir ou de s'oublier, car, comment soutenir le tableau qu'une imagination vive retrace d'une amie comme vous, et penser qu'on n'est plus à même de goûter les délices de l'amitié auprès de l'objet le plus propre à les faire connaitre ?

Adieu, Madame! Je suis enchantée de tout ce qui peut vous rendre heureuse, et de vous voir Maman de deux charmants petits enfants, qui vous chérissent et vous amusent. J'espère qu'un jour Lilly aura son tour, parlez-lui de moi quand vous lui écrirez. Ne m'oubliez pas auprès de M. le Comte du Laz et soyez tous persuadés de mes vœux et de ceux de M. de Montbourcher qui vous est bien attaché.

Quant à moi, Madame, je vous présente mes hommages respectueux. Recevez les amitiés de mes enfants. Nous embrassons les vôtres. Je compte être ici aux couches de ma sœur qui seront à la fin d'avril ou au commencement de may (1).

On ne peut pas prendre la route de Rennes par Trégarantec quand on le veut, car, ma chère amie, il n'y a pas de poste jusqu'ici, et ce serait pour se voir bien peu de moments.

Vous m'avez donné l'espoir d'un été passé dans mes bois et mes prés. Quand y viendrez-vous avec vos petits agneaux? Que je saurais de gré à M. le Comte

(1) Cette sœur de Madame de Montbourcher est la comtesse de Tinténiac.

du Laz d'arranger ce voyage et je serais bien aise qu'il en fût.

J'ajoute ici, chère amie, que M. de Kersaint-Gilly (1), beau-frère de Mademoiselle de Kerninon, désirerait la place de héraut des Etats (2). Nous travaillons à lui avoir des voix ; pourriez-vous nous aider? On dit cependant qu'il est déjà bien tard pour y penser.

(Cette lettre n'est ni terminée ni signée.)

(1) *de Kersaint-Gilly* ou *de Saint-Gilles*, sgr dudit lieu, par. de Guiclan — du Cosquérou, de Keruzoret, de Kérudot et de Mesprigent, paroisse de Plouvorn, et autres lieux.

Ancienne extraction chevaleresque, réformations et montres de 1426 à 1534, paroisses de Guiclan, Plouvorn et le Minihy, évêché de Léon.

« *De sable à six trèfles d'argent, 3, 2, et 1* ; aliàs : *une croix échiquetée* » (sceau (1363).

(P. de Courcy, *Nobiliaire et Armorial de Bretagne.*)

(2) Voir ci-après.

HÉRAUT DES ÉTATS DE BRETAGNE

Les seuls officiers appointés des Etats étaient : le syndic et ses substituts, le greffier, le trésorier, *le héraut*, le maréchal des logis et le prévôt des marchands.

Il ne faut pas confondre les attributions *du héraut* des Etats, avec celle *des hérauts* qui, revêtus d'un riche costume brodé d'hermines et de fleurs de lys, coiffés d'énormes chapeaux à plumes flottantes, et montés sur des chevaux caparaçonnés de housses traînantes en drap d'argent, brodées aussi aux armes de France et de Bretagne, parcouraient la ville de Rennes, annonçant, dans tous les carrefours, l'ouverture solennelle des Etats de Bretagne.

Le héraut, officier des Etats, avait à peu près le même costume, mais sa fonction consistait dans la garde des meubles et des tapisseries de la salle des Etats. Il préparait « le théâtre et les amphithéâtres », les estrades, le dais, les fauteuils et les chaises, pour les officiers et les membres des divers ordres. Il avait une place spéciale dans la salle des Etats, place qu'il occupait pour « bannir les fermes » seulement, étant dans les autres temps employé à faire ce que les Etats lui commandaient (1).

C'est sans doute cet office que désirait M. de Kersaint-Gilly, pour la tenue des Etats de 1786, et qui fut attribuée au chevalier Le Forestier. M. de Kersaint-Gilly fut nommé commissaire à l'Hôtel des Gentilshommes.

(1) Ogée, *Dictionnaire de Bretagne*.

TABLE DES MATIÈRES

DU TOME Ier

A nos lecteurs 1
Etat des esprits en Bretagne à la fin du XVIIIe siècle. 7
Préliminaires généalogiques. 11
Le château de Trégarantec et ses anciens seigneurs, de 1316 à 1799. 12
Origine de la maison de Trégarantec. 13
Maison Jégou de Kervillio. 18
Les châtelains de Trégarantec en 1782 21
Marion du Faouët. 24
Maison de Kersauson. 25
Jean-François de Kersauson. 29
Correspondance. 31
Entretien des chemins en 1782. — Maître Gillart à Madame la Comtesse du Laz. 32
Le *Prince du Midi*. — Fac-simile. 35
Le *Prince du Midi* à Madame du Laz. 35
Maison de Kerouartz. 38
Maison du Breignou. 39
Maison de Quélen. 40
Maison de Lauzanne. 42
L'amiral comte de Guichen. 44
Le comte de Grasse. 47
Le comte de la Grandière. 47
Maison de Kerret. 50

Maison Connen de Saint-Luc. 51
Le Président Connen de Saint-Luc. 52
Attaque de Gibraltar racontée par un témoin oculaire. — Le vicomte André-Marie de Bélizal à la vicomtesse de Bélizal. 55
Le vicomte de Bélizal à la vicomtesse de Bélizal. . 60
Maison de Villiers de Lisle-Adam. 64
Les ancêtres et les descendants de Lilly. — Notice généalogique sur la maison de Villiers de Lisle-Adam. 65
Remarque sur les titres et qualités. 70
Madame Le Mérer de Lisle-Adam. 71
Madame Le Mérer de Lisle-Adam à Madame du Laz. 72
Le comte du Liscoët. 75
Maison de Cleuz du Gage. 77
Maison de Goësbriant. 80
Le Président de Guer 82
Maison de Roquefeuil. 82
Le vice-amiral comte de Roquefeuil et la comtesse de Roquefeuil. 85
Le baron Charles-Balthazar de Roquefeuil. . . . 88
Une habitation à Saint-Domingue en 1783. . . . 90
Monsieur de la Motte-Mouchet à Madame du Laz. . 92
Inventaire du mobilier de l'habitation. 95
Messieurs du Perrier et de Lislefort à Madame du Laz. 98
La traite des nègres. 99
Encore l'habitation de Saint-Domingue. 101
Mademoiselle Le Roux de Kerninon à Madame du Laz. 102
Le jeune comte de Villiers de Lisle-Adam et son mentor. 106
L'abbé Michel Henry. 109
L'avenir de Lilly. 114
L'abbé Michel Henry à Madame la comtesse du Laz. 115
Un mot sur le clergé d'autrefois et le chapitre de Saint-Pol-de-Léon. 118
Jean-François de la Marche, évêque de Léon. . . 120

Difficulté des carrières pour la noblesse pauvre. . . 128
L'abbé Henry à Mme la comtesse du Laz. 130
M. de Villiers de Lisle-Adam à Madame du Laz. . 132
Retour en Bretagne. 133
L'abbé Henri à Mme du Laz. 133
Lilly à Mme du Laz, sa mère. 135
Louis-Alexandre Expilly, évêque constitutionnel de Quimper. 137
Le retour de l'escadre en 1783. 143
M. de Kersauson du Vijac à Madame du Laz. . . 144
Un faire part en 1783. — Mort de Madame la comtesse de Blois. 147
Maison de Blois. 148
L'abbé de Boisbilly. 151
Un abbé de Cour. — L'abbé du Roscoët à Mme du Laz. 156
« Un poulet tendre » — A une veuve. 157
Le Parlement de Bretagne. 160
Le marquis et la marquise Loz de Beaucours. . . 164
La marquise de Beaucours à Madame du Laz. . . 167
Mort du comte de Beaucours. — La marquise de Beaucours à Mme du Laz. 170
Lilly à Saint-Pol-de-Léon. — Son premier duel. . 172
L'abbé Michel Henri à Madame du Laz. 174
Une importante résolution. — L'abbé Henry à M. le comte du Laz. 177
L'instruction et l'éducation publique en 1784. . . 180
Le comte du Laz à son beau-fils. 182
Maison de Boiséon. 184
Son château et ses illustrations. 185
Madame le Forestier de Kerosven, comtesse de Boiséon, à Mme la comtesse du Laz. 188
La Redoute. 190
Le comte de Soulanges. 192
Madame de la Monneraye 195
Le château du Restmeur. 195
Madame de Langle. 196

Louis-Marie-Joseph de Kerouartz. 197
Les ballons en 1784. 199
Le château du Guérand. 200
Le jeune marquis de Kerouartz. 201
La présentation à la Cour. 203
Mesmer et le « mesmérisme ». 209
Le château de Kerjean et sa châtelaine. 212
Madame le Mérer de Lisle-Adam à Madame du Laz. 216
Maison de Brilhac. 221
Le comte de Guébriant. 223
Le château de Kerlouët (en Plévin) et ses seigneurs. 223
La duchesse d'Elbœuf, dernière baronne de Rostrenen. 228
Maison de Gouzillon. 236
Le vicomte André-Marie de Bélizal et la vicomtesse de Bélizal. 237
Documents concernant la vicomtesse de Bélizal. — Certificat de résidence. — Ordre de mise en liberté. 240
Madame de Bélizal à Madame du Laz. 241
Lilly au collège de Beaumont. 246
Madame la comtesse de Kersauson à Madame du Laz. 247
Lettre d'un collégien en 1784. 249
Le chevalier de Kersauson, son mariage. 252
Madame de Tribard du Drécey de Kersauson à Madame du Laz. 253
Maison de Kerguiziau. 255
Monsieur de Kerguiziau à Madame du Laz. . . . 257
Maison de Cillart. 258
Maison de Montbourcher. 260
Madame la marquise de Montbourcher à Madame du Laz. 264
Un mot sur l'incendie de Rennes en 1720. 267
Les « Cousins de Mi-Août ». 269
Monsieur de Gourio à Madame du Laz. 270
Maison Le Bihan de Pennelé. 271
Plusieurs mariages à Morlaix en 1784. — Le comte Le Bihan de Pennelé à Madame du Laz. 272

Madame Gatien de Saint-Maurice (puis Rochon) née de Tromelin. 276
Le vicomte et la vicomtesse du Breignou. 277
Le comte d'Hector. 278
Maison de Mauduit. 280
« Une affaire d'importance » — Madame de Mauduit à Madame du Laz. 285
L' « Affaire du Collier de la Reine ». 288
Des nouvelles.... pas nouvelles.—Le chevalier de Kermellec à Madame du Laz. 304
Une personne de confiance. — Mademoiselle Suzanne Richard à Madame du Laz. 303
Maison de la Monneraye. — Madame de Gouzillon de la Monneraye à Madame du Laz. 310
Un médecin-poète. — Tailland, chirurgien-major à Rostrenen à Madame du Laz. 314
Bouquet à Monsieur le comte du Laz. 316
A l'évêché de Quimper en 1785. — Madame du Brieux à Madame du Laz. 317
Mgr Connen de Saint-Luc, évêque de Quimper. . . 319
La dernière maladie de l'abbé de Boisbilly. — Madame de Mauduit à Madame du Laz. 326
Le jeu à la Cour et dans les châteaux. 330
Le chevalier de Mauduit du Plessis. 332
Une lettre dans le goût du jour. — Madame de Montbourcher à Madame du Laz. 336
Héraut des Etats de Bretagne. 339

(FIN DE LA TABLE DU 1er VOLUME)

Vannes. — Imprimerie LAFOLYE FRÈRES, 2, place des Lices.

Sébastien Mercier, sa vie, son œuvre, son temps, d'après des documents inédits, avec un portrait en héliogravure, par Léon Béclard. Avant la Révolution (1740-1789). Fort. vol. in-8° de 810 p. . . **10 fr.** »

Sébastien Mercier nous a laissé un *Tableau de Paris* à la veille de la Révolution d'une valeur documentaire inestimable. Cette singulière figure méritait bien d'être sortie de l'ombre.

Plan de Paris en 1789, distribution des soixante districts attribués aux seize quartiers de Paris, feuille in-folio. . . . . **5 fr.** »

Plans très précieux pour l'histoire de la topographie du Paris révolutionnaire.

Plan de Paris, période révolutionnaire. 1790-1794, division de Paris en quarante-huit sections, feuille in-folio. . . . . **5 fr.** »

Paris pendant la Révolution, d'après les rapports de la police secrète (1789-1800), traduction française de l'ouvrage de Schmidt, accompagnée d'une préface par Paul Viollet, membre de l'Institut, 4 vol in-8°. **32 fr.**

Publication des plus importantes faites d'après les archives de la préfecture de police détruites pendant les incendies de mai.

Bibliographie de l'histoire de Paris pendant la Révolution française, par Maurice Tourneux. 3 vol. gr. in-8°. . . . . **30 fr.** »

Répertoire général des sources manuscrites de l'histoire de Paris pendant la Révolution française, par M. Tuetey. 6 vol. gr in-8°. **60 fr.**

La prise de la Bastille et les conséquences de cet événement dans les provinces, par G. Bord. In-12. . . . . . . **3 fr. 50**

La Révolution en Bretagne. — Le Comte de Trévou, par P. Hémon, in-8° . . . . **2 fr.** »

La Révolution en Bretagne. — Audrein, Yves-Marie, député du Morbihan à l'Assemblée législative et à la Convention nationale, évêque constitutionnel du Finistère (1741-1800), par P. Hémon, fort vol. in-8° de XII-229 p. . . . . **5 fr.** »

La petite propriété en France avant la Révolution. De la vente des biens nationaux, par Loutzchisky, in-12, *carte*. . . **3 fr. 50**

L'auteur, après de nombreuses recherches dans les archives départementales, traite avec une autorité reconnue et appréciée : 1° de l'étendue de la petite propriété en France à la veille de la Révolution et de l'état dans laquelle se trouvait cette petite propriété ; 2° de la vente des biens nationaux. Et ce chapitre n'est pas le moins curieux de son volume.

La Bretagne et les pays celtiques. L'Ame bretonne, par Ch. Le Goffic. In-12, broché. . . . . **3 fr. 50**

Voici le livre qu'on attendait sur la Bretagne. Mœurs, traditions, croyances, littérature, etc., y sont présentés dans une synthèse puissante. L'art breton, si original, y a sa place près de l'art dramatique, d'un archaïsme si savoureux. Le prêtre, le barde, le soldat, sont étudiés dans des monographies spéciales. De fins et délicats portraits (Henriette Renan, Jules Simon, N. Quellien, Emile Souvestre, l'amiral Réveillère, Jean-Louis Hamon, etc.) achèvent de nous renseigner sur les caractères essentiels de l'*Ame bretonne*. Le nouveau livre de Charles Le Goffic ne fait pas seulement aimer la Bretagne, il l'explique.

La Légende de la mort chez les Bretons armoricains, par Anatole Le Braz. Nouvelle édition, avec des notes sur les croyances analogues chez les autres peuples celtiques, par Georges Dottin. 2 vol. in-12. . **10 fr.**

Contes du Pays Gallo, par Adolphe Orain. Fort vol. In-12. **3 fr. 50**

Cycle mythologique. Les Fées, les Géants, les Magiciens, les Animaux parlants, les Métamorphoses, les Aventures merveilleuses. Cycle chrétien. Dieu, la Vierge, les Anges, les Saints, les Miracles. — Contes facétieux. — Contes de voleurs. — Le Monde Fantastique. Le Diable. Les Sorcières, les lutins, les Revenants. Ces titres, qui, cependant, ne sont que le simple énoncé des divisions de ce travail, suffisent presque à montrer toute la variété des Contes du Pays Gallo : on y retrouve la simplicité forte et charmante des meilleures légendes bretonnes.

Cartulaire de l'abbaye de Sainte-Croix de Guimperlé, par Léon Maître et Paul de Berthou. Deuxième édition revue, corrigée et augmentée, in-8° de xi, 408 pages . . . . 12 fr.

Cognomerus et sainte Trifine. Mystère breton en deux journées. Texte et traduction par Anatole Le Braz, maître de conférences de littérature française à l'Université de Rennes. In-8° de xlv-183 p. . . 4 fr.

C'est ici un des rares mystères bretons dont le sujet soit emprunté à l'histoire locale ; composé manifestement d'après un texte latin (*Vita S. Gildæ, abbatis Rugensis*), il comporte 1134 vers, et fut écrit au xviie siècle. La douceur de Tréfine dont on fit une sainte, les cruautés de Commore-le-Maudit, que quelques-uns ont cru pouvoir identifier à Barbe-Bleue, sont présentées dans ce drame avec une puissance presque shakespearienne. La préface d'Anatole Le Braz accentue l'intérêt de ce mystère breton ; elle est une des meilleures études de l'auteur des fameuses *Légendes de la mort*.

Un Chouan. Le général du Boisguy. Fougères, Vitré, Basse Normandie et frontière du Maine, 1793-1800, par le Vte du Breil de Pontbriand. Volume in-8° de 466 p. avec carte. . . . . 7 fr. 50

Bibliographie saisissante et documentée du fameux chef des Chouans d'Ille-et-Vilaine qui fut l'émule de Georges Cadoudal.

Itinéraire de Paris à Jérusalem, par Julien, *domestique de M. de Chateaubriand*, publié d'après le manuscrit original avec une introduction et des notes par Edouard Champion. Élégant vol. in-16 carré, accompagné de fac-similés . . . . 3 fr. 50

On connaissait des fragments de cet itinéraire par les *Mémoires d'outre-tombe* où Chateaubriand en cite quelques passages, peu compromettants pour lui-même, et avec des retouches. M. Edouard Champion, après une introduction qui prépare bien aux surprises du texte, publie le manuscrit de Julien d'après l'original et l'annote de comparaisons malicieuses. Cet ouvrage devient en même temps qu'un contrôle du fameux *Itinéraire* de Chateaubriand, aujourd'hui classique, un document intéressant pour l'histoire de ce grand esprit qui prenait souvent des fictions pour des réalités.

La condition des paysans dans la sénéchaussée de Rennes à la veille de la Révolution, par H. Sée. In-8° de 213 p. 4 fr. »

Après une solide étude sur les cahiers des paroisses (1789) l'auteur étudie la condition sociale des paysans bretons à la veille de la Révolution ; il les montre, d'après des documents, dans leurs rapports avec les seigneurs, le clergé, et l'administration sociale et provinciale. Le dernier chapitre *Les idées politiques des paysans*, est des plus neufs sur cette question.

Souvenirs de la princesse de Tarente, publiés par M. le duc de la Trémoille, membre de l'Institut. Fort vol. in-16, portraits de la *princesse de Tarente* et de *Louis XVII*. . . . . 5 fr.

Très saisissants mémoires sur la Révolution.

La révolution dans la Haute-Saône, par le Dr Ph. Maréchal. Fort vol. in-8° de xx-642 p. *Fac-similés, culs de lampes, vignettes.* . 12 fr. »

Répertoire des livres héraldiques, généalogiques et nobiliaires de notre librairie. 88 pages in-8° à 2 col. . . . . 1 fr.

Abonnement a la **Revue de Bretagne — Les Annales de Bretagne — L'Hermine**

La **LIBRAIRIE CHAMPION**, *outre ses éditions, possède un immense stock de livres d'occasion en tous genres. Elle se charge de toutes les recherches d'ouvrages anciens et modernes qu'on voudra bien lui demander.*

FOURNITURE DE LIVRES NEUFS AVEC REMISE

Histoire — Noblesse — Philologie

Vannes. — Imp. LAFOLYE Frères, 2, place des Lices.

www.ingramcontent.com/pod-product-compliance
Ingram Content Group UK Ltd.
Pitfield, Milton Keynes, MK11 3LW, UK
UKHW031044260726
13965UKWH00006B/261

9 782013 454315